U0506042

李宁男　著

固定资产投资
与
东北地区经济增长

The Impact of Fixed Assets
Investment on the Economic Growth of
Northeast China

社会科学文献出版社
SOCIAL SCIENCES ACADEMIC PRESS (CHINA)

摘　要

　　当今世界处于百年未有之大变局，对于被国际国内诸多不确定因素影响的中国而言，既是前所未有的挑战，也是空前的机遇。国家做出经济调整，分析国内经济发展瓶颈，利用自身条件将国际经济发展的不利因素转化成利于国内经济再一次腾飞的外部激励。在加快国内经济增长动能转换的同时，把更多的注意力聚焦到经济高质量发展的方法论上，而实现高质量发展首先要保证经济稳定增长。东北地区作为重要的增长极，是新旧动能实现转换的关键地区，然而近年来东北经济颓势凸显，伴随东北经济再次失速，东北全面振兴也成为国家顶层设计的一部分。由于东北地区尚未形成新旧动能共振的格局，探讨投资这一传统动能旨在探讨东北地区如何实现经济的可持续增长、如何培育经济增长新动能、如何克服经济增长中的短板问题；在资源配置和利用上，如何依托现有产业结构，在促进支柱产业与外部资源充分融合的基础上建立富有效率的资源投放机制；如何依托国家振兴东北的政策优势，在拥有完备工业体系的地区优势中寻找新的经济增长点，在现有经济基础上找到经济增长的新的突破口和新的可能性边界。

　　近年来，东北现象、新东北现象、东北失速俨然成了东北地区的标签，欠发达地区似乎就是东北地区的代名词。传统投资动能被诟病，投资带来的经济高速增长已然成为一个过去时代的记忆。不可否认，在科技主宰的今天，东北地区传统动能的优势日渐式微，传统经济自变量引致的经济增长空间越来越小。新动能的培育是战略发展方向，但基于目前东北地区的经济发展基础以及急于跨越式发展引致经济断层的转型成本，是否应该考虑依赖传统动能进行战术调整，毕竟经济失速不能全然或者笼统地归责于传统动能。我们不难从投资规模收缩及投资结构偏差中找到东北经济增长失速的端倪，更何况新动能的培育也需根植于传统动能的土壤。基于这样的思考，从投资出发找到东北地区经济持续增长的解决办法成为本书研究的初衷。

本书以东北地区投资路径依赖及其形成机制作为切入点，基于经济空间格局及资源禀赋，梳理固定资产投资的时间线索，说明历史条件下东北地区的经济特征。通过数据时间趋势的分析，界定东北地区的经济增长模式及经济增长阶段，分析产业投资锁定及资本积累形成机制下的投资路径依赖，在此基础上，研究东北地区固定资产投资对经济增长的影响。从东北地区产出水平及投资总量时间趋势分析入手，运用索洛模型考察东北地区全要素生产率、稳态资本存量与产出水平。在分析投资经济效应过程中分别考察投资对产出的水平效应和增长效应，并在区域比较中运用变系数模型考察区域内部经济特征的异质性，放松假设条件以超越对数生产函数为基础做投资变量时变弹性分析。为了厘清投入与产出的关系，计算投资效果系数对固定资产投资经济效益做综合评价，从而分析影响投资效益的因素。在分析过程中，测算国有企业投资效率；细化投资结构，基于各种分类标准，运用灰色关联度模型分析投资结构对投资效益的影响；结合东北地区特点，从投资成本、环境不确定性及体制机制等方面分析投资规模不足对投资效益的影响。考虑到固定资产投资中的政府作用，应用向量自回归模型、状态空间模型及卡尔曼滤波，基于投资主体角度分别考察政府投资对经济增长及民间投资的影响，在时变参数拟合过程中考察变量之间的动态关系。

通过实证分析和理论分析得到的主要结论，可以确认，从东北地区目前的生产力和生产关系来看，投资仍然是经济长期增长和短期调整的主导力量，是实现东北全面振兴的可靠抓手。在逆全球化、逆产业空心化、制造业回归的国际变局中，依托老工业基地完备的工业基础，抓住东北地区全面振兴资源释放期的时间窗口，强调工业投资、高端制造业投资，对东北地区稳定经济增长具有重要的现实意义，但有效发挥投资的动能作用亟待解决一些问题。在研究中发现，东北地区产出水平对第二产业产出增长率更为敏感，而工业投资比重却过早下降，出现工业投资早衰的现象；资本存量水平较低，全要素生产率不高，实际人均产出与资本存量水平较稳态下的数值还存在较大差距；投资率不高，东北地区投资水平长期低于全国水平，投资年均增长率与发达地区相比更是存在较大差距，存在投资不足的问题；固定资产投资经济效益并不理想，存在较为严重的结构性产能过剩问题，尤其第二产业投资效果较差；国有企业对经济增长贡献较大，投资增速较高，但边际产出水平相对较低，相比全国水平存在投资效率低下的问题；三次产业投资结构不合理，从行业细分角度测算，行业存在明显的资本错配问题，投资结构偏差表现为投资结构变化与优化方向不一致。另外，基于投资主体视角对政府作用进行考察，发现经济增长与政府投资之间并无稳定的长期协整关系，政府投资短期拉动经济增长是有效的，然而作用有限。政府投资与民间投资的动态关系区间分化较为明显，政府投资对民间投资既存在"挤出"效应又存在"挤入"效应，总体来看，民间投资对政府投资具有正反馈。

最后，结合研究中得到的主要结论，从投资角度提出东北振兴的几点建议。第一，强化先进制造业、生产性服务业、能源新兴产业、数字经济导向下的新基建等重点领域的投资，调整产业投资结构，提升投资规模效益与结构效益。第二，正确发挥政府作用。破除地区壁垒及行政壁垒，疏通价格传导机制；建立推进资源型城市转型的长效机制，保持政策长效发力，稳定政策预期；深化投融资体制改革，创新投融资机制以提升制度效益。第三，规避工业投资早衰，避免工业投资比重过早下滑，改善国有企业投资效率低下的状况；实现生态工业产业园跨区合作，借鉴新生产模式提高工业企业投资效率；实现工业投资省际协同，高效整合资源，将产业推向中高端水平，融入全球高端产业链与价值链。

关键词：经济增长　固定资产投资　路径依赖　政府作用

目　录

第1章 绪论

1.1 新旧动能转换与东北地区经济增长
——投资的战略属性

固定资产投资作为经济增长的动力来源之一，在新中国成立至今的 70 余年中发挥了举足轻重的作用，东北地区作为中国版图的重要组成部分，其经济增长带有明显的投资拉动特征。然而，传统动能的优势日渐式微，投资引致的经济增长空间越来越小，在国内加快动能转换的当下，东北经济颓势凸显，投资动能被诟病，甚至出现了投资力竭的质疑之声。伴随东北经济再次失速，东北全面振兴成为国家顶层设计的一部分，探讨如何实现东北地区可持续性增长也成为阶段性主要议题。尽管新动能的培育是战略发展方向，但在加快动能转换的同时，是否应思考东北失速背后传统动能可能存在的问题，毕竟在空间权重中投资动能权重较大，长期以来在经济发展的历史轨迹中，投资的贡献是不容忽视的。

从某种程度上来说，东北经济的浮沉演进取决于投资的兴衰变迁，区域发展进程始终伴随着资本的演进。远可追溯至清朝末年，外国资本在东北地区竞相投资影响区域工业布局，近可从新民主主义革命时期梳理投资推进的时间脉络。新中国成立后，"一五"时期，156 个苏联援建项目中有 57 个项目落户东北地区，占投资总额的 37.3%，并且在这一时期国家在东北地区兴建重工业基地，东北地区不但形成了门类齐全的现代国有企业，也打造了辉煌时期的经济支撑点。到"二五"

时期，全区第二产业飞速发展，形成了以钢铁、化工和机械为主的东北重化工业经济区。改革开放后，在生产关系的调整中，东北地区逐渐暴露出产业结构与经济增长之间的矛盾，投资规模萎缩及投资结构失衡削弱了东北地区的增长后劲。市场经济转轨及市场经济体制改革时期，在率先发展东部的战略下，资源向东部地区集聚，东北地区成为资本洼地，原工业及资源等比较优势逐渐因为工业升级缓慢及资源枯竭成为相对劣势。

东部地区的虹吸效应加剧了东北资源的稀缺性，资本存量差异加剧了东北地区弯道超车的难度，但东北工业基础完备，农村仍有大量富余劳动力，且在农业现代化及新型城镇化的建设中，会有更多的农业人口转移到工业建设中来，这都是东北振兴的源泉。2003年10月，中共中央、国务院出台《关于实施东北地区等老工业基地振兴战略的若干意见》，由此拉开了东北振兴的序幕，开启了东北地区快速发展的十年。2013年3月，国家发改委发布《全国老工业基地调整改造规划（2013—2022年）》，强调了老工业基地应抓住国内外产业格局深刻调整的重大机遇，积极承接产业转移，延伸产业链、提高资源综合利用水平。2014年8月，国务院印发《关于近期支持东北振兴若干重大政策举措的意见》，指出东北地区要做强传统优势产业、加快培育新兴产业、推动城市转型、加快推进重大基础设施建设等巩固前期振兴成果，促进东北全面振兴。2015年12月，中共中央政治局会议审议通过《关于全面振兴东北地区等老工业基地的若干意见》，指出我国经济发展进入新常态，解决东北地区发展面临的问题需要全面深化改革，强调新一轮东北老工业基地振兴要在完善体制机制、调整结构、激发创新激情和改善民生方面重点发力。2016年11月，国务院批复《东北振兴"十三五"规划》，明确东北振兴要以供给侧结构性改革为主线，推进结构调整，协同推进新型工业化、信息化、城镇化和农业现代化，提升内生动力，努力走出质量更高、效益更好、结构更优、优势充分释放的振兴发展之路。在聚焦国内经济增长动能转换的当下，国家发改委于2021年初组织召开东北振兴省部联席落实推进工作机制第一次会议，从高质量发展的区域经济布局出发，研究制定东北振兴"十四五"实施方案，推动东北振兴取得重大突破。同年 9 月国务院批复《东北全面振兴"十四五"实施方案》，在批复中强调着力增强内生发展动力，由此开启了东北全面振兴、全方位振兴的新篇章。

东北全面振兴聚焦发展动力，既要调整结构也要着眼于高质量发展下的经济增长方法论，投资是经济增长的抓手，投资规模和结构的调整直接关系到产业结构调整及经济转型。从数据的直观表达来看，东北地区投资与经济增长表现出强相关性。剔除价格因素，以 1985 年不变价格测算，1985～2018 年东北地区投资从 391.6 亿元增长到 27617.7 亿元，年均增长 13.8%，全区实际 GDP 从 1079.36 亿元升至 16490.63 亿元，年均增长率为 8.6%。同期全国范围固定资产投资从 3630 亿元增长到 396645 亿元，年均增长 15.3%，GDP 年均增长率为 9.8%。①显然可以得到一个直观的表述，相对于全国水平，东北地区存在投资不足的问题，当然进一步对其进行验证也是本书试图解决的问题之一，同时不免有这样的思考，投资规模不足是不是东北经济增长失速的原因之一呢？

不可否认，发达地区因其经济发展阶段，继续通过投资驱动经济增长的机会成本越来越高，投资带来的边际经济增长量越来越小，着力于培育新的经济增长点无疑是最优选择。然而，东北地区具备这样的经济基础吗？传统动能应该被替代吗？投资效益低下能否从投资规模及投资结构偏差中找到原因呢？另外，在转型升级中东北地区还叠加着产业升级和资源型城市转型的双重问题，无论哪一个方面都包含着投资根源的系统性问题。寻找新的增长发力点不等于新旧动能是完全替代的关系，从供给侧的角度，资本、劳动力、土地等自然要素供给以及要素配置的技术供给和制度供给同样是经济波动的触发因素，

---

① 以上统计变量的名义值来自 1986～2019 年《中国统计年鉴》以及各省统计年鉴，以 1985 年为基期，剔除价格上涨因素，通过变量名义值、GDP 指数及固定资产投资价格指数等指标测算得出变量的实际数值及相应的增长率。

阶段性的主要矛盾决定了拉动经济增长的动力转化方式和路径。① 所以，新动能在现阶段更应该是一种补充，思考的重点方向还应该在如何解决传统动能存在的问题上，如何使投资有效拓宽经济增长空间，引导产业结构调整实现资源优化配置，从而最终实现经济可持续增长。本书试图通过一个完整的框架分析东北地区的投资问题，量化投入与产出的关系，考察投资经济效益，并尝试从投资视角多维度探讨影响投资经济效益的因素，试图为当局区域经济增长施政提供些许有益的启发。

1.2 理论回应与现实探讨

从理论层面探讨有关投资的主题，现有研究多从单一视角探索投资其中的一个维度，而基于某一区域多角度观测投资与经济增长关系的学术研究体量相对不足。在有关东北振兴的问题上，相关研究对投资似乎更倾向于是一种感观上的认识，由于缺少具体的材料论据支持，得出的结论也略显单薄。从这个角度来说，将经济增长放在投资的多棱镜下能够多方位地了解不同维度经济增长的镜像体现。因此有必要找到一个合适的切入点，在经济增长与投资的理论框架中将理论研究成果结合到区域经济问题的研究中，从而在规范研究的范式下给出区域经济可持续增长的经济学解释以及要素投入与产出动态关系的内在机理。本书从东北地区经济空间、资源禀赋及投资的时间线索入手解析投资路径依赖及其形成机制，从宏观、中观、投资主体角度分析投资与经济增长的动态关系，综合考察投资效果，并对其影响因素进行评估，将投资结构以及体制机制因素一同纳入分析框架，丰富和扩展了东北地区投资与经济增长内在联系的理论依据和经验证据。

古典经济学强调产出增长中的要素投入因素，认同技术进步对生产力的促进作用，经济增长是资本投入、劳动要素供给和劳动分工综

---

① 王一鸣. 中国经济新一轮动力转换与路径选择 [J]. 管理世界, 2017 (2): 1-14.

合作用的动态过程。新古典经济增长理论在假定人口增长率、储蓄率和技术进步率外生的条件下推导出经济体在多数情况下可以实现稳态增长，肯定资本存量对经济增长的作用，认为生产技术、劳动分工乃至制度等供给因素同样影响经济增长。新经济增长理论将诸多外生变量内生化，衍生出有关外部性理论，进而探讨规模报酬递增的实现机制，将更多诸如外部性、人口变化、收入分配、制度及政策环境、人力资本变量引入经济增长的框架中。现代投资理论将不确定性引入投资研究中，最新的投资理论将不确定性分析置于投资时机的选择上，考虑时间意义上的投资成本以及投资风险，投资成本包括期权价值的机会成本，利用期权的方法分析不确定性对投资水平的影响。凯恩斯在其论著中指出，投资决定受不确定性和货币因素的影响，进一步指明长期经济增长取决于资本存量的变化，短期经济波动及总需求调整同样与投资有直接关系。

基础理论的演进无不说明投资与经济增长之间的关系一直以来都是学界研究的重要课题，无关意识形态。投资与经济增长的内在联系以及投资经济效益的影响因素不但是我国资本研究的主要课题，也是世界范围内欠发达地区探讨的普适性问题和内部经济驱动的关键性问题。本书在进行规范性分析的基础上，以投资驱动区域经济增长为切入点，应用基础理论解释投资影响区域经济增长的内在机理与投资效益的影响因素。借鉴发达国家应用计量模型研究经济增量的新思路做出补充性假设分析，思维角度力求更加完备和严谨，一定程度上拓宽了区域经济增长研究的边界。研究经济增长必然从经济增长的动能入手，从需求侧角度，投资作为拉动总需求的重要手段是经济增长的加速器；从供给侧角度，投资形成产能，资源配置调整生产方式。投资的波动直接导致经济增长的波动，这是投资效应作用于经济增长的结果，所以在经济增长研究领域里，研究好投资这一课题至少可以解决一部分有关经济增长的问题。本书依托基础理论，以不同视角观察东北地区的投资状况，分别从投资规模、投资结构、投资效率等角度分析其对经济效益的影响，并基于投资主体视角分析政府在投资中发挥的作用，理论联系实际对区域经济增长与投资关系这一课题做出了有益补充。

从实践层面来看，本书基于当前宏观经济情况、东北地区经济增长现实以及固定资产投资现状，结合以往的研究经验探索东北地区长期经济增长路径，探讨扩大投资规模、调整投资结构、正确发挥政府作用建立长效体制机制对全面振兴东北、发挥传统动能效用、推进新旧动能整体发挥效能，实现经济高质量发展的现实意义。区域发展不平衡固然与体制机制、战略导向及政策倾斜有关，但不可否认的是投资区域不平衡同样是地区发展差距扩大的重要因素。欠发达地区因其地理位置、要素禀赋、市场机制配置资源效率问题，经济增长的驱动力更加依赖于投资，投资波动直接导致经济波动。因此，解决好欠发达地区的投资问题，充分发挥好投资在稳增长中的作用尤为重要。

投资规模与经济增长稳定性之间具有简单的逻辑关系。东北地区经济增长对投资动能具有路径依赖，投资与产出水平具有强相关性，并且表现出经济增长相对于投资增量变化的滞后性。规模效益取决于规模经济，规模经济需要一定的资本存量，存量不足意味着投资不足。目前长三角、珠三角、京津冀发展迅速，粤港澳大湾区、雄安新区在国家政策扶持下成为后起之秀，关中地区、北部湾也在快速发展的行列中。相比之下，以能源为基础建立的东北老工业基地在过去几十年的经济发展中逐渐成为需要国家反哺之地，一定程度上印证了资源集聚效应对地区发展水平的影响。资源过度集中在核心经济圈，其中的核心城市更是具有资源叠加的优势，而这种优势产生的效应又加剧了资源的稀缺性，吸引资源加倍累积，从而强者恒强，进一步放大了区域资本存量的差异。从这个角度来说，保持适度的投资规模对稳定地区经济增长、缩小地区差异具有重要的现实意义。

从生产关系与生产力的矛盾运动关系看，生产关系不适应生产力更多体现在结构性问题上，经济发展标准已然超越经济增长率单一目标，高质量发展更是涉及结构调整的协调发展。东北地区叠加产业结构升级、资源型城市转型与国企改革等多重问题，各方面问题的解决都与资本结构调整相关。投资结构调整具有先导性，纠正投资结构偏差对产业结构调整具有引导性作用，资本存量结构调整直接影响资源型城市沉淀资源的盘活，国有企业混合所有制改革更是涉及资源的再分配，因此，合理引导资本流向、调整投资结构是经济结构调整的应有之义。尤其是在逆全球化、去产业空心化、制造业回归的国际变局下，调整资本存量结构及投资增量结构，引导资本流向高端制造业对东北地区提升产品附加值、融入全球高端价值链具有决定性意义。

东北全面振兴事关经济高质量发展目标的实现，事关区域协调发展的大局，事关地区乃至国家实现新旧动能转换、把握历史机遇的问题。东北全面振兴的落脚点在于实体经济的充分发展，其直接关乎地区核心竞争力及民生福祉。当前国家把脱贫、就业，人民幸福感和获得感增强放到了国家战略层面，而实现这些目标都要以经济高质量发展为前提，最终都要具体落实到实体经济发展上。只有实体经济充分发展才能最终实现东北全面振兴，而实体经济的充分发展离不开有效投资。政府作为重要的投资主体要有效发挥能动性，这就要求政府的相机决策具有前瞻性，提高资本投资报酬率及资源配置效率，利用政策引导固定资产投资流向，从供给侧增加公共产品供给，从需求侧增加社会总需求，让实体经济获得充分发展，提供更多的就业岗位，让更多的人富裕起来，共享经济高质量发展的成果。

本书基于"理论基础—文献综述—东北地区经济增长投资路径依赖—固定资产投资对经济增长的影响—固定资产投资中的政府作用—固定资产投资经济效益影响因素—结论及对策建议"的论述逻辑构建全书的研究体系。具体来说，本书分别从增量视角、存量视角和结构性视角观察固定资产投资，解读投资变量在时间趋势下的运动特点并由此分析其对经济增长的影响，进而探讨东北地区投资效益低的内生性根源及体制性根源，结合宏观经济现实的同时聚焦东北地区的经济瓶颈。结合西方经济思想史，梳理相关的投资及经济增长理论，形成投资与经济增长关系的完整理论框架。构建包括微观、中观与宏观分析角度的论述结构，由一般到特殊、理论到实际架构论述内容，力求多维度呈现东北地区固定资产投资的现实情况。结合东北地区特点，考察政府主导投资、国有企业改革、资源型城市转型、经济增长结构失衡等区域特征下的投资特点及其影响经济效益的内在机理。形成从东北地区经济增长阶段及驱动力判定，投资路径依赖及其形成机制分析，投资与产出数量关系拟合，静态、比较静态、动态分析以及指标测算体系下的投资经济效益评价，到基于投资效率、投资结构、投资规模、投资体制机制、投资主体特点构建影响投资经济效益的完整逻辑链条。

当然，在研究过程中也发现了可能存在的不足之处，主要表现在两个方面：第一，囿于东北地区有关投资文献材料体量不足，本书更多的是结合经济理论以数据分析为基础，在理论联系实际的过程中仍可能存在条块化现象，精细化研究不足；第二，基于微观数据可获得性问题，微观数据获取不足难以构建有效的计量模型，所以从微观角度分析企业投资行为侧重理论分析，缺少计量方法的运用，对微观层面的机制解释稍显不足。

第 2 章　理论基础与文献评述

经济理论研究以解释经济现实为出发点和落脚点，一定的经济现实立足于一定的客观经济基础和既定社会背景下的经济条件。伴随着经济背景和历史背景的更迭，经济增长理论与投资理论基于既定背景的理论假设不断进行理论创新，以解释经济现实下的新问题。经济理论虽然无法摆脱既定时期国别历史背景的阶级属性，但其理论成果能在一定程度上指导现实，并根据现实情况做出适应性调整。为了给后续研究奠定基础，首先，本章回顾了相关经济增长理论与投资理论的纵深拓展；其次，界定概念并梳理相关重要的研究成果，并在此基础上阐释对已有研究的思考与理解。

2.1　经济增长理论回顾

2.1.1　古典经济增长理论

如果对古典经济增长理论做一个概括性的描述，那就是基于定性分析的生产要素决定论。早期有关经济增长的思想虽然体现在古典经济增长理论中，却并未形成独立的理论体系，围绕经济增长主要探讨的是生产要素的决定作用以及由此衍生出的生产要素运行机制。注重资本原始积累的重商主义强调利用国家资源并运用贸易手段使本国经济强盛，体现了国家投资的基本理念。重农学派的学说以尊重自然秩序为基础，强调农业生产才是价值创造的源泉，只有农业部门的生产才能产生"纯产品"，工业部门和贸易部门不能创造剩余价值，因为没有自然资源的馈赠，只有基于土地馈赠的农业生产才能产生剩余价值，社会经济增长取决于剩余产品的再投入。弗朗索瓦·魁奈（Quesnay）在《经济表》中描绘了以前一年所得总产品为循环起点的社会再生产过程，认为经济社会财富的增加取决于"年预付"，投资在土地上的"原预付"由不生产阶级向生产阶级出售工业品而得到补偿，生产阶级并无"原预付"。保持财富持续增长要满足三大条件，即农业部门要结构协调、"年预付"和"原预付"要保持同比例增长、农业役畜和人口增长要与生产相适应。鼓励马耕技术的大农经营，因为采用牛耕技术的小农经营方式缺少资本投入，生产效率不高，资本收益率低，而人耕技术更是创造不了剩余产品，只有投入较多的资本，才能创造更多的"纯产品"，农业资本积累是总产品进行再生产的根本条件。[①]

尽管重农学派肯定了投入要素带来剩余价值的决定作用，但其单纯视农业生产为剩余价值唯一来源的片面观点受到了亚当·斯密（Smith）的批判，当然，亚当·斯密在《国富论》中同样批判了重商主义只把对外贸易作为财富增长源泉的错误论点。亚当·斯密指出，一切物质生产部门都能够创造财富，全社会的经济增长就是国民财富的增长，劳动、资本、土地、技术和社会环境都是经济增长的重要变量。劳动是创造价值的源泉，财富增长主要取决于劳动生产率和从事生产劳动的人数，进一步细分劳动变量为生产性劳动和非生产性劳动，价值创造来源于生产性劳动，其规模越大，创造财富的能力就越强，而这在很大程度上由资本积累增加所决定，非生产性劳动不创造价值，并不能引起社会财富的增加。亚当·斯密还分析了财富增长的三种累进动态过程，概括起来为国家财富不断增长、国家经济增长停滞和国家经济衰退三种状态，国家处于何种状态取决于制度和自由竞争的程度。财富增长、资本积累增加会引致对劳动的需求，从而工资率上升，刺激人口增加，其结果就是劳动供给增加使财富进一步增长，这当然是最理想的财富增长状态；另一种可能是，随着人口和财富的增长，资本竞争加剧，引起工资率上升从而要素成本增加，导致资本利润率

---

① 〔法〕弗朗索瓦·魁奈. 魁奈《经济表》及著作选〔M〕. 晏智杰，译. 北京：华夏出版社，2006.

持续下降，最终使资本积累停止，由此经济增长陷入停滞状态；当然还有一种最坏的结果就是国家经济陷入持续性衰退状态。①

在研究社会财富增长的过程中，大卫·李嘉图（Ricardo）不但强调了资本积累对总产品增长的必要性，同时关注了纯收入的分配状况对社会财富增长的影响。他认为社会财富增加有两种方式，一种方式是将更多的纯收入用于增加劳动量，这样既能增加社会商品数量又能增加商品价值，这就要求从实现的社会财富中转移一部分收入用于再投资，即通过增加资本存量的方式实现社会财富增长；另一种方式就是在不增加额外劳动量的情况下提高劳动生产率，即通过改变生产要素的组合方式来实现财富增长。②

2.1.2　现代经济增长理论

1. 要素投入推进经济增长

早期关于财富增长的经济思想虽不乏大乘之作，但大多停留在定性分析的阶段，对于现实经济状况的解释不足。现代经济增长理论从经济变量出发研究变量的量化特征，从均衡的角度认识经济增长，在研究方法上扩展了定性分析的理论边界，从量化角度研究经济增长，克服了古典经济增长理论由于缺乏数理支撑无力解释现实经济的问题。对于现代经济增长理论，一个普遍的共识是，以研究数理分析著称的数学家和逻辑学家拉姆齐（Ramsey）于 1928 年 12 月发表的题为《一个关于储蓄的数学理论》的学术论文为其研究的起点。拉姆齐从效用函数出发研究家庭的跨期消费，建立了微观层次效用函数并在生产函数约束下推导资本存量，以微观视角研究宏观问题③，将储蓄变量内生化，为研究最优经济增长奠定了理论基础，在跨期动态时间序列中探

---

① 〔英〕亚当·斯密. 国富论 [M]. 章莉，译. 南京：译林出版社，2011.

② 〔英〕大卫·李嘉图. 政治经济学及赋税原理 [M]. 郭大力，王亚南，译. 北京：商务印书馆，1976.

③ F. P. Ramsey. A Mathematical Theory of Saving [J]. The Economic Journal, 1928, 38 (152)：543 – 559.

讨资源最优配置，对宏观分析和微观分析有效结合做出了富有意义的尝试。

经历资本主义世界的经济危机，古典主义时期倡导的自由经济缺乏对现实经济的指导，凯恩斯（Keynes）主张通过降低税率和利率刺激投资，增加有效需求，通过投资乘数作用多倍放大产出水平。他在著作中指出，因为有投资乘数的存在，"投资只占国民所得中较小的部分，但当投资数量变动时，却能使得总就业量与总所得值变动程度，远远超过投资本身之变动"，这当然指的是投资促进财富增长的一方面。但凯恩斯也指出所有的资本投资会以资本负投资告终，"只有未来消费开支被预料为是增加时，新资本投资才能超过现有的资本负投资"。① 投资乘数理论是凯恩斯宏观经济理论的重要组成部分，尽管两部门的投资乘数简化了经济体中各要素的关系，但仍对现实经济具有较强的解释力。萨缪尔森（Samuelson）曾这样评价凯恩斯的乘数理论，"在过去的半个世纪中，乘数模型一直对宏观经济分析产生着巨大的影响。同时，它又将许多宏观经济要素剔除在这个分析框架之外"②，进而萨缪尔森在充分肯定了乘数理论的解释力后，与诺德豪斯（Nordhaus）在《经济学》中重新定义了更加精练的乘数原理假设条件，即短期内工资和价格都是固定的；社会资源未被充分利用，有闲置资源；暂时忽略货币政策的作用和金融市场对经济变化的反应；不考虑税收、未分配利润、外贸、折旧和政府财政政策。

在凯恩斯经济增长理论基础上，哈罗德（Harrod）与多马（Domar）建立了 Harrod-Domar 模型，弥补了凯恩斯经济学解释长期经济增长的不足之处，将经济理论分析由短期静态研究延伸至长期动态的演化过程分析。在其模型中，在资本产出比例不变的假设下，经济增长率决定于储蓄率，而储蓄能否全部转化为财富取决于投资，由此，经济增

① 〔英〕约翰·梅纳德·凯恩斯. 就业、利息和货币通论 [M]. 高鸿业，译. 北京：商务印书馆，1999.
② 〔美〕保罗·萨缪尔森，威廉·诺德豪斯. 经济学 [M]. 萧琛，译. 北京：人民邮电出版社，2008.

长率取决于资本积累率，即资本积累是经济长期增长的原始驱动力。[①]
该结论为长期经济增长提供了一种解释方法，在动态分析的过程中，
强调只有持续性的资本形成才能为经济增长提供不竭的动力，才能够
最终支持经济长期增长，资本积累不足在一定程度上导致了经济增长
缓慢。

新剑桥增长理论是哈罗德－多马经济增长理论的延伸，在投资率
与经济增长的关系上同样持增长率取决于投资率的学术观点，并详述
了收入分配对产出的影响。其增长模型的基本假设是资本产出率不变；
"黄金时代"即经济体实现充分就业的均衡状态时储蓄与投资是相等
的；社会的两大阶级食利者即利润收入者和工资收入者的平均储蓄倾
向不变，前者的储蓄倾向强于后者。当食利者消费倾向不变时，整个
经济产量与就业水平取决于投资水平。[②] 新剑桥学派认为，国民收入在
资本与劳动之间的分配比例会影响储蓄的水平，而储蓄水平的变化将
最终决定总产出。根据罗宾逊（Robinson）的结论，在充分就业的均
衡状态下，经济增长率为技术进步率与劳动力增长率之和，资本生产率
和利润率保持不变，利润份额与工资收入份额关系稳定。卡尔多（Kal-
dor）在假设投资率保持不变的情况下，同样得出工资和利润的相对比
重关系决定了经济增长率的结论。[③] 由于食利阶层平均储蓄倾向高，利
润收入比重提高会使得投资增长，相反的情况是工资率上升，利润率
下降，总储蓄会减少，从而投资减少，经济增长率下降。罗宾逊主张
要采取调整收入比重的方法影响经济增长，这就需要政府进行宏观干
预，制定相应的收入分配政策。

在社会主义经济增长理论研究中，卡莱斯基（Kalecki）认为波兰
等东欧社会主义国家的经济发展实践并不是社会内在本质属性使然，

---

① R. F. Harrod. An Essay in Dynamic Theory [J]. The Economic Journal, 1939, 49 (193):
14 – 33.

② 〔英〕琼·罗宾逊，约翰·伊特韦尔. 现代经济学导论 [M]. 陈彪如，译. 北京：商
务印书馆，1982.

③ N. Kaldor. Alternative Theories of Distribution [J]. The Review of Economic Studies, 1956,
23 (2): 83 – 100.

而是缺乏科学的经济理论指导。因此，他在研究国民收入内在变化规则之前，首先建立了社会主义经济增长的基本框架。[①] 他认为在存在设备折旧的情况下，可以通过改进技术、完善管理和提高设备利用率来提高国民收入。他在基本框架内加入了改善系数表示该效应，由此最终确立了包含积累率、资本产出系数、设备折旧率和改善系数等变量的国民收入增长率函数，以解释传统计划经济体制下经济增长的动态过程。卡莱斯基经济增长理论的核心即是关于增长率和投资率的决定问题，其中投资是其分析经济增长的枢纽。他认为，社会主义国家处理积累和消费时出现问题的根源就在于没有处理好投资规模与投资结构之间的关系，所以，社会主义国家要实现经济稳定增长就要使数量与结构相互协调，其中既包含产出和增长结构之间的协调关系，也包括投资规模和投资结构之间的协调程度。

有关结构问题，刘易斯（Lewis）在其二元经济增长理论中，研究经济体中农业部门和工业部门异质性结构向同质化结构的转化问题。他将不发达经济体的内部分为传统农业部门和现代工业部门。在劳动力可以无限供给的条件下，工业部门可以以任意工资率水平吸纳农业部门的剩余劳动力满足扩大再生产的需要。在劳动力不能自由流动的情况下，工业部门以利润进行再投资，伴随资本积累规模的扩大，劳动边际生产力提高，在劳动力可以自由流动的条件下，当劳动边际生产力提高且高于农业部门剩余劳动力索取的劳动报酬时，工业部门可以通过雇用农业部门剩余劳动力，使劳动要素的边际生产力下降到农业部门剩余劳动力索要的固定工资水平，这一微观机制客观上形成了宏观水平上的平衡增长路径，以不变的经济增长率实现经济持续增长。[②]

讷克斯（Nurkse）提出的"贫困恶性循环理论"同样论述了资本积累对经济增长的关键作用，强调产业部门投资囊括农业部门。在其

① 〔波〕米哈尔·卡莱斯基. 社会主义经济增长理论导论 [M]. 符钢战，译. 上海：三联书店上海分店，1988.

② Charles P. Kindleberger. W. Artur Lewis Lecture: The Lewis Model of "Economic Growth with Unlimited Supplies of Labor" [J]. The Review of Black Political Economy, 1988, 16 (3): 15 – 24.

著作中，他系统阐述了不发达经济体缘何长期处于落后的状态而无法实现有效的经济增长，他认为在经济体中存在两种循环：从供给端角度来看，低收入的结果就是低储蓄，低储蓄进一步造成资本形成不足，在资本短缺的情况下，生产部门无法有效提高生产率，必然维持低水平的产出，于是低收入的循环终点依然是低收入；从需求端角度来看，低收入的主体必然消费不足，即无法形成强购买力，购买力不足直接导致市场萎靡，需求不足就难以引致投资扩张，缺乏资本积累的微观主体以低生产率生产，产出无法提高，从而周而复始地进行低收入循环。[①]其表述的中心就是经济增长的关键是有效的资本形成，缺乏资本积累的经济体难以摆脱低水平均衡的陷阱。解决经济增长问题就是要进行大规模投资，而且要实现国民经济各部门的同时增长，不能片面追求工业部门的增长，还要充分认识投资农业部门的重要性，应根据不同产品的需求弹性决定对不同部门的投资比例，实现经济体的平衡增长。

2. 技术进步推进经济增长

新古典经济增长理论的代表成果为索洛（Solow）的新古典经济增长模型。在此之前，Harrod-Domar 模型采用固定系数生产函数研究要素充分就业的均衡增长，并认为需求因素在经济增长中起决定性作用，然而在长期难免会出现劳动力过剩或者资本相对过剩的情况。索洛针对 Harrod-Domar 模型缺乏稳定性的假设条件，改变了资本产出比不变的限定条件，允许资本和劳动力相互替代，以柯布道格拉斯生产函数为理论模型，强调资本存量在经济增长中的重要作用，提出了新古典经济增长模型。[②] 在技术系数可变的条件下，人均资本量可以自动向均衡人均资本量调整，储蓄率提高在长期经济增长中并不能提高经济增长速度，只能提高收入的稳态水平，也就是说只有水平效应而无增长

---

① 〔美〕讷克斯. 不发达国家的资本形成问题［M］. 谨斋，译. 北京：商务印书馆，1966.

② Robert M. Solow. A Contribution to the Theory of Economic Growth［J］. The Quarterly Journal of Economics，1956，70（1）：65－94.

效应，真正在经济增长中起决定作用的是技术进步。

该理论因假定储蓄和技术外生似乎并没有充分解释长期增长的原因，后在拉姆齐无限期界模型基础上[1]，卡斯（Cass）将跨期约束条件的消费者行为引入模型中，将外生储蓄变量内生化构建了 Ramsey-Cass-Koopmans 模型。[2] 在假定无限期的跨期约束下，资本存量的变动将由消费者家庭效用最大化和厂商调整劳动与资本配比追求利润最大化的行为共同决定，突破了新古典经济增长模型的假设条件。在新古典生产函数基础上，阐释经济增长逻辑的内生经济增长理论对资本变量做出了更为广泛的外延性扩展，令资本份额为1，将 K 理解为广义上资本产出弹性总和为1的不同类型可累积性资本的综合。[3] 在内生经济增长的框架下，只要满足资本增长率大于零的条件，经济体就可以实现持续增长。

新古典经济增长模型与 AK 内生经济增长模型在构建上虽然数学表达式并不具有一致性，但并不影响其对核心结论的描述。其对核心结论的经验研究主要涵盖三个方面的内容：一是产出水平收敛性的检验；二是增长率差异的研判与核算；三是资本跨境的流动模式，即关于卢卡斯之谜的研究。[4] 对于第一个方面的内容，曼昆（Mankiw）等人根据经验数据检验，证明绝对趋同并不是新古典经济增长模型的预测内容。[5] 对于第二个方面的内容，扬（Young）对东亚增长奇迹的研究支

[1] F. A. Ramsey. The Mathematical Theory of Saving [J]. The Economic Journal, 1928, 38 (152): 543－559.

[2] D. Cass. Optimum Growth in an Aggregative Model of Capital Accumulation [J]. Review of Economic Studies, 1966, 34 (4): 833－850.

[3] N. Gregory Mankiw. The Growth of Nations [J]. Brookings Papers on Economic Activity, 1995, (1): 275－326.

[4] Robert E. Lucas Jr. On the Mechanics of Economic Development [J]. Journal of Monetary Economics, 1988, 22 (1): 3－42; Robert E. Lucas Jr. Why Doesn't Capital Flow from Rich to Poor Countries [J]. American Economic Review, American Economic Association, 1990, 80 (2): 92－96.

[5] N. Gregory Mankiw, David Romer, and David N. Weil. A Contribution to the Empirics of Economic Growth [J]. Quarterly Journal of Economics, 1992, 107 (2): 407－437; Paul M. Romer. Increasing Returns and Long Run Growth [J]. Journal of Political Economy, 1986, 94 (5): 1002－1037.

持新古典经济增长模型所论述的跨境经济增长率的差别在于要素投入增长率的差异。① 对于第三个方面的内容，新古典经济增长模型的预测结论是在其他条件相同的假设下，经济增长率高的国家资本回报率高，储蓄率高的国家资本回报率低。如果实现跨境流动，那么隐含的条件是经济水平低的国家经济增长率较高，经济水平高的国家储蓄率较高，而这种隐含条件与现实存在相背离，因此该理论在一定的附加条件约束下才是合理的。

3. 创造性资源推进经济增长

自古典经济学开始，经济理论一直在针对经济现实做出理论创新，以更适用于现实的假设作为前提对现实世界做出解释和预测。新古典经济增长理论由于假定技术外生似乎并不能完美诠释长期经济增长，自 20 世纪 80 年代，学者们就针对经济长期增长的动因展开理论探讨。新经济增长理论强调长期产出增长是由知识或者人力资本推动的内生技术进步引起的。技术进步的实现有两种途径，一种是实物资本投资引起的技术进步，另一种则是由人力资本推动的技术进步。近年来，新经济增长理论在诠释新产品出现、劳动分工、人口变化、收入分配、制度供给与经济增长之间的关系等方面应用颇多。

这一时期理论创新的代表性成果为罗默（Romer）和卢卡斯（Lucas）的《报酬递增和长期经济增长》及《经济发展的机制》。罗默放弃了新古典经济学资本边际报酬递减的假设，使资本边际产品为常数，并扩展了劳动力的外延，将知识积累和人力资本加入生产函数中，由于知识和人力的积累可以产生递增的收益，而且可以引导要素投入良性循环，所以会引起经济的长期增长。与索洛模型经济增长会向稳态期望值收敛的结论不同的是，罗默的经济增长模型将技术变量内生化，

---

① Alwyn Young. Lessons from the East Asian Nics：A Contrarian View ［J］. European Economic Review，1994，38（3）：964 – 973；Alwyn Young. The Tyranny of Numbers：Confrontiong the Statistical Realities of the East Asian Growth Experience ［J］. Quarterly Journal of Economics，1995，110（3）：641 – 680.

认为知识是非竞争性的，各种知识都能构成经济增长的因素，知识的非排他性决定了其并不能被市场力量左右，知识和技术是经济长期增长的源泉，所以产出的增长是发散而不是收敛的。近期关于内生经济增长理论的经验数据研究对此又进行了补充，认为知识发现随着知识存量的积累而愈加困难，产出的增长并不是无限发散的。^① 当然任何经济增长模型都是基于现实经济的部分特征所构造的，技术方法都具有一定的局限性，基于经验数据得出的结论与经济模型的自洽性尚需论证。

与知识具有非竞争性的观点略有不同的是，卢卡斯认为人力资本的特征是竞争性的，同时兼具非排他性，导致各国经济增长率和产出水平不同的主要因素在于各国拥有不同的人力资本。索洛模型中资本收入份额决定了储蓄率对产量的影响程度，资本收入份额越小，产量对储蓄率的弹性越小，最初储蓄率的变化虽然会引起投资增长，但资本存量增加引致的产出增量是逐渐减少的，从而实际投资下降，对产出的影响较小。但如果资本收入份额接近 1，则储蓄率的微小变化最终会引起产量的较大变化，在资本收入份额等于 1 的情况下，储蓄率的变化将会对产出水平产生永久性的影响。

2.2　投资理论回顾

2.2.1　传统投资理论

伴随封建经济瓦解，围绕地中海的经济文明延伸至大西洋沿线，工商业得到发展，在资本主义原始积累时期发挥重要作用的重商主义为资本主义发展扫清了障碍。重商主义学者主张通过国家贸易活动或者限制金银外流积聚财富，其实质就是早期国家要素投入和产出关系的理论雏形，无论是早期重商主义遵循的"货币差额"还是晚期重商

---

① Nicholas Bloom, Charles I. Jones, John Van Reenen, and Michael Webb. Are Ideas Getting Harder to Find? [J]. The American Economic Review, 2020, 110 (4): 1104 – 1144.

主义遵循的"贸易差额"都离不开国家的强力干预，在向自由放任主义经济过渡的过程中，重商主义代表人物的思想均体现了对生产要素投入的深刻认识。18 世纪末期，重农主义代表人物魁奈的著作中同样体现出了要素投入和产出价值增值的基本关系，虽然在其学说中并未出现"资本"的概念，但其所论述的农业生产费用中的"原预付"，本质上就是生产资本的一部分，只不过其将农业生产资本等同于资本，具有一定的片面性。他将财富增值，即"纯产品"的获得放在生产领域里而不是重商主义主张的流通领域中，生产阶级、不生产阶级和土地所有者阶级收入的获得体现了再生产过程中财富的流转过程，农业生产性投资增加促进了农业发展，从而"纯产品"增加。① 杜阁是重农学派的发展者，他将对"纯产品"的认知又推进了一步，他认为"纯产品"是农业劳动者的产物，是在土地私有下对农民劳动果实的占有，资本来自对多余价值的积累，而这种多余的价值来自收入与花费价值的差额。②

　　无论是重商主义还是重农主义，其对财富来源的观点均具有一定的片面性。亚当·斯密在其《国民财富的性质和原因的研究》中纠正了这种片面的观点，他认为财富来自一切物质生产部门，增加财富就要提高生产率，实现劳动工具的改良，追求财富的动机客观上促使资本家进行资本积累。"资财的蓄积，必须在分工以前"，"要增加同数受雇劳动者的生产力，唯有增加那便利劳动、缩减劳动的机械和工具，或者把它们改良……但无论怎样，都有增加资本的必要。要改良机器，少不了增加资本"。③ 其在论述中体现的资本积累思想虽然在一定程度上将资本积累置于由分工引起的被动地位上，但事实上，在其论述资本理论过程中，资本积累的作用远不止于此，比如劳动力收入的提高就是资本积累的结果，而劳动报酬增加带来的结果就是人口和劳动力

---

① 〔法〕魁奈. 魁奈经济著作选集 [M]. 吴斐丹，张草纫，译. 北京：商务印书馆，1979.
② 〔法〕杜阁. 关于财富的形成和分配的考察 [M]. 南开大学经济系经济学说史教研组，译. 北京：商务印书馆，1961.
③ 〔英〕亚当·斯密. 国民财富的性质和原因的研究（上卷）[M]. 郭大力，王亚南，译. 北京：商务印书馆，1972.

的增长，在他看来居民人数的增加是一国繁荣的重要标识。在古典经济学的范畴里，涉及资本要素的学说还有穆勒在其价值论中的论述，他认为生产资本报酬是"节欲"的结果，资本主义社会抵御利润率下降的方法之一就是资本扩张，就资本要素而言，资本一直增长，生产就可以无限扩张。① 总的来说，古典经济学及其之前的理论学说并未形成系统完整的投资理论，有关于资本理论以及投入与产出之间的关系的论述主要分散于劳动分工、价值理论、生产理论与经济增长理论当中。

作为古典经济学的批判性继承者，马克思在《资本论》中同样没有明确阐述投资理论，而是从扩大再生产的角度论述了资本积累的重要性。资本积累就是剩余价值的资本化，是为实现财富的增长或者说追逐利润，通过更新设备、采用先进技术提高资本有机构成以促进劳动生产率的提高，将利润转化为资本，扩大资本积累规模从而提高生产能力。马克思认为，由于扩大再生产，资本家并没有将全部剩余价值用于消费，留存的那部分按照一定的资本产出比追加投资从而获得补偿，由于收入与消费的差额并没有储蓄，从而供给和需求是平衡的。马克思的资本积累理论限定在社会两大部类生产资料和消费资料的总支出水平上，并没有超出一国封闭体的限制，从这点上来说存在一定的局限性。

发生在19世纪的边际革命将边际分析的方法引入理论研究中，边际学派运用数学函数量化了投资分析中的边际成本和边际收益等。这一时期涉及要素投入与产出关系及资本成本的理论学说主要有克拉克（Clark）的边际生产力理论、维克塞尔（Wicksell）的利息论、庞巴维克（Bohm-Bawerk）的利息时差论和费雪（Fisher）的利息理论，其理论主旨共同搭建了逻辑严密的投入与产出关系框架。克拉克认为包括资本在内的所有投入要素都是财富增长的源泉，都应从生产成果中获得一定份额，资本边际生产力递减，资本报酬由资本边际生产力决定，资本边际生产力是由产业资本家与借贷资本家的供求力量所决定的，

① 〔英〕约翰·穆勒.政治经济学原理及其在社会哲学上的若干应用（上卷）〔M〕.赵荣潜，桑炳彦，朱泱，胡企林，译.北京：商务印书馆，1991.

可以经由投资提高劳动者报酬与资本报酬，因此应该降低利息，减少贷款成本，鼓励投资。[①] 在资本边际生产力上升引起投资的过程中，维克塞尔提出自然利率的概念，即资源实现最优配置的实际利率，他认为自然利率高于货币利率是触发资本边际生产力提高的原因。围绕利息的确定，庞巴维克与费雪论证了物品放在现在和未来消费的主观评价差异，人们对现在消费的时间偏好决定了等待的时间需要获得补偿，利息得以确定，由此利率反映的是现在资财与未来资财相交换的贴现比率，取决于投资机会和时间偏好。[②]

针对宏观分析的理论缺陷，新凯恩斯学派、新古典综合学派等以企业投资行为作为研究出发点为投资理论寻找微观基础。乔根森（Jorgenson）构建企业预期收益现值的数学模型，利用微观主体未来收益现值最大化的条件确定合意资本存量。从微观角度来说，新古典厂商利润最大化目标是厂商选择生产计划实现跨期效用最大化，即在最优资本存量标准下净收益最大化。由于乔根森的投资理论建立在新古典最优资本积累基础上，假设预期是完全的，投资主体实际的资本存量等于合意资本存量，即厂商总是可以实现最优资本存量。在不考虑调整成本的情况下，投资就是企业合意资本存量的变化量与重置资本之和。

根据莫迪里阿尼（Modigliani）和米勒（Miler）的资本成本理论[③]，资本成本是股权的预期收益和债权收益的加权平均。乔根森在其理论基础上将资本收益纳入股权收益范畴，并将资本成本引入投资函数中。在《资本理论和投资行为》一文中，他假设企业无限期存续，投入生产的要素为资本和劳动，每期净收益为从利润中剔除工人工资、资本成本及税收后的净值，资本成本为资本的影子价格，利用不变的贴现率对未来收益贴现。[④] 根据最优资本存量的实现条件，可以得到资本的

① 〔美〕克拉克. 财富的分配 [M]. 陈福生等，译. 北京：商务印书馆，1983.
② 杨建飞. 西方经济思想史 [M]. 武汉：武汉大学出版社，2010.
③ 〔美〕佛朗哥·莫迪里阿尼，默顿·H. 米勒. 资本成本、公司财务和投资理论 [M]. 卢俊. 资本结构理论研究译文集. 上海：上海三联书店，上海人民出版社，2003.
④ Dale W. Jorgenson. Capital Theory and Investment Behavior [J]. The American Economic Review, 1963, 53（2）：247–259.

边际产出等于资本的影子价格，进而可以确定合意资本存量与资本成本的关系式。在此基础上，在包含资本成本的两阶段构造中，考虑加入调整费用以优化动态投资过程[①]，同时在投资过程中考虑资本边际效率与投资边际效率的区别。显然，企业利润最大化标准下推导出的投资函数是欠缺现实意义的，只有充分考虑调整成本的投资函数才更贴近真实情况。

对于投资过程中的调整成本，托宾（Tobin）从一个全新的角度对其做出诠释。[②] 托宾认为，资本市场会对投资项目的收益及风险做出评价，如果对某个投资项目收益的评价高于风险，形成对未来现金流折现和利润的良好预期，企业市场价值就会上升，投资者获益。而资本增加的速度与 Q 值相关，Q 值不但包括利率，还包括调整费用，资本存量增加速度越快，资本存量规模越大，其调整成本越高。所以实际资本存量调整为合意资本存量有时间差，除非调整成本为零，实际资本存量等于期望资本存量，但现实经济中调整费用是难以忽略的。

2.2.2 现代投资理论

从微观的视角看，传统投资理论认为企业依据未来现金流的折现值与重置成本对投资行为进行决策，当净现值大于零时选择投资，净现值小于零时则选择不投资，预期收益可以由过去的经验评估。理论假设将微观主体置于确定性环境中，投资行为仅与过去的激励力量和现在的趋利动机相联系，忽视了不确定性对投资行为的影响。凯恩斯基于边际学派的理论分析基础，结合马歇尔的厂商理论，寻找宏观投资理论的微观基础。他认为投资者做出投资决定取决于未来收益的贴现值至少可以覆盖新增资本的重置价格，换言之就是资本的边际效率大于利息率，投资者才是有利可图的。后有西方学者对其做出补充，

---

① Dale W. Jorgenson. Econometric Studies of Investment Behavior: A Survey [J]. Journal of Economic Literature, 1971, 9 (4): 1111 –1147.

② James Tobin. A General Equilibrium Approach to Monetary Theory [J]. Journal of Money, Credit and Banking, 1969, 1 (1): 15 –29.

提出投资收益率的概念，即当利率下降引起诸多厂商追加投资时，必然会使资本品供给价格上升，引起生产厂商生产成本增加，使资本边际效率降低，当然这种补充在一定程度上更贴近于现实。阿罗（Arrow）将不确定性纳入投资决策研究的框架中，在其研究中提出投资不可逆的理论观点。[①] 他认为不确定性是影响投资决策的重要因素，未来的投资回报是不确定的，未来收益遵循随机游走的路径，理性投资一定是用概率估计回报值的。

20 世纪 70 年代以后信息经济学出现，融资约束问题进入投资理论的分析框架。在新古典的经济世界里，不存在商品的交易障碍和交易费用，供求双方的信息是对称的，且无市场准入限制，所以任何条件的变化引起的价格差异都会导致交易，也就是套利行为的发生，使得由于价格差异导致的收益差异消失，价格差异消除，从而最终实现市场出清。传统投资理论中，基于无套利性、最优性和均衡性的完全市场假设，投资决策由投资价值因素决定，资本成本并不对投资产生影响，也就是说微观主体投资所需资金可以以一定的市场利率无限供给，因此投资模型中并不包含金融变量。

基于信息经济学的发展，投资研究开始更多地将信息非对称置于投资理论的分析框架中。早期迈耶（Meyer）认为外源融资问题会对企业投资产生影响，但由于缺乏系统分析，长期以来金融无关理论一直居于主导地位，直到法扎里（Fazzari）等人的研究（又被称为 F-H-P 研究）取得了突破，才奠定了投资 – 现金流敏感性理论的基础。法扎里等人在资本市场非完全、信息不对称的假定下，认为现实融资环境会对资金供给产生影响，直接融资市场和间接融资市场存在信贷配给特征，资金提供者多把企业流动性和内部现金流作为提供融资的关键因素，由此企业外源融资成本具有差异性，并产生融资约束问题。[②] 哈

① Kenneth J. Arrow. Optimal Capital Policy with Irreversible Investment [M]. Edinburgh University Press, Essays in Honour of Sir John Hicks, 1968, 19 (1): 1–19.

② Steven M. Fazzari, R. Glenn Hubbard, Bruce C. Petersen, Alan S. Blinder, and James M. Poterba. Financing Constraints and Corporate Investment [J]. Brookings Papers on Economic Activity, 1988, 1: 141–206.

伯德（Hubbard）进一步指出，由于资金提供者和使用者在投资的实际风险和价值方面存在信息不对称，所以资金提供者会索要高于借贷市场均衡利率水平的利率成本作为风险补偿，即由于资本市场非完全，企业内源融资与外源融资会产生不同的成本差异，形成代理成本问题。[①] 斯蒂格利茨（Stiglitz）和韦斯（Weiss）同样提出，贷款市场由于信息不对称存在逆向选择的风险。[②] 因此传统投资理论中忽略金融因素，将投资成本等同于市场均衡利率水平是存在偏差的，企业依赖外部融资产生较高的代理成本，偏好依靠内部现金流作为扩张资本的资金来源，企业净财富值事实上产生信息披露作用，由此影响代理成本，由于融资约束的成本效应，实际合意资本存量与不考虑金融因素的合意资本存量存在差别，由此对投资需求产生影响。

梳理投资理论的发展脉络不难发现，传统投资理论均基于同样的假定。资本市场是完全的，投资与融资形式无关，投资所需资金可以以一定成本无限获取，决定投资水平的因素是融资成本的高低，不存在信贷配给，投资取决于融资因素以外的投资机会；资本存量可以无成本调整，投资是可逆的；市场是完全竞争的，不存在垄断及规模效应；企业所处的环境是确定的，投资的未来收益是确定的，投资决定过程只是投资收益和投资成本的比较过程，企业或者投资，或者永不投资。对于不确定性因素，只是将不确定性纳入新古典研究的框架内，得出不确定性对投资有积极意义或不确定性抑制投资两种相左的结论。

现代投资理论基于信息非对称及委托代理理论中的成本学说，将金融变量引入投资函数中，研究约束效应下的投资行为。由于存在经济环境不确定、微观主体信息非对称以及投资结果与预期偏离等情况，利润水平并不确定，因为风险的存在，收益水平呈现出的新特点，集中体现在投资成本的补偿上。在研究不确定性与投资的相关关系上，

① R. Glenn Hubbard. Capital-Market Imperfections and Investment ［J］. Journal of Economic Literature，1998，36（1）：193－225.
② Joseph E. Stiglitz, Andrew Weiss. Credit Rationing in Markets with Imperfect Information ［J］. The American Economic Review, 1981, 71（3）：393－410.

传统投资理论忽略了时间因素，实物期权理论认为不确定性会导致投资的延迟，等待投资时机以规避不利信息对投资的冲击是有价值的。实物期权理论事实上是金融期权理论的延伸，投资行为与金融看涨期权具有相似的逻辑，投资主体对是否行权具有选择权，一旦投资即认定行权，且不可逆，对于投资来说就意味着一定程度的沉淀成本，所以时机等待及选择就意味着一定的期权价值，从量上来看至少应等于调整成本。相较于传统投资理论投资决定的净现值法则，投资成本的核算至少还应该包括调整成本，从现实角度来看，实物期权理论对投资成本的确认似乎更加合理。

2.3　概念界定与文献综述

2.3.1　投资的界定

经济学对于投资概念的界定不同于价值投资，投资是为了生产从而获取资本品而采取的行为。微观主体的投资行为是宏观经济活动的行为基础，并构成全社会投资水平的基础变量，现代宏观经济学通常将其界定为企业投资，所以将投资定义为企业某一时期用于增加资本存量的支出量。[①] 从投资理论不同观点的角度解读，可以找到不同的理论基础，即对投资的不同表述，比如迪克西特（Dixit）与平迪克（Pindyck）在其著作中将投资解读为，为了获得未来预期回报而承担瞬时成本的行为。[②] 从这个角度来看，只要是出于取得预期收益而进行的投入活动都可以被称为投资，投资的范畴被扩大，但与宏观经济学定义的投资本质并无二致，因为预期收益是依据现实做出的经验判断，难言客观和确定，所以投资本身具有不确定性。

投资是资本运动的一个环节，是资本创造财富的必要条件。在马

---

① 〔美〕多恩布什，费希尔. 宏观经济学（第 6 版）［M］. 李庆云，刘文忻，译. 北京：中国人民大学出版社，1997.

② 〔美〕阿维纳什·迪克西特，罗伯特·平迪克. 不确定条件下的投资［M］. 朱勇，黄立虎，丁新娅，朱静，译. 北京：中国人民大学出版社，2002.

克思看来，投资就是为了扩大再生产通过购买生产要素形成不变资本和可变资本的生产性活动。他在《资本论》中表述投资是货币运动过程中转化为资本的过程，将投资与资本概念联系起来。对于资本的概念，庞巴维克在其著作中指出，"一般说来，我们把那些用来作为获得财货手段的产品叫作资本"[①]。这与马克思所说的资本是能够带来剩余价值的语境本质是一致的。从企业的角度出发定义资本可参见熊彼特（Schumpeter）在《经济发展理论——对于利润、资本、信贷、利息和经济周期的考察》中的论述，他认为"资本，无非是一种杠杆，凭借它，企业家可以使他所需要的具体商品受他的控制，无非是把生产要素转用于新用途，或者引向新的生产方向的一种手段"[②]，即强调了通过资本获取生产能力的手段性，资本存量的改变就是生产能力的改变，或是规模扩大，或是效率提高，以获取资财为目的，改变资本存量的支出就是对生产能力的投资。

在传统投资理论中，经济学家通常用资本定义投资，凯恩斯同样将投资与资本联系在一起。他曾在《就业利息和货币通论》中这样描述，"资本在其生命中，会产生一个收益，超过原来成本……资本之生产力，至少就物质意义而论，未必减低"[③]。凯恩斯在其投资理论中还提出了"总投资"的概念，相比于企业投资而言属于总量范畴，"总投资"包括维护原生产能力增量投入的再投资和净投资，即"一切资本设备之净增益，至于旧有设备之价值损失，凡属净所得之计算范围者，皆已扣除净尽"[④]。凯恩斯对"总投资"的论述为国家投资提供了理论支持，被诸多政府奉为圭臬，成为政府投资行为的指导原则。

投资的范畴外延较广，经济学家从不同的角度界定投资，在这里借鉴宏观经济学的概念。为改变生产能力，增加未来产量的资本形成及资本存量变动的净值即为投资，这也就界定了本书的研究范畴，从实物资

① 〔奥〕庞巴维克. 资本实证论 [M]. 陈端，译. 北京：商务印书馆，1964.
② 〔美〕约瑟夫·熊彼特. 经济发展理论——对于利润、资本、信贷、利息和经济周期的考察 [M]. 何畏，易家详，张军扩等，译. 北京：商务印书馆，1997.
③ 〔英〕凯恩斯. 就业利息和货币通论 [M]. 徐毓枬，译. 北京：商务印书馆，1983.
④ 〔英〕凯恩斯. 就业利息和货币通论 [M]. 徐毓枬，译. 北京：商务印书馆，1983.

本投资入手，劳动力作为生产要素发挥作用，而非人力资本投资。

2.3.2　投资与经济增长实证研究

1. 投资总量视角

据世界范围内的发达地区进入工业化进程后的记载，各地均大规模掀起了投资热潮。刘易斯于 1955 年在经济增长理论研究中指出，发达国家的经济发展都经历过投资加速的阶段，虽然各个地区投资加速的时间跨度会有所差别，但相同的是，投资加速如果用净投资率指标衡量，这些地区均由小于等于 5% 的低水平状态提速到大于等于 12% 的高水平状态。[①] 德隆（De Long）和萨默斯（Summers）在研究中发现，发展中国家在经济起飞阶段，固定资产投资占 GDP 的比重与经济增长率之间呈现正相关关系，并且指出在固定资产投资中机器和设备的投资对经济增长的拉动作用更强。[②] 曼昆等采用横截面国别数据得出稳态增长率不依赖于投资水平的结论，投资增加只在向新稳态增长率过渡的路径中对产出水平增长率存在短暂影响而没有长期效应，在新的稳态增长路径上，投资增加影响的是单位劳动力的产出水平。[③]

尽管早期基于国别经验数据的研究基本上肯定了投资在经济增长中的作用，但随着研究的深入，在投资与经济增长的因果关系上出现颇多争论，运用实证方法更是得出了不尽相同的结论。琼斯（Jones）采用时间序列数据对 AK 模型进行验证，应用格兰杰因果检验得出投资与长期经济增长率之间并无因果关系。[④] 范胡特（Vanhoudt）在研究中得出类似的结论并指出资本形成的速度在很大程度上取决于经济增长，

① 〔英〕阿瑟·刘易斯. 经济增长理论 [M]. 周师铭，沈丙杰，沈伯根，译. 北京：商务印书馆，1996.

② J. Bradford De Long, Lawrence H. Summers. How Strongly Do Developing Economies Benefit from Equipment Investment [J]. Journal of Monetary Economics, 1993, 32 (3): 395 – 415.

③ N. Gregory Mankiw, David Romer, and David N. Weil. A Contribution to the Empirics of Economic Growth [J]. Quarterly Journal of Economics, 1992, 107 (2): 407 –437.

④ Charles I. Jones. Time Series Tests of Endogenous Growth Models [J]. Quarterly Journal of Economics, 1995, 110 (2): 495 –525.

经济增长是投资增加的直接原因。[①] 阿塔纳西奥（Attanasio）等用同样的方法得出了相反的结论，认为投资是经济增长的单向格兰杰原因。[②] 另有一种观点与上述观点不同，认为固定资产投资与经济增长是相互作用的关系，马德森（Madsen）从供给和需求两个维度阐述经济增长和固定资产投资的关系，一方面投资的供给效应尤其是投资于设备所形成的生产能力在很大程度上促进了经济增长，另一方面经济增长刺激需求增加，从而引致投资于房屋建筑的固定资产增加，二者互相促进互为因果。[③] 马格努斯（Magnus）等在研究中得出了类似结论，但略有不同的是，他们认为经济增长和固定资产投资虽然相互促进互为因果，但是作用力却是不同的，经济增长对固定资产投资的作用效果更大一些。[④]

通过静态和动态回归分析方法构建更加符合现实的经济模型，从而验证富有创见性结论的研究拓宽了理论外延。诸如邦德（Bond）等采用国别数据，运用动态面板模型分析投资与经济增长的关系，得出投资对经济增长不但有水平效应而且有增长效应的结论。[⑤] 值得说明的是，Bond 等人认为，依靠传统模型研究投资与经济增长长期关系问题是值得推敲并有待进一步考证的，因为传统模型先验假定投资变量无法作用于长期经济增长，因此由传统模型出发考察二者之间的长期关系是不够稳健的，严谨的做法是模型中既包含投资的长期效应也包含投资的短期影响。基于这样的思路，杜丽永基于中国 29 省 1961~2008 年的

---

① Patrick Vanhoudt. A Fallacy in Causality Research on Growth and Capital Accumulation [J]. Economics Letters, 1980, 60 (1): 77 - 81.

② Orazio P. Attanasio, Lucio Picci, and Antonello E. Scorcu. Saving, Growth, and Investment: A Macroeconomic Analysis Using a Panel of Countries [J]. Review of Economics and Statistics, 2000, 82 (2): 182 - 211.

③ Jakob B. Madsen. The Causality between Investment and Economic Growth [J]. Economics Letters, 2002, 74 (2): 157 - 163.

④ Blomstrom Magnus, Lipsey E. Robert, and Zejan Mario. Is Fixed Investment the Key to Economic Growth [J]. Quarterly Journal of Economics, 1996, 111 (1): 269 - 276.

⑤ Steve Bond, Asli Leblebicioglu, and Fabio Schiantarelli. Capital Accumulation and Growth: A New Look at the Empirical Evidence [J]. Journal of Applied Econometrics, 2010, 25 (7): 1073 - 1099.

数据进行经验研究，并得到了与传统模型先验假定不甚相同的结论，事实证明投资于不同经济区域的作用方式不同会产生不同的结果，部分地区投资对经济增长影响深远，二者具有长期的稳健关系，但并不能据此说明该结论的广泛适用性，毕竟这与地区经济体量、所处经济发展阶段有密切关系。[①]

为了更有效地论证结论的稳健性，在优化研究过程的工作中进一步具体到变量架构及测度的准确性。陈立文和孙静在研究经济增长与投资关系时将衡量指标分为两类，一类是效益指标，另一类是贡献指标，通过比较全面的指标体系量化投资与经济增长的关系。[②] 林毅夫和刘培林将结构变量纳入回归分析，指出我国区域存在比较优势，只有根据区域各自比较优势量化增量投资，才能有效调节地区产业结构从而促进经济增长。如果不考虑地区禀赋发展经济，使微观主体选择超越其要素禀赋结构的产业和技术架构，则必然会导致企业缺乏自生能力而需要政府补贴。[③] 陈治将固定资产投资跨期变动分解为投资增长变动、投资份额变动和排序变动，运用省级面板数据分析，得出投资份额变动对经济增长有显著的正效应，而投资增长变动和排序变动与经济增长呈现负相关的结论。[④] 格林伍德（Greenwood）等基于资本品是否同质调整指标体系，测算经济增长在多大程度上来自索洛中性技术进步。[⑤] 由于资本增强型技术进步往往与物化资本相结合，所以测算结果在一定程度上反映了投资在经济增长中的相对权重。基于这种测算方式，诸多学者做出有益探索，研究中发现应用希克斯中性技术进步理论，采用生产函数线性耦合方法得到的测算结果明显低估了资本体

① 杜丽永. 资本积累与经济增长——来自中国省际动态面板数据的发现 [J]. 数量经济技术经济研究，2011（1）：35 – 50.

② 陈立文，孙静. 投资与经济增长中几个指标之间关系的研究 [J]. 中国地质大学学报（社会科学版），2002（1）：37 – 39.

③ 林毅夫，刘培林. 中国的经济发展战略与地区收入差距 [J]. 经济研究，2003（3）：19 – 25.

④ 陈治. 中国固定资产投资跨期效应研究 [J]. 宏观经济研究，2018（4）：40 – 47.

⑤ Jeremy Greenwood, Zvi Hercowitz, and Per Krusell. Long-run Implications of Investment-specific Technological Change [J]. American Economic Review, 1997, 87（3）：342 – 362.

现式技术进步对经济增长的作用，所以对资本存量进行质量测算调整是有效的。对此，董文涛建立投资强化型理论模型并采用经验数据进行回归，在考虑政策因素后发现，虽然在一定程度上高估了资本对产出的作用，但通过投资影响经济增长是有扩张空间的。[1]

资本配置效率是评价投资与产出数量关系的核心内容，反映了市场将稀缺资源配置到效率较高的部门或企业的有效程度。吕冰洋在区域经济研究中发现，区域间的资本边际生产率差异呈缩小趋势，他认为资本积累是动态有效的，高投入式增长未必是粗放式增长。[2] 袁志刚和何樟勇基于总资本收益与总投资的差额为负值的结论，认为实体经济运行在时间的维度中动态无效。[3] 针对学界中政府对投资的干预使经济体存在资本过度积累从而导致动态无效率的说法，张延认为这样的论断通过资本动力学方程的特例来解释是不充分的，由此应用 AMSZ 准则，通过计算折旧额占产出比重的下限，进一步证明了实体经济运行不存在动态无效的现象。[4] 韩立岩和蔡红艳基于 39 个工业行业的数据量化了 20 世纪 90 年代的资本配置效率，以资本是否从低成长部门流向高成长部门作为衡量资本配置效率高低的标准，在此基础上探讨资本配置效率与金融市场之间的关系，得出了金融市场规模与资本配置效率负相关的结论。[5] 龚六堂和谢丹阳利用离差指标衡量边际回报的差异程度，在估算各省生产函数的基础上，测算各省资本存量并对其趋势做出合理解释，他们认为边际回报差异扩大是资源配置效率提高的结果。[6]

---

[1] 董文涛. 投资强化型技术进步、资本增强型技术进步与国民经济增长 [J]. 经济问题探索，2020（3）：1 - 19.

[2] 吕冰洋. 中国资本积累的动态效率：1978—2005 [J]. 经济学（季刊），2008（2）：509 - 532.

[3] 袁志刚，何樟勇. 20 世纪 90 年代以来中国经济的动态效率 [J]. 经济研究，2003（7）：18 - 26.

[4] 张延. 中国资本积累的动态效率：理论与实证 [J]. 管理世界，2010（3）：168 - 169.

[5] 韩立岩，蔡红艳. 我国资本配置效率及其与金融市场关系评价研究 [J]. 管理世界，2002（1）：65 - 70.

[6] 龚六堂，谢丹阳. 我国省份之间的要素流动和边际生产率的差异分析 [J]. 经济研究，2004（1）：45 - 53.

2. 投资结构视角：基础设施投资与能源投资

在投资结构细分领域里，基础设施投资是固定资产投资的关键组成部分，将基础设施投资从固定资产投资中抽离出来也是研究投资与产出水平数量关系的重要视角。基础设施投资作为社会先行资本通过空间溢出效应和正外部性对经济增长产生显著的促进作用。[1] 国外较早研究基础设施投资效用的文献可见于阿梅雷尔（Aschauer）的学术成果，他利用产业数据估计生产函数并以此判定基础设施投资的效用，研究发现，在私人投资规模不变的基础上，非军用部门基础设施投资每增加一个单位，GDP 的增长会持久性地增加超过一个单位，基础设施投资规模的扩张对私人部门的生产率具有较强拉动作用。[2] 芒内尔（Munnell）采用美国 48 个州 1970～1986 年的面板数据实证分析发现，公共资本的产出弹性为 0.1，如果对不同的地区分别回归，其公共资本的产出弹性介于 0.07～0.36。[3] 福特（Ford）和波瑞特（Poret）对 OECD 国家 1960～1989 年的数据进行回归，发现加拿大、德国和瑞典基础设施投资对经济增长拉动效果显著。[4] 伊斯特利（Easterly）和雷贝洛（Rebelo）在对发展中国家基础设施投资进行实证研究时得出，基础设施投资的产出弹性系数在 0.16 左右。[5]

国内学者通过中国宏观数据分析基础设施投资效果，得出基础设

---

[1] Robert E. Lucas Jr. On the Mechanism of Economic Development [J]. Journal of Monetary Economics, 1988, 22 (1): 3 – 42; R. J. Barro. Government Spending in a Simple Model of Endogenous Growth [J]. Journal of Political Economy, 1990, 98 (5): 103 – 125.

[2] David Alan Aschauer. Is Public Expenditure Productive? [J]. Journal of Monetary Economics, 1989, 23 (2): 177 – 200.

[3] A. H. Munnell. Why Has Productivity Growth Declined? Productivity and Public Investment [J]. New England Economic Review, 1990, 1 (2): 3 – 22; A. H. Munnell. How Does Public Infrastructure Affect Regional Economic Performance? [J]. New England Economic Review, 1990, 9 (10): 11 – 32.

[4] R. Ford, P. Poret. Infrastructure and Private Sector Performance [J]. OECD Economic Studies, 1991, 17: 63 – 89.

[5] W. Easterly, S. Rebelo. Fiscal Policy and Economic Growth: An Empirical Investigation [J]. Journal of Monetary Economics, 1993, 32: 417 – 458.

施投资是经济长期增长的格兰杰原因。① 基础设施投资及其细分项对人均 GDP 的拉动作用显著,科研、社会服务和文体项目投资效果不佳,政府和社会团体项目投资作用为负。② 政府公共投资中基础设施投资对产出和全要素生产率的影响较大,更新改造投资对民间投资的拉动效应较大。③ 进一步将政府公共投资细分为人力资本投资和物质资本投资,发现这两种投资对经济增长的正负效应由民间经济主体的消费跨期替代弹性大小决定,人力资本投资、物质资本投资和经济增长之间存在长期均衡关系。李强和郑江淮在研究中肯定了基础设施投资对经济增长的作用,同时发现基础设施投资对人力资本投资产生挤出效应,而人力资本投资对经济增长的边际贡献大于基础设施投资,所以在强调基础设施投资的同时应提高人力资本投资的支出比重。④

基础设施领域的投资同样存在异质性效果,交通基础设施投资存在一定的负外溢效应和挤出效应,削弱了基础设施投资对经济增长的拉动作用。⑤ 政府公共资本对道路及机场的投资对民间投资具有"纯挤出效应",对经济建设中政府公共投资的负面影响应予以充分重视,协调好政府投资与民间投资。⑥ 李涛等在研究中发现,基础设施投资对居民消费的影响具有门槛效应,当居民收入水平不高时,基础设施投资对消费产生挤出作用,当收入条件改善越过门槛后,基础设施投资对消费产生挤入作用。⑦ 另外,基础设施投资多为政府直接投资,政府投资规模直接影响政府债务规模,而政府债务规模也具有门槛效应,只

---

① 王任飞,王进杰. 基础设施与中国经济增长:基于 VAR 方法的研究 [J]. 世界经济,2007 (3):13 - 21.

② 刘国亮. 政府公共投资与经济增长 [J]. 改革,2002 (4):80 - 85.

③ 郭庆旺,贾俊雪. 政府公共资本投资的长期经济增长效应 [J]. 经济研究,2006 (7):29 - 40.

④ 李强,郑江淮. 基础设施投资真的能促进经济增长吗? ——基于基础设施投资"挤出效应"的实证分析 [J]. 产业经济研究,2012 (3):50 - 58.

⑤ 葛翔宇,黄永强,周艳丽. 交通基础设施投资与经济增长——基于准自然实验的证据 [J]. 系统工程理论与实践,2019,39 (4):922 - 934.

⑥ 管敏,刘长生. 新兴大国政府投资规模和结构对民营资本投资的影响研究 [J]. 湖南师范大学社会科学学报,2019 (6):37 - 45.

⑦ 李涛,胡菁芯,冉光和. 基础设施投资与居民消费的结构效应研究 [J]. 经济学家,2020 (11):93 - 106.

有政府债务投资最终提高 TFP 从而扩张物质资本积累规模时，其才具有积极意义。[①] 鲍姆－斯诺（Baum-Snow）等指出，中国区域基础设施投资会对核心地带与非核心腹地地带产生不同影响，对于核心地带而言，基础设施投资改善会带来制造业发展机会，使产出水平提升，但腹地地带会更加专注于农业，从而使腹地地带逐渐失去经济活力。[②]

对于基础设施投资效应的机理，娄洪认为具有拥挤性的公共基础设施投资与纯公共性基础设施投资均能够拉动长期经济增长，但其拉动经济增长的机制不同，拥挤性公共基础设施投资可以在一定程度上减缓经济增长率下降速度带来经济的内生增长，而纯公共性基础设施投资能够带来恒定的内生经济增长。[③] 刘俸奇指出，基础设施投资通过促进资本积累、发挥正外部性实现对经济增长的直接贡献；基础设施投资通过提高产能利用率，发挥对经济增长的间接促进作用。此外，在基础设施建设规模扩大的过程中，各类基础设施互联互通所形成的网络效应使得其在经济增长中的作用充分发挥，基础设施投资效率的提升对经济增长具有"门槛效应"。[④] 郭凯明和王藤桥从基础设施投资的价格效应、投资效应及收入效应入手分析其对产出水平及生产率提高的影响机理，得出基础设施投资可以有效提高全要素生产率从而推动经济高速增长的结论。[⑤]

在基础设施投资的优化方案上，孙早等认为基础设施作为生产要素直接作用于经济增长，同样也可以通过改良基础设施促进产出水平提高。在对东中西部地区基础设施投资及经济增长的面板数据进行回归分析时发现，东部、中部地区基础设施投资与经济增长呈现倒 U 形

[①] 王德祥，黄杰. 政府债务和经济增长：基于供给侧的比较分析 [J]. 宏观经济研究，2018（3）：5–15.

[②] Nathaniel Baum-Snow, J. Vernon Henderson, Matthew A. Turner, Qinghua Zhang, and Loren Brandt. Does Investment in National Highways Help or Hurt Hinterland City Growth? [J]. Journal of Urban Economics, 2018, 115 (S1)：1–5.

[③] 娄洪. 长期经济增长中的公共投资政策——包含一般拥挤性公共基础设施资本存量的动态经济增长模型 [J]. 经济研究，2004（3）：10–18.

[④] 刘俸奇. 基础设施投资与中国经济增长：影响渠道及作用机制研究 [J]. 经济科学，2018（2）：16–29.

[⑤] 郭凯明，王藤桥. 基础设施投资对产业结构转型和生产率提高的影响 [J]. 世界经济，2019（11）：51–73.

的关系，西部地区基础设施投资由于过度投资反而对经济增长产生了抑制作用。[①] 李献国和董杨在研究中得到了类似的结论，并指出基础设施投资存在最优投资规模，中西部部分省份基础设施投资已经超过了最优投资规模，公共投资应合理配置资源，调整基础设施投资结构。[②] 德科蒂斯（DeCotis）发现，基础设施投资市场中竞争性替代品达到了更高的渗透水平，传统基础设施投资面临诸多非传统基础设施投资替代方案，即使不考虑诸如碳成本之类的外部因素，非传统基础设施投资替代方案如燃料转化的电气化投资方案等也具有明显的成本优势。[③] 2018 年中央经济工作会议部署新型基础设施建设，基础设施投资结构得以进一步优化，近两年的数据显示，通信及电子设备制造业保持两位数增长，专用设备制造业也提升到 10% 左右，事实证明新型基础设施投资提高了资本扩展型技术水平，提高了全要素生产率，成为稳定增长、调整结构、推动动能转换的有效助力。[④] 基于创新驱动的视角分析，邱冬阳等认为创新驱动发展战略实施后，基础设施投资拉动经济增长的弹性系数变小，制造业投资的弹性系数变大，所以在基础设施领域应适度控制投资规模。[⑤] 在实现经济转型过程中，要协调好基础设施领域的投资与制造业投资的关系，以满足制造业发展为落脚点，重视制造业对经济增长的拉动作用，实现地区工业低水平均衡向高水平均衡的转化。[⑥]

能源投资同样是投资细分领域中诸多学者聚焦的重要维度，相比于能源消费的理论探究与数量分析的广度和深度，其研究成果体量稍

① 孙早，杨光，李康. 基础设施投资促进了经济增长吗——来自东、中、西部的经验证据 [J]. 经济学家，2015（8）：71 - 79.
② 李献国，董杨. 基础设施投资规模与经济增长——基于 1993 - 2014 年东、中、西部省级面板数据分析 [J]. 宏观经济研究，2017（8）：86 - 93.
③ Paul A. DeCotis. Infrastructure Investment Alternatives：Competitive and Nontraditiona [J]. Climate and Energy，2020，37（5）：23 - 26.
④ 郭凯明，潘珊，颜色. 新型基础设施投资与产业结构转型升级 [J]. 中国工业经济，2020（3）：63 - 80.
⑤ 邱冬阳，彭青青，赵盼. 创新驱动发展战略下固定资产投资结构与经济增长的关系研究 [J]. 改革，2020（3）：85 - 97.
⑥ 杨仲舒，那艺. 交通基础设施、制造业资本规模与区域经济增长 [J]. 经济问题探索，2020（11）：144 - 156.

显不足。尽管如此，无论是从定性探讨还是从量化分析的角度，均不乏创造性的思考与严谨的推理。从量化分析的角度，相关研究依托统计数据应用不同方法构建计量模型研判能源投资对经济增长的贡献。在具体研究上，萨摩利迪斯（Samouilidis）和米特罗普洛斯（Mitropoulos）将产业部门细分为能源部门和非能源部门，构建模型分析能源投资与经济增长之间的关系，发现能源投资不但与经济增长密切相关，与汇率波动同样具有关联，而且在能源价格上涨的情况下会放大对宏观经济增长及非能源部门资本存量的影响。[①] Lu 等同样构建两部门模型，应用 CGE 模型考察能源投资扩张对经济增长的拉动作用，以及扩大能源投资规模对二氧化碳排放量的影响，认为当投资增长率提高时，石油和天然气部门为最有效增长部门。[②]

在针对中国能源投资问题的研究中，Zeng 等指出中国能源投资整体效率低，平均总技术效率为 44%，纯技术效率为 48%，规模效率为 90%，企业投资效率受宏观经济条件和投资主体特征影响。[③] 艾哈迈德（Ahmad）等研究了中国能源投资对区域经济表现的影响，尽管 J. Li 和 S. Li 认为能源投资不利于区域经济增长的可持续性，但艾哈迈德等认为能源投资对区域经济增长仍是有积极作用的，同时指出能源投资应以提高可再生能源技术水平为基础，采用能源效率更高的技术装置发展能源工业。尽管工业布局产生结构性的改变可能在短期内影响区域经济表现，但长期会使经济走上可持续增长的道路。[④] 艾哈迈德等在考

① J-Emmanuel Samouilidis, Costas S. Mitropoulos. Energy Investment and Economic Growth: A Simplified Approach [J]. Energy Economics, 1983, 5 (4): 237 – 246.

② Chuanyi Lu, Xiliang Zhang, and Jiankun He. A CGE Analysis to Study the Impacts of Energy Investment on Economic Growth and Carbon Dioxide Emission: A Case of Shaanxi Province in Western China [J]. Energy, 2010, 35 (11): 4319 – 4327.

③ Shihong Zeng, Chunxia Jiang, Chen Ma, and Bin Su. Investment Efficiency of the New Energy Industry in China [J]. Energy Economics, 2017, 70: 536 – 544.

④ Jinying Li, Sisi Li. Energy Investment, Economic Growth and Carbon Emissions in China— Empirical Analysis Based on Spatial Durbin Model [J]. Energy Policy, 2020, 140: 111425; Munir Ahmad, Inayatullah Janb, Gul Jabeenc, and Rafael Alvarado. Does Energy-industry Investment Drive Economic Performance in Regional China: Implications for Sustainable Deve-lopment [J]. Sustainable Production and Consumption, 2020, 27: 176 – 192.

察中国能源领域的可持续投资与可持续发展之间的关系时，在研究的过程中引入空气污染指标，利用动力学理论建构模型，发现除中部地区外，其他区域的能源可持续投资和经济可持续发展均存在双向因果关系，并认为中国各省份的可持续发展水平都与空气污染相关。[①] 能源投资在我国东部地区很可能成为经济增长的最主要推动力，中部地区与西部地区虽然表现不如东部地区明显，但基于动态因果关系的实证研究同样能证明能源投资对中国区域经济增长具有正向作用。[②]

围绕经济增长中最优投资规模的确定、政府在能源投资中的角色定位、能源产业基础设施投资与经济社会发展的内在逻辑以及能源投资对经济增长的贡献等问题，国内学者也进行了深入研究并取得了丰硕的成果。顾培亮通过数理推导得出能源开发部门投资增长率与国民经济增长率之间的函数关系，并据此构建计量模型，试图得到在不影响经济增长速度情况下的最优投资规模，同时验证模型在中长期经济增长中的适用性问题。[③] 单胜召等在研究过程中剔除能源消耗成本，利用净能源数据分析不同情境下的投资回报，进而论证了能源投资回报与能源成本协同作用，推动能源价格变化从而引起产出水平变动的机制。[④] 周绍杰等基于省级面板数据对电力投资、发电装机容量与经济增长做动态分析并进行区域差异化比较，考察电力基础设施投资对经济增长的长期影响及短期作用，同时量化投资弹性的地区异质性，发现电力基础设施投资对经济增长具有积极作用，但各区域的表现存在明

---

① Munir Ahmad, Abbas Ali Chandio, Yasir Ahmed Solangi, Syed Ahsan Ali Shah, Farrukh Shahzad, Abdul Rehman, and Gul Jabeen. Dynamic Interactive Links among Sustainable Energy Investment, Air Pollution, and Sustainable Development in Regional China [J]. Environmental Science and Pollution Research, 2020, 28 (2): 1502 – 1518.

② Munir Ahmad, Gul Jabeen, Muhammad Irfan, Marie Claire Mukeshimana, Naseer Ahmed, and Maria Jabeen. Modeling Causal Interactions between Energy Investment, Pollutant Emissions, and Economic Growth: China Study [J]. Biophysical Economics and Sustainability, 2020, 5 (1): 30617 – 30632.

③ 顾培亮. 能源投资与经济增长的相互关系探讨 [J]. 数量经济技术经济研究, 1986 (12): 3 – 8 + 58.

④ 单胜召, 黎斌林, 肖荣阁. 石油峰值、能源投资回报值与经济增长关系研究 [J]. 中国矿业, 2015, 24 (5): 37 – 41.

显差异，电力输出地经济增长并未明显受益于当地电力基础设施投资。[①]
张卫国等应用投资博弈得益矩阵分析能源投资中有政府介入和无政府介
入的投资演化结果，发现无政府介入时仅依靠市场机制不足以使投资者
进入新能源领域；在有政府介入的情况下，政府通过对新能源行业的扶
植、引导及政策激励令新能源行业逐渐走向成熟，发挥其优化资源配置
的作用。因此，政府投资在新能源产业初建过程中具有重要意义。[②]

面对全球环境治理的诸多挑战，人们越来越意识到环境治理的严
峻现实，能源投资越来越受到环境约束，可持续性投资与可持续性发
展是当代能源投资必须考虑的现实问题，由此绿色经济进入研究视野。
刘志雄通过分析国别数据，梳理全球主要国家的 GDP 能耗，探讨"绿
色转型"对我国经济增长的重要性，应用全国省区的面板数据构建多
元回归模型，进一步分析影响经济增长的投资因素，借鉴全球可再生
能源投资领域中取得的成果，建议在财政支持下强化绿色投资。[③] 陈婕
和邓学平将经济增长纳入绿色经济发展研究体系中，并引入绿色信贷
指标，认为可再生能源对绿色经济发展有门槛效应，通过阈值模型证
明可再生能源投资比重越高，绿色经济发展水平就越高。[④]

从定性理论探讨的角度，思考的维度更加多元，主要表现在能源产
业投资带动相关产业投资上，比如对能源产业链中的高端装备制造业、
绿色建筑产业等形成投资的引力效应，通过对传统产业的改造升级以及
对新兴产业的扶植带动制造业的再发展，形成产业聚集，充分发挥能源
产业产业链长、能够聚集整合资源的优势，有效形成新的经济增长点。[⑤]

---

① 周绍杰，刘生龙，胡鞍钢. 电力发展对中国经济增长的影响及其区域差异 [J]. 中国
人口·资源与环境，2016，26 (8)：34 – 41.

② 张卫国，郑月龙，汪小钗. 政府在新能源投资系统中的角色——基于演化博弈的分
析 [J]. 科技管理研究，2015 (23)：205 – 210.

③ 刘志雄. 绿色投资对中国经济增长作用的实证研究 [J]. 商业研究，2011 (10)：
146 – 150.

④ 陈婕，邓学平. 可再生能源投资与绿色经济发展的实证分析 [J]. 华东经济管理，
2020，34 (11)：100 – 106.

⑤ 郭毓东，江立明. 论新能源的产业引力效应及政策创新——以湖南为例 [J]. 价格理
论与实践，2011 (3)：79 – 80.

针对能源转型，在国际社会碳减排及国内经济结构转型的压力下，相继出台的顶层设计方案及政府规划明确提出升级新能源技术、扩大可再生能源行业累计投资规模。借鉴美国、日本等发达国家对能源行业的投资举措，实现可再生能源行业发展与提升能源效率的双重目标，促进工业行业产值提高。[①] 可再生能源产业的特点是科技含量高，以高科技为依托向使用者提供高附加值产品，不但有利于调整产业结构，而且可以通过科技创新改变要素的投入方式，调整经济增长方式。因此要扩大能源投资规模以加快创新技术向其他工业行业外溢，形成技术外溢效应，提高微观经济主体投资效益，从而改善宏观经济效率，拉动经济增长。[②]

当然，在能源转型背景下学界也不乏持谨慎态度的观点，其原因在于能源产业只有进行高投入才能形成规模效应从而降低成本，但高投入本身就是具有高风险的市场行为，能源投资的结果具有较高的不确定性，诸如缺乏核心技术或技术不成熟而引致的技术风险、供需结构失衡而产生的市场风险、技术水平约束下产生的结构性产能过剩以及政策缺乏连续性而导致的能源产业投资波动等问题均会成为经济增长的制约因素。[③] 持相反态度的观点认为，新能源产业具有公共产品的属性，政府以财政资源介入能源产业的发展解决了新能源产业发展过程中仅依靠市场难以解决的问题，政府投资引导可以撬动大规模民间资本，通过乘数作用放大投资的经济增长效应，同时建立行业规范和考核标准规避系统性风险，在风险可控的情况下，经济增长将直接受益于技术创新及科技成果的转化。[④]

① 陈柳钦. 国内外新能源产业发展动态 [J]. 发展研究，2011 (8)：84 - 89.
② 吴海建，刘燕红. 促进辽宁战略性新兴产业发展财政政策研究 [J]. 地方财政研究，2014 (4)：67 - 71.
③ 李庆，赵新泉，葛翔宇. 政策不确定性对可再生能源电力投资影响研究——基于实物期权理论证明与分析 [J]. 中国管理科学，2015，23 (S1)：445 - 452；张丽虹，何凌云，钟章奇. 可再生能源投资及其影响因素：一个理论分析框架 [J]. 西安财经学院学报，2019，32 (6)：66 - 73.
④ 刘松万. 发展新能源产业的财政政策与措施 [J]. 山东社会科学，2009 (11)：116 - 118.

2.3.3　投资影响因素

1. 不确定性与投资

对于不确定性与投资的经验研究，学者们从宏观和微观两个角度诠释。宏观层面的不确定性主要阐释宏观经济变量不确定性对投资的影响，是站在国家的角度研究二者的关系，其中不乏对影响投资的制度性变量的探讨，得出了诸多具有现实意义的结论。瑟文（Serven）和索利马诺（Solimano）研究发现，投资与通货膨胀率、实际汇率呈相反的变动趋势。[1] 艾森曼（Aizenman）等在其研究基础上，加入一国对外贸易指标，得出了一致的结论。[2] 科纳克（Knack）和基弗（Keefer）在研究中引入制度变量，发现财产权利是否得到保障会影响投资水平。[3] 毛罗（Mauro）则发现腐败现象对投资水平有明显影响。[4] 虽然宏观角度多为经验研究，通过实证分析，不同性质的不确定性对投资的影响存在差异性，但可以明确的是不确定性从总体上影响投资水平。制度变量的变化本身就会影响宏观经济指标，政策的非稳定性及政府官员的寻租行为均在一定程度上导致宏观经济变量不稳定，从而抑制投资。

从微观角度解读不确定性对投资的影响，学者们主要通过诠释不确定条件下的成本效应分析投资行为。迪克西特（Dixit）和平迪克（Pindyck）论证了不确定性导致投资延迟，认为等待投资机会是有时间成本的，表现为期权价值。[5] 随着不确定性增强，期权的价值是上升

[1] Luis Serven, Andrés Solimano. Private Investment and Macroeconomic Adjustment: A Survey [J]. The World Bank Research Observer, 1992, 7 (1): 95-114.

[2] Joshua Aizenman, Nancy P. Marion, and Nancy P. Marion. Macroeconomic Uncertainty and Private Investment [J]. Economic Letters, 1993, 41 (2): 207-210.

[3] Stephen Knack, Philip Keefer. Institutions and Economic Performance: Cross-Country Tests Using Alternative Institutional Measures [J]. Economics and Politics, 1995, 7 (3): 207-227.

[4] Paolo Mauro. Corruption and Growth [J]. The Quarterly Journal of Economics, 1995, 110 (3): 681-712.

[5] Avinash K. Dixit, Robert S. Pindyck. Investment under Uncertainty [J]. Econometrica, 1994, 39 (5): 659-681.

的，因为无论是因等待而选择了有利时机投资使资本存量增加，还是因等待规避了现在投资所产生的不利后果而使投资成本增加，都会使投资的机会成本增加，所以投资的期权价值增加，因此不确定性条件下的成本效应就表现为期权价值。两位学者通过实证方法进一步指出不确定性从长期来看有降低平均资本存量的趋势，这也就解释了经济体在较大不确定性条件下长期投资平均水平低的原因。亚伯（Abel）和埃伯利（Eberly）认为不确定性强化了投资的不可逆性，引起了成本效应，从长期来看，投资的滞后效应也是不确定性条件导致的直接后果。[①] 滞后效应是因为投资环境和投资条件的不确定性趋向有益的发展方向，所以等待后的择机投资行为倾向于使合意资本存量增加，而成本效应是因为投资本身的不可逆性受不确定性影响产生调整成本，从而使投资成本上升，在一定程度上抑制了投资。因此，不确定性条件下资本存量的变化取决于两个方向角力的最终结果。巴 - 伊兰（Bar-Ilan）和斯特兰奇（Strange）进一步考察了集中性投资和增量性投资在不确定性条件下的资本存量变化，发现不确定性引起的投资延后对于集中性投资而言有提高投资水平的效用，这主要归因于价格条件的改善，对于增量性投资则没有相应的结论。[②]

对于调整成本，平迪克也有相应的论述，他认为调整成本从内容上看还应包括调整成本的凸性、非对称性和集中出现的成本等。[③] 调整成本的凸性特征即调整成本随着资本存量变化率的变化而变化，是投资的凸函数。非对称性则意味着投资增加和投资减少产生的成本并不相同。集中出现的成本包括存量固定成本和流量固定成本，存量固定成本独立于投资发生的时间，流量固定成本与投资时间相关。调整成本的发生是资本存量调整的必然结果，比如购买资本品时发生的交易

① Andrew B. Abel, Janice C. Eberly. The Effects of Irreversibility and Uncertainty on Capital Accumulation [J]. Journal of Monetary Economics, 1999, 44 (3): 339 – 377.

② Avner Bar-Ilan, William C. Strange. The Timing and Intensity of Investment [J]. Joural of Macroecnomics, 1999, 21 (1): 57 – 77.

③ Robert S. Pindyck. Adjustment Costs, Uncertainty and the Behavior of the Firm [J]. American Economic Review, 1982, 72 (3): 415 – 427.

成本、信息成本、安装成本及调整期间需要支付的费用等，尤其是在新旧资源不兼容的情况下，调整成本还会增加，产生严重的资源浪费。事实上，因为有调整成本的存在，投资的总成本应为购买资本品的发生成本与调整成本之和，在不考虑资本成本的情况下，投资净收益下降，企业的合意资本存量减少，可见调整成本的存在，在一定程度上抑制了当前的投资支出，其本质源于投资本身的不可逆性，显然实际投资要充分考虑时间因素，忽略时间和空间制约的投资静态分析忽略了投资在不同时点的不同分布特征。

近年来的研究中，有学者发现不确定性通过影响不同资产的重新部署从而影响企业投资，不确定性增加会影响企业资产重新配置的清算价值，从而使企业投资持更加审慎的态度。[①] 国内学者多从政策不确定性角度解读企业投资对不确定性的反馈，尤其在经济下行压力巨大、经济增速趋缓的背景下，频繁的政策调整弱化了政策对经济的调控效应，货币政策不确定性增强放大了金融摩擦，提高了风险溢价，使信贷配给问题更加突出，从而影响了企业投资水平。[②] 经济政策不确定性对民间资本的抑制效应明显，使民间投资增长与国有企业投资增长出现背离，尤其当金融摩擦程度较高时，这种不确定性会恶化民间投资所面临的融资环境，从而对民间投资产生较大的负面影响。[③] 从微观机制看，张成思和刘贯春认为不确定性通过影响企业未来现金流预期和固定资产收益率，从而影响市场主体的投资行为。[④] 谭小芬和张文婧在探讨经济不确定性影响企业投资行为的传导机制的过程中发现，不同于金融摩擦机制，经济政策不确定性通过实物期权机制对企业投资行

① Hyunseob Kim, Howard Kung. The Asset Redeployability Channel: How Uncertainty Affects Corporate Investment [J]. The Review of Financial Studies, 2017, 30 (1): 245 – 280.

② 徐亚平，汪虹. 货币政策不确定性、金融摩擦与企业投资 [J]. 安徽大学学报（哲学社会科学版），2020 (3)：131 – 142.

③ 李鹏飞. 经济政策不确定性、国有投资与民间投资增长背离 [J]. 南京大学学报（哲学·人文科学·社会科学），2018 (5)：74 – 86 + 1.

④ 张成思，刘贯春. 中国实业部门投融资决策机制研究——基于经济政策不确定性和融资约束异质性视角 [J]. 经济研究，2018 (12)：51 – 67.

为产生主导性影响。① 陈少凌等在研究中通过构建企业与政府之间的动态期权博弈模型发现，在存在规制性壁垒的行业和地区，政策时机不确定性对企业投资的强度有显著影响。②

2. 融资约束下的投资行为

尽管廷伯根（Tinbergen）③ 及迈耶（Meyer）和库赫（Kuh）④ 早期就有关于现金流敏感性的投资行为研究，但由于只是基于经验数据及计量方面的研究，欠缺系统的理论性论证，其前瞻性研究成果并未占主流地位。直到法扎里等人的研究（又被称为 F-H-P 研究）在投资 - 现金流敏感性理论方面取得了实质进展，融资约束的问题才进入公众视野。他们通过制造业的微观数据验证了微观主体的投资行为对自身的现金流具有高度敏感性，即使市场条件发生了有利变化，投资依然表现出与内部现金流的高度相关性，由此得出微观主体的融资环境是非完全的市场环境，正是资本市场的非完全性，使直接融资市场和间接融资市场均表现出了信贷配给的特点。⑤ F-H-P 研究具有开拓性意义，尽管其在数据甄选分类方面被质疑以及存在行业数据样本空间相对狭小的问题，使结论的可靠性受到一定冲击，但并不能因此就否定其研究成果的实践性和现实意义。

挑战其观点的卡普兰（Kaplan）和金格莱斯（Zingales）在研究过程中引入了公众信息与管理层特点等指标并调整了数据的样本空间，发现受到较强融资约束的微观主体，其投资行为对内部现金流并不敏

---

① 谭小芬，张文婧. 经济政策不确定性影响企业投资的渠道分析 [J]. 世界经济，2017 (12)：3 - 26.
② 陈少凌，李广众，杨海生，梁伟娟. 规制性壁垒、异质不确定性与企业过度投资 [J]. 经济研究，2021（5）：162 - 179.
③ J. Tinbergen. A Method and Its Application to Investment Activity [M]. League of Nations, Economic Intelligence Service, 1939, 206 - 211.
④ John R. Meyer, Edwin Kuh. The Investment Decision: An Empirical Study [M]. Harvard University Press, 1957.
⑤ Steven M. Fazzari, R. Glenn Hubbard, Bruce C. Petersen, Alan S. Blinder, and James M. Poterba. Financing Constraints and Corporate Investment [J]. Brookings Papers on Economic Activity, 1988, 1：141 - 206.

感，恰恰是融资约束弱的企业其投资对内部现金流有较强的敏感性①，得出了与 F-H-P 相左的结论，但同样有学者以论证过程中选取的外部指标具有主观性为由质疑其结论的正确性。克莱里（Cleary）以微观主体红利增长情况调整样本数据的分类标准，将其分为融资约束性主体、部分融资约束性主体和非融资约束性主体，使用与融资约束密切相关的财务变量，通过多元判别系数分析方法，得出了对卡普兰等学者的支持性结论，企业投资与自身的现金流相关，信用评价高的企业具有较高的投资 – 现金流敏感性。②

由于企业红利增长情况的指标并不包含税收、公司成熟度以及公司治理等信息，使用红利指标对样本数据分类是有偏的。奇林科（Chirinko）等剔除以红利情况为标准的判别式变量，将其调整为公司信誉度指标，相比红利判别式变量，公司信誉度的数据由具权威评级资质的机构提供，信息来源更加可靠，同时该指标相对客观并不是主观判断的结果，因此更具有说服力。③ 他们同样沿用判别式的分析方法，得出的结论支持 F-H-P 研究。F-H-P 研究无疑是具有开创性的，在其之后，诸多学者贡献了富有创见性的研究成果。Isohätälä 等研究了连续时间设置中的投资与产出情况，证明了融资约束在很大程度上改变了企业净资产与投资决策之间的关系。④ 在融资约束的条件下，净资产的下降会直接导致企业投资减少，即使企业存在线性生产的偏好，企业缩小风险敞口的行为也会导致非线性生产持续一段时间，由此说明了融资约束对企业投资的影响。格瓦拉（Guevara）等提供了能够解释微观投资

①　Steven N. Kaplan, Luigi Zingales. Do Investment-Cash Flow Sensitivities Provide Useful Measures of Financing Constraints [J]. Quarterly Journal of Economics, 1997, 115 (20): 169 – 215.

②　Sean Cleary. The Relationship between Firm Investment and Financial Status [J]. The Journal of Finance, 1999, 54 (2): 673 – 692.

③　Robert Chirinko, Jörg. Breitung, and Ulf von Kalckreuth. A Vectorautoregressive Investment Model (VIM) and Monetary Policy Transmission—Panel Evidence from German Firms [Z]. NBER working paper, 2003.

④　Jukka Isohätälä, Alistair Milne, and Donald Robertson. The Net Worth Trap: Investment and Output Dynamics in the Presence of Financing Constraints [J]. Mathematics, 2020, 8 (8): 1 – 32.

主体财务变量差别导致企业投资率存在较大差异的经验证据，说明了财务约束的影响往往大于债务影响这一事实，对于小型、生产效率不高且有高负债的企业，其获得信贷的机会往往被限制，而对于大型、生产效率较高的企业，杠杆效应会产生积极的影响，尽管这种影响会随着负债增加而有所降低。[1] 对于投资中的融资约束问题，理论界存在互异的混合性证据，基于实证研究得出的结论通常依托于所选择的方法，包括数据指标的甄选、模型的设定、估计方法的确定及其假设条件的限定等，研究结论出现变数符合概率分布。从研究结果上看，多数研究支持了融资约束与投资 – 现金流敏感性呈正相关的结论，从资本市场非完全这一符合现实情况的假设条件出发，通过理论模型分析资金供给者的风险规避及风险成本补偿，结合符合我国国情的经验研究及证据来看，也同样支持这样的理论倾向。

2.3.4　东北增长失速及振兴路径相关研究

自从区域均衡发展战略出台，"东北现象""新东北现象"进入公众视野，东北振兴政策相继落地，学界展开深入讨论寻根源找路径，自此东北走上了漫漫振兴之路。"东北现象"及"新东北现象"的表征均为东北地区的经济增长问题，东北经济增长速度大幅下滑，明显低于全国平均水平，不但如此，经济效益表现出了明显的速度效益型特征。寻找经济增长路径不难发现东北问题是经济体中多因素共振的结果，于是针对东北振兴形成了不同角度的真知灼见。继 2003 年国家密集出台东北振兴政策后，2013 年新的阶段的东北振兴再次启动。适逢经济进入新常态，寻求新的经济增长点，以动能转换为主方向的研究课题旨在探讨经济体如何在高质量发展下完成经济社会发展动力转换，解决经济社会日渐凸显的结构性矛盾，这也是东北振兴的宏观背景。投资式微是否意味着东北投资已成强弩之末？梳理文献不难发现思维的碰撞。

---

[1]　Juan Fernández de Guevara, Joaquín Maudos, and Carlos Salvador. Effects of the Degree of Financial Constraint and Excessive Indebtedness on Firms' Investment Decisions ［J］. Journal of International Money and Finance, 2021, 110: 1 – 16.

"东北现象" 今时解读外延已有所扩大，包括生育率持续走低，劳动年龄人口大量外流；基础工业比重高，供需结构失衡；市场化程度不高，营商环境差；改革滞后与创新不足；等等。[①] "新东北现象" 表现出了新常态的共性特点，但又不完全属于新常态，如果用新常态的理论内涵及逻辑体系解构东北经济，显然不能全然说明问题，因为"新东北现象"似乎复杂得多[②]，使市场能够在资源配置中发挥基础性作用的市场机制与体制问题的解决仍是当前的重点。以东北振兴政策虚拟变量及经济增长变量作为核心指标研究经济增长背后的东北振兴政策的影响，发现尽管这一战略的实施短期对经济水平的提升有效果，但一定程度上加剧了经济结构的失衡，同时产业政策效果不明显，新兴产业与传统产业接续问题仍待解决。[③] 东北振兴战略实施过程中的劳动力流失、结构性产能过剩及激励机制扭曲等问题，在很大程度上抵消了财税政策及固定资产投资对经济增长的积极作用，导致其陷入政策陷阱[④]，国有企业改革及资源型城市转型的深层次矛盾依然存在。

学者们对"东北现象"与"新东北现象"形成原因的解读为东北振兴路径找到了不同的依据。早期"东北现象"研究聚焦于东北地区基础产业发展滞后，老工业基地结构老化，产品市场萎缩、资金利用率低以及体制转轨导致投资大幅减少[⑤]，传统产业资源投入的沉淀成本成为产业调整的刚性束缚，国有资产管理预算软约束，地方市场分割形成产业调整的体制性障碍。[⑥] 当下面临的很多问题在 20 世纪 90 年代就已露端倪，东北经济长期以来的结构性矛盾是根植于经济体发展过

① 周宏春．"东北现象" 与振兴之策 [J]．经济纵横，2017 (1)：13 - 19.
② 赵昌文．对"新东北现象"的认识与东北增长新动力培育研究 [J]．经济纵横，2015 (7)：7 - 10.
③ 何春．东北经济失速的政策性因素——基于"东北振兴"政策效果的再考察 [J]．经济体制改革，2017 (1)：44 - 49.
④ 贾彦宁．东北振兴战略的政策评估及提升路径研究——基于 PSM-DID 方法的经验估计 [J]．经济问题探索，2018 (12)：41 - 53.
⑤ 李诚固，李振泉．"东北现象" 特征及形成因素 [J]．经济地理，1996 (1)：34 - 38.
⑥ 宋冬林．关于东北老工业基地调整改造的主要问题和思路 [J]．吉林大学社会科学学报，2004 (1)：5 - 13.

程中的, 早期的"东北现象"研究是具有前瞻性的。长期以来东北地区国有企业改革方向存在偏差, 国有企业产能落后, 资源利用程度不高, 投资效益低下, 市场缺乏淘汰及退出机制, 帮扶不但不能从根本上解决问题, 而且会造成另一种负向反馈, 即营商环境差, 缺乏培植优质资本的土壤。① 老工业基地因循守旧, 缺乏产业更新及技术创新, 存在路径依赖与产业锁定, 产业的高度关联性加剧了产业调整的刚性, 产业转型升级与全国相比严重滞后, 甚至在"十二五"时期出现了产业逆化的演进趋势。② 在转型过程中, 国有企业改制成本高, 企业提前列支的费用不足以覆盖改造成本, 比如国有企业的"三供一业"问题, 解决历史遗留问题的隐性成本多由地方承担, 给地方财政造成了很大负担。③ 同时, 新兴区域的后发优势使老工业基地丧失原有的比较优势, 外部新兴产业集聚地对以制造业为主的老工业基地产生巨大冲击, 资源型老工业基地受到资源枯竭与新兴资源型城市双重挤压而丧失竞争力。④

东北地区经济增长的基础动能是投资, 投资失速是东北经济失速的一个重要经济解释, 积蓄已久的低效率粗放式投资使投资可持续性较差, 非线性的投资失速带来产出水平的断崖式下跌。投资释放的需求效应及形成的产能对经济增长有数量效应, 对产业结构调整升级、经济结构优化具有结构效应, 东北地区长久以来的投资偏好固化了投资路径, 投资结构问题重重, 其发挥的结构效应并不明显。以政府为主导的投资体制尚需重构, 投资主体下沉不够, 投资项目多集中在中央及省属项目, 地方项目占比不高, 政府投资行为短期内存在体制性缺陷⑤,

① 赵儒煜, 王媛玉. 东北经济频发衰退的原因探析——从"产业缺位"到"体制固化"的嬗变 [J]. 社会科学战线, 2017 (2): 48-57.
② 魏后凯. 东北经济的新困境及重振战略思路 [J]. 社会科学辑刊, 2017 (1): 26-32.
③ 陈凤仙. 着力破解东北地区经济转型发展中的体制机制问题 [J]. 经济纵横, 2017 (12): 99-106.
④ 张可云. 论老工业基地的内部"缺新"与外部"有新"——成因、适用理论与振兴新思路 [J]. 社会科学辑刊, 2017 (6): 21-29.
⑤ 杨东亮, 赵振全. 东北经济失速的投资性根源 [J]. 东北亚论坛, 2015 (5): 94-107.

同时，政府主导型投资对金融资源配置形成干预，金融抑制阻碍了经济结构的调整[①]。另有研究从东北老工业基地复原力或是说经济韧性（Economic Resilience）[②] 的角度进行分析，东北经济抗冲击能力弱，对衰退冲击敏感，复原速度慢，复原力较弱，主要表现为经济结构敏感，受到冲击后复原路径发生较大变化，产生有偏负复原致使经济长期低迷[③]。基于同一视角的研究，以辽宁省为例，李连刚等却发现区域抗冲击能力与恢复力呈现负相关关系，抵抗力弱的地区受冲击影响较大，但恢复力较好，存在"创造性破坏"过程[④]。

　　基于"东北现象"表征及根源的探讨，东北振兴背景下形成的路径既包括深化国有企业改革、转变政府职能等深层次体制改革路径，也包括以创新驱动区域经济发展，聚焦于产业转型升级的发展路径。新产业革命重新定义产业选择的标准，在进行产业选择时要更多考虑高层次资源的获取[⑤]，以第四次产业革命为契机，构建全新的产业体系替代传统产业体系。发挥中心城市作用，以产业创新、技术创新、制度创新为依托推进区域创新，构建城乡融合发展的新经济体系，摆脱东北乡村经济自我封闭的发展模式[⑥]。基于东北地区现实条件，积极构建传统产业与战略性新兴产业融合的创新链接，在产业关联效应与技术扩散效应下，拓展传统产业的生产边界，实现创新链条上的帕累托最优，从而使生产要素与生产条件高水平融合[⑦]。在精准施策和科学统

① 褚敏，踪家峰. 政府干预、金融深化与经济结构转型——基于"新东北现象"的考察 [J]. 中国软科学，2018（1）：63 - 76.

② Matias Mayor, Raul Ramos. Regions and Economic Resilience: New Perspectives [J]. Sustainability, 2020, 12（11）：1 - 4.

③ 廖敬文，张可云. 东北老工业基地经济复原力：一个四维分析框架与实证研究 [J]. 改革，2019（1）：64 - 76.

④ 李连刚，张平宇，谭俊涛，关皓明. 区域经济弹性视角下辽宁老工业基地经济振兴过程分析 [J]. 地理科学，2019（1）：116 - 124.

⑤ 赵儒煜. 论东北地区产业选择的普遍性与特殊性——理论的沿革与创新 [J]. 社会科学辑刊，2018（1）：55 - 66.

⑥ 赵儒煜，肖茜文. 东北地区现代产业体系建设与全面振兴 [J]. 经济纵横，2019（9）：29 - 45.

⑦ 刘嘉琳，汤吉军. 东北地区战略性新兴产业与传统产业融合发展研究——基于动态演化博弈模型分析 [J]. 经济问题探索，2020（11）：95 - 104.

筹的基础上，以动能转换为内生驱动力、以扩大开放为外在拉动力促进经济发展方式转变，以二产带动三产、反哺一产的产业发展格局，培育以创新发展为驱动力的新型微观主体。[①] 抓住新一轮东北振兴的窗口期，与重大改革任务相结合，加快实施重大工程项目，短期快速提振经济，长期实现经济增长支撑力向提高全要素生产率方向转换。[②] 尽管 2003 年后东北经济取得了一定的成绩，投资快速增长，产出水平提高，与发达地区差距缩小，对外开放也取得了一定进展[③]，但 2014 年以来东北经济大幅回落，在全国经济增长的矩阵中处于末端梯次，这与东北地区供给侧结构性改革滞后不无关系。因此，东北地区要依托政策窗口期，加速推进供给侧结构性改革，实现可持续发展的战略性投资倾斜，破解东北经济发展的瓶颈问题。[④]

基于上述理论成果的梳理，可以得出概述性的内在逻辑。尽管东北振兴政策短期内提振了东北经济，但深层次的结构性矛盾并未得到解决，产业调整的体制性障碍依然存在。在东北振兴政策实施过程中，由于激励机制扭曲及劳动力结构性问题，财税政策的效果在一定程度上被抵消。东北失速背后的逻辑复杂，以新常态的语境及逻辑体系解读东北经济并不能全然说明问题。东北地区复原力弱，经济受到冲击后难以快速恢复。东北振兴当以产业革命为契机重塑产业体系，拓展传统产业边界，获取高层次资源，为战略性新兴产业赋能，支撑经济长期稳定增长。

2.3.5 文献述评

投资与经济增长问题的研究由来已久，在丰富的理论成果中，不

① 宋冬林. 以新气象新担当新作为推进新时代东北振兴 [J]. 学习与探索, 2019 (3)：95-99.
② 苏明政, 徐佳信, 张满林. 东北振兴政策效果评估 [J]. 上海经济研究, 2017 (4)：112-117.
③ 魏后凯. 东北振兴政策的效果评价及调整思路 [J]. 社会科学辑刊, 2008 (1)：60-65.
④ 李清均. 东北振兴不是伪命题：现象关注、理论解释和政策建议 [J]. 哈尔滨工业大学学报（社会科学版）, 2016, 18 (2)：127-132.

难发现早期的文献具有很强的前瞻性。对相关概念的界定、经济变量运动及经济规律的摸索为拓展理论边界与延伸实践触角提供了多角度的科学素材，为政策的制定提供了理论依据，为研究者描绘了相对完整的有关投资与经济增长的图景；不但具有指导实践的现实意义，而且可以据此进行科学的预测，对于应对经济冲击并纠正偏差、修正经济增长运行轨道具有较强的启发性。尽管由于经验数据的获取方式、实证方法、样本区间及样本范围选择的异质性可能会形成不同的经验性结论，但经济问题本身就是各经济变量在遵循经济规律基础上出现的路径偏差，所以能做的就是尽可能在复杂的经济现象背后找到并揭示现实经济的运行规律。当下研究从投资角度解释经济增长问题，至少可以得到以下结论：第一，投资与经济增长具有强相关性；第二，投资的数量要素和结构要素都直接影响经济增长；第三，不同时空投资作用方式不同；第四，投资不但受客观因素影响，在不确定性条件下，其影响因素更为复杂；第五，宏观角度上投资效果不佳。投资与经济增长实际上是投入与产出的关系，检验投资与经济增长的关系其根本在于考察投资效益问题，单位投资增量能带来何种程度的产出增量，也就是投资效果如何、投资效率高低的问题，这才是研究投资与经济增长最终的落脚点。梳理宏观角度有关投资与经济增长的文献，其对研究者关心的问题已经提供了大量的方法论，并且也对研究焦点给予了至少符合现阶段经济现实的回答。

结合本书的研究对象和研究范畴，学界诸多研究成果可资借鉴之处甚多。尤其在方法论上，投资与经济增长的相关关系、投资的有效性、投资的结构分解、投资的影响因素为本书深入研究东北问题提供了切入点和分析框架，使研究更富有科学性和现实意义。梳理过往的研究成果，宏观分析不可谓不翔实，但将投资变量纳入区域经济增长框架的研究相对不足，在研究东北问题的文献中，虽然不乏切中肯綮的投资研究，但后续持续跟踪者寥寥，能够搜集到的切中命题的文献体量明显不足。经济问题是动态的，不同的时代背景、不同的经济冲击下，变量的运行轨迹是不同的，要解决问题就要了解经济变量过往与当下的运动轨迹。将经济变量置于不同区域中可能体现的问题也不一样，而且投资变量如前所说，至少可以从数量和结构两个维度分解，当下的研究聚焦于数量者众，聚焦于结构者寡。将其置于东北地区，对投资变量进行细致拆解，并分别考量整体与部分不同角度下投资对产出水平的影响的研究更是不多见，而这恰恰是研究东北投资问题需要做的。

另外，有关东北振兴中投资问题的研究多从定性角度解析，定量角度缺乏变量的动态表达，因此多种计量方法尚需应用到东北问题的考察上，毕竟结合定性分析和定量分析才能在解析东北投资问题上更为具体，形成有关东北投资与经济增长的完整分析框架。投资不但是资本积累的过程，更是经济体资源配置的过程，静态、比较静态的均衡分析应该与动态结构调整过程相结合，同时投资分析更应与东北经济深度结合，一个基于常识性认识的普遍结论就是东北经济增长依靠投资，东北经济失速必然意味着投资式微或难以持续，至少在拉动经济增长振兴东北这个问题上，投资已是强弩之末。但问题是表象下的投资式微是否一定意味着投资已物尽其用，投资结构或数量再无改进空间？显然在这个问题上，过往的研究似乎并未给出确切的答案。产业是地区经济发展的关键所在，拓展经济增长空间意味着产业结构调整，而产业结构调整的过程同时是资本存量和增量调整的过程，在投资与产业结构调整的联动关系中，投资结构变化才能塑造全新的产业结构，所以对于以产业为基础推进经济转型的东北振兴，系统的投资研究资料是研究的起点。

总之，学界对投资与经济增长关系的研究，无论是规范研究还是实证研究，理论成果丰硕的同时也伴有诸多争论。从规范分析角度看，以经济学解释为基础的理论研究似乎更能得出一致性的观点。从实证分析角度看，研究基于的假设很多都是先验性的。首先，这种假设是否符合宏观经济现实就值得商榷，由此得出的结论的稳健性需要进一步验证，而且此过程中还要加上时间因素；其次，由于使用不同研究方法和不同时间数据，得出相似或相异的观点在所难免，因此要结合具体现实判断，同时不能否定其对现实的指导意义，不同侧面的结论可以提供多元的研究视角，从而使具有针对性的学术问题的研究视域更加宽广。另外值得注意的是，虽然学术无国界，丰富的智慧结晶是全人类的财富，但是经济理论的应用是需要基于特定的时间与空间的。事实上，很多基于经典理论模型得到的结论应用于我国宏观或区域的经济现实至少是不够严谨的，对于这一点，从学术界近期研究成果中也得到了经验证据的支持与佐证。当然，这同样不意味着否定，百家争鸣的学术研究为诠释经济提供了丰富的给养，其结论的稳健性归根结底也同样要在经济现实中得到诠释。

第3章 东北地区经济增长投资路径依赖

基于上一章对经济增长理论、投资理论及与本书研究主题有密切关系的相关研究成果的回顾与梳理，学术碰撞中产生的见解、方法、范式为东北地区固定资产投资的经济效益研究构建了整体框架，应用经济理论针对现有研究出现的不足进行弥补是富有意义的尝试。本章主要对东北地区经济增长投资路径依赖进行分析，基于对东北地区经济空间格局、资源禀赋、历史条件下固定资产投资时间线索的考察，阐释工业投资效应下的东北地区经济特点，并进一步通过数据时间趋势考察及理论分析阐释东北地区经济增长阶段、经济增长模式以及投资路径依赖的形成机制，说明投资驱动的历史条件与现实条件。

3.1 东北地区经济空间格局与资源禀赋

3.1.1 地理空间格局

东北地区从行政区划上来看，包括辽宁省、吉林省、黑龙江省和内蒙古东部地区①，由黑龙江、乌苏里江、图们江和鸭绿江半环状合围，大兴安岭、小兴安岭和长白山是其天然的外围屏障，内部环抱松嫩平原、三江平原和辽河平原绵延的千里沃土。东北地区是我国纬度最高的地区，北与北半球寒极维尔霍扬斯克－奥伊米亚康所在的东西伯利亚相邻，东北部与素有"太冰洋冰窟"之称的鄂霍次克海相距不远，冷空气鱼贯而入使东北气温较低。海岸线绵延于东部和南部，东

---

① 包括内蒙古自治区的赤峰市、通辽市、呼伦贝尔市、锡林郭勒盟和兴安盟。

临日本海，南濒渤海与黄海，雨水相对丰沛而蒸发微弱，形成了东北冷湿的气候特征。自南向北跨越纬度 15°，经暖温带、中温带和寒温带，决定了长白山植被垂直变化的分布规律。从东北地区行政区域相对位置来看，东北北接俄罗斯，东接朝鲜，与日本一衣带水，西临内蒙古自治区，南临河北省，与山东半岛隔海相望。

如此的地理空间决定了东北地区具有地域特色的生产和生活方式，其人口变迁体现了"靠河""近农""临海""向工"的历史发展趋势。农业生产成本低，农业生产条件好，农业人口多，农业占比相对较大。人口集聚空间呈现人口重心依气候、自然资源分布南移的特征，人口密集的工业地带意味着劳动力要素和基础设施建设的相对集聚。海陆的空间分布同样体现在地区的经济布局上，沿海城市水运成本低、回报高，外贸条件优越，形成了东北地区同一经济空间内部的异质性。

具体来说，东北经济在地理上的集聚呈现内高外低、南高北低的空间格局。东部地区为长白山脉，产业结构单一，人口集聚密度低；西部地区属于生态脆弱区；北部地区多为资源枯竭型城市，产业转型之路并不顺遂，城市经济尚未走出困境；只有中南部地区经济集聚度高，人口密集。沿哈大线由南向北集聚辽中南城市群、吉林中部城市群、哈大齐城市群和三大工业带，即辽宁沿海工业带、长吉工业带和哈大齐工业带，其中主要的工业城市为沈阳、大连、鞍山、本溪、抚顺、吉林、长春和哈尔滨等。基于东北地区的空间位置，东北振兴不但要对内产业转型，对外更是要积极寻求合作，拓宽对外开放路径，充分利用近俄罗斯、日本、韩国的区位优势，利用南部出海口、北部陆路交通线加强与东北亚地区的经济链接，寻找更多经济增长发力点。2020 年 7 月，习近平总书记在吉林考察时强调，"要积极参与共建'一带一路'，打造好我国向北开放的重要窗口和东北亚地区合作中心枢纽，推进与京津冀协同发展等重大区域发展战略对接合作"。[①] 东北地区虽不在我国核心腹地，但从过去到现在其战略基地的地位从未动摇

---

① 习近平在吉林考察时强调坚持新发展理念深入实施东北振兴战略 加快推动新时代吉林全面振兴全方位振兴［N］. 人民日报，2020－7－25.

过，在未来更是关乎中国工业的世界地位。

3.1.2 资源禀赋

东北地区位于亚洲大陆东缘北部，属于显生宙地壳构造变动极为强烈而复杂的地区，介于北纬 38°43′~53°33′，南北纵跨近 15°，地质构造南北差异大。以阴山和燕山北麓的化德—赤峰—法库南—延吉一线为界①，北部地槽区岩浆活动频繁，在岩浆冷却的过程中易形成有色金属、贵金属和稀土元素，南部地台区岩浆作用和构造运动微弱、相对稳定，有利于黑色金属和非金属矿产的形成。东北地区现已发现 130 余种矿产资源，已探明储量的矿产资源种类达 100 余种，这一数值在全国已探明矿产资源总数中的占比已经超过 60%。

能源矿产主要有煤、石油、天然气、油页岩等，其中石油和油页岩的储量居全国首位。大庆油田和辽河油田分别集中了 80% 的石油储量和天然气储量。煤炭保有储量约为 723 亿吨，60% 左右分布在内蒙古东部地区，近 30% 分布在黑龙江省。黑色金属以铁、锰为主要代表，主要集中在辽宁省，其中铁储量同样居全国之首，每年铁矿石的产量约为全国的 1/3。有色金属主要分布在黑龙江省，约占全国储量的 20%，钼矿主要集中在辽宁省，其储量同样居全国首位。镍矿主要分布在吉林省，储量约占全国的 4.8%。非金属矿产硅藻土、膨润土、菱镁矿、金刚石、石墨、玉石储量均居全国第一位，硼矿和滑石储量也居于前列，另有其他冶金辅助材料、建材、化工和特种非金属几十种，蕴藏量巨大。大兴安岭、小兴安岭和长白山蕴藏种类丰富的植物资源且质地优良，东北林区素有"祖国林海"之称，林木蓄积量居全国首位。②江水灌溉的平原土壤肥沃，是世界三大黑土地分布区域之一，其宜垦荒地约 1 亿亩，开发潜力巨大，且以黑土为主的土地更有利于农

① 李锦轶，刘建峰，曲军峰等. 中国东北地区主要地质特征和地壳构造格架 [J]. 岩石学报，2019，35（10）：2989–3016.
② 宋冬林等. 东北老工业基地资源型城市发展接续产业问题研究 [M]. 北京：经济科学出版社，2009.

业耕种和植被生长，松辽平原更是有"黄金玉米带"和"大豆之乡"的美誉。小麦集中在三江平原及松嫩平原北部，水稻则分布在辽河、松花江流域的大型灌区及东部山区的河谷盆地。据资料统计，到 21 世纪初，东北全区石油产量占全国比重达 40%，木材提供量占全国的50%，提供的商品粮占全国的 1/3。[①]

2018 年 9 月，习近平总书记在深入推进东北振兴座谈会上强调，"东北地区是我国重要的工业和农业基地，维护国家国防安全、粮食安全、生态安全、能源安全、产业安全的战略地位十分重要，关乎国家发展大局"[②]，不难看出国家对东北地区战略地位的深刻认知以及对东北振兴要务的高度重视。东北地区的战略地位不但体现在基于自然资源禀赋打造的工业基地和农业基地上，还体现在充足的科教资源上，21 世纪初期东北地区已有普通高校 154 所，占全国比重为 11.3%，本科院校数量占全国的 12.4%，拥有产业人才 210 万人，约占全国的 10%。[③] 在过去，资源禀赋为东北地区经济增长与发展赋能，在未来，同样会给东北振兴带来巨大空间，从这个意义上说，东北地区的战略地位也是不容置喙的。

3.2　东北地区固定资产投资历史回顾

3.2.1　近代工业投资形成重工业产业布局雏形

清朝末年外国资本在东北地区的投资方向影响了东北地区的重工业布局，尤其是铁路沿线区域更是被俄罗斯和日本控制，工矿业投资以铁路为中心呈现带状分布。从市场条件来看，由于东北地区北部近俄国远东地区，南部近日本市场，这一时期外国资本在面粉加工、酿

---

① 张军扩，侯永志等. 中国：区域政策与区域发展 [M]. 北京：中国发展出版社，
　　2010.
② 张晓松，杜尚泽. 奋力书写东北振兴的时代新篇——习近平总书记调研东北三省并
　　主持召开深入推进东北振兴座谈会纪实 [N]. 人民日报，2018 - 9 - 30.
③ 张军扩，侯永志等. 中国：区域政策与区域发展 [M]. 北京：中国发展出版社，
　　2010.

酒、制糖以及榨油行业均占有一定比重，虽然客观上改变了东北地区的经济局势，但也为东北地区涂上了浓重的殖民色彩。以日本为首的帝国主义资本在东北地区竞相投资使民族工业受到很大挤压，促使奉系军阀和民族企业家实业兴国，大力推进工业投资，引进先进设备，与外国资本相抗衡，农产品加工业和轻纺工业在这一时期均取得较大发展，推动东北地区工业进一步发展。

第一次世界大战期间，日本趁西方列强无暇东顾，利用"满铁"在东北地区大肆扩张进行经济侵略。在掠夺铁路的情况下，利用获取的大量侵略利润加大对工矿业的投资，仅 1918 年和 1919 年两个年度，"满铁"就在鞍山制铁所投资 37690660 日元，占两个年度利润总额的 80%。[①]与此同时，民族工业也保持着增长势头，战后初期，俄国在东北的企业纷纷破产，哈尔滨的民族工业大量收购俄企，进一步扩大资本投资，缫丝业和纺织业的民族资本势力得到增强。为避免"利权外溢"，地方政府和官僚资本在纺纱轻工业和采矿、机械、电力等重工业部门加强投资，同时农产品加工业在东北经济中也占有一席之地，这些近代产业部门虽然投资规模有限，但在一定程度上奠定了东北地区产业布局的基础。

九一八事变后，日本在东北地区建立统制经济，对重工业、军需工业和其他基础产业进行统制。1936 年末，在东北地区建立准战时经济体制，对统制产业直接投资，建立所谓的"国营企业"，倾全力建立军需工业，在摧残东北地区民族工业的同时排挤民用工业，客观上造成了东北地区重工业和轻工业比例严重失调的局面。1937 年后，"满业"投资急剧膨胀，直接投资的企业从创立初期的 6 家发展到 1942 年的 17 家，投资额为伪满货币 17.8 亿元。在对重工业进行大肆掠夺性开发后，1940 年重工业资本比重达 75.4%，1943 年为 79.2%。[②] 在重工业领域，煤、铁和电力等部门是日本侵略者的掠夺重点，在 1942 年的投

① 衣保中，富燕妮，赵儒煜，廉晓梅. 中国东北区域经济［M］. 长春：吉林大学出版社，2000.
② 衣保中，富燕妮，赵儒煜，廉晓梅. 中国东北区域经济［M］. 长春：吉林大学出版社，2000.

资额中，矿工业比重为 34%，机械工业为 11.9%，金属工业占 18.2%。[1]

3.2.2　计划经济体制时期重工业投资深化

新中国成立后，东北地区依托工业基础成为国家重点建设的工业基地。在国民经济恢复时期，苏联在东北地区提供援建项目 30 个，投资额总计 34 亿元。[2]"一五"时期东北老工业基地承接了苏联的援建项目，156 个苏联援建项目中有 57 个项目落户东北地区，占投资总额的 37.3%。[3] 辽宁省在"一五"期间表现突出，以鞍山钢铁为中心实施新建、改建项目，全省固定资产投资额达到 70.9 亿元，其中国家兴建重工业项目 24 个，投资额总计 29.13 亿元，加之地方配套项目投资，辽宁省重工业投资额总计 46.61 亿元，约为全省工业投资额的 93.9%，占全国重工业投资额的 20.5%，形成了一批门类齐全的现代国有企业。吉林省和黑龙江省在"一五"期间的投资项目同样成为东北地区经济增长的支撑点。长春一汽是东北工业格局中的巨擘企业，也是苏联援建的第一批重点项目，1953 年落户长春，"一五"期间长春市投资额为 8.29 亿元，长春一汽约占长春市投资总额的 82.7%。在苏联援建的吉林染料厂等"三大化"的基础上，吉林化学工业公司于 1958 年成立，"一五"期间完成工业总产值 1705 万元，不但为东北地区创造了利税，更为全国化学工业发展奠定了基础。黑龙江省大规模投资兴建机械制造业，其中哈尔滨发电设备与精密仪器制造业、齐齐哈尔冶金设备制造业基地均在这一时期落成。

"二五"时期由于忽视客观经济规律，受到急于求成的"左"倾错误干扰，东北地区经济增长较慢，但这一时期东北地区的石油工业取得了重大进展。1959 年大庆油田被发现，大庆油田的开发于 1960 年

---

① 衣保中，林莎. 论近代东北地区的工业化进程 [J]. 东北亚论坛，2001 (4): 54 - 56.

② 衣保中，富燕妮，赵儒煜，廉晓梅. 中国东北区域经济 [M]. 长春：吉林大学出版社，2000.

③ 衣保中，富燕妮，赵儒煜，廉晓梅. 中国东北区域经济 [M]. 长春：吉林大学出版社，2000.

取得了突破性进展，不但为中国摆脱"洋油"桎梏奠定了基础，也为东北地区炼油工业长足发展提供了引擎，摆脱了在此之前东北地区依靠人造油的局面，1976年大庆油田年产5000万吨①，在一定程度上缓解了国家发展不可回避的能源供应紧张问题。这一时期国家继续对工业基地老企业进行改造，"二五"期间全区第二产业产值占全国比重达到60.8%，形成了以钢铁、化工和机械为主的东北重化工业经济区，但也进一步加剧了工农业、重工业与轻工业的结构性失衡。另外，由于历史原因，东北铁路基础设施存在一定基础，所以对铁路改建的投资相对较少，一定程度上造成了物资积压待运的超负荷状态。

3.2.3 市场经济转轨与经济体制改革时期投资结构性矛盾凸显

党的十一届三中全会后，东北地区逐渐调整生产关系，落后的产业结构与经济增长之间的矛盾凸显。农业缺少投资导致产业缺乏深加工的能力，能源、交通等基础产业生产能力严重滞后，占主导地位的重化工企业在发展过程中折旧率低，有限积累多由国家统筹，设备陈旧以及技术落后的问题日渐突出。"六五"期间，全区对2000多家企业进行技术改造，投资额约为300亿元，涉及纺织、医药、冶金、机械、建材、电子等11个行业②，对能源、交通等基础设施加大投资力度并新建、改建一批电厂，同时轻工业在这一时期受到重视得以加速发展，但并未从根本上扭转轻重工业失调的局面。"七五"时期是东北地区扩大开放，逐步向开放式经济转变的阶段，对港口进行改建、扩建以提高东北地区港口的吞吐能力并完善边境口岸的基础设施，国家投资200亿元改造包括鞍钢、一汽在内的52个重点企业③，引进美国

① 宋冬林等.东北老工业基地资源型城市发展接续产业问题研究 [M]. 北京：经济科学出版社，2009.
② 衣保中，富燕妮，赵儒煜，廉晓梅.中国东北区域经济 [M]. 长春：吉林大学出版社，2000.
③ 王世雪.改革开放以来党关于东北振兴战略实施的政策演变研究 [D]. 东北师范大学，2021.

及德国先进技术对哈尔滨锅炉厂、汽轮机厂、电机厂进行设备更新改造。与此同时，交通的全面铺开也使东北地区和其他区域加强了联系，1989 年沈阳桃仙机场建成使用、1990 年沈大高速公路建成通车是这一时期东北交通基础设施取得重大进展的标志性事件。

"八五"时期是东北地区经济转型的艰难期，这一时期东北地区重点布局高新产业并继续加强基础设施建设。1991 年国务院批准成立 21 个高新技术产业开发区，其中东北地区有 3 个，旨在打造包括电子信息、生物医药、先进制造、精细化工等在内的技术高地。1994 年港口进行扩建和改建，仅大连港就有泊位 62 个，大大缓解了港口拥挤的问题，同年，大连周水子机场扩建完成，有效地提高了东北地区的空运能力，与此同时电信设备改造更新逐步实现了全区电信网络数字化和程控化。"九五"时期国家对东北地区持续投资，仅辽宁省技术改造投资就达 975 亿元，比"八五"时期增长了 131.3%。[①]

自进入 20 世纪 90 年代以来，东北地区计划经济体制时期的弊端不断凸显，在全国范围内的市场经济体制改革中，与其他区域相比较，经济增长能力逐渐式微，尤其表现为国有企业改革包袱沉重。东北地区产业多为资金密集型，在企业改组、改制、合并等过程中，需要大量资金，改革成本巨大。计划经济体制下，资金由国家行政配给，长期以来资本生产要素不足的问题被掩盖，企业产品国家宏观调拨，企业缺乏积累，资金缺口大，自我更新改造能力不强。加之这一时期企业以生产生产资料为主，生产资料平价调拨，消费资料却要从区外议价进入，严重制约了企业竞争能力提升。1996 年东北地区生产总值下滑明显，从地区 GDP 增长速度看，吉林省位列第 15，年增长率为 12.5%；辽宁省位列第 22，年增长率为 10.7%；黑龙江省位列倒数第三，年增长率仅为 8.7%。[②] 东北地区产出水平逐渐与东部地区拉开差距，对全国

---

① 王世雪. 改革开放以来党关于东北振兴战略实施的政策演变研究 [D]. 东北师范大学，2021.

② 数据根据 1997 年《吉林统计年鉴》《辽宁统计年鉴》《黑龙江统计年鉴》相应数据计算而得。

经济增长的贡献率不复从前。

3.2.4 东北振兴战略演进与投资波动

从东北振兴到东北全面振兴、全方位振兴的战略演进，以党的十六大和十八大为时间节点可划分为两个阶段。党的十六大后，2003 年国家开始实施振兴东北老工业基地战略，有关部门启动总投资 666 亿元，涉及东北老工业基地调整改造及高新产业项目共计 160 个。项目计划分两个批次进行，第一批次涉及 100 个工业调整项目，总投资 610 亿元，主要围绕农产品深加工、医药、钢铁、零部件加工、装备制造、船舶制造及原材料工业等传统优势领域；第二批次主要集中在高技术产业发展项目上，鼓励科技成果产业化，在优势领域建立国家工程研究中心，升级高新技术产业，发展具有优势的重点项目，为形成新兴产业赋能[①]，比如医疗磁共振成像系统高技术产业示范工程、联动式网络安全系统、现代中药高技术产业化示范工程、车辆自主导航软件系统产业化生产等。这一时期，不但国家支援东北地区，发达地区也积极助力东北振兴，比如上海通过各种形式与东北合作兴建 67 个大项目，包括联合发展农业、畜牧加工业，建立蔬菜基地；重组沈阳金杯通用汽车有限公司成立上海通用（沈阳）北盛汽车有限公司；在吉林省、辽宁省及黑龙江省投资兴建物业、教育机构，所投项目覆盖了长春、沈阳、哈尔滨及大连四个副省级城市。[②]

为加大对重点建设项目的资金支持，到 2004 年 11 月国家批准国债项目立项达 297 个。在产业调整过程中，国家不但对改造项目进行贴息、扩大增值税抵扣范围，涉及矿山改造、工器具改造、变压器制造及电机改造等项目，还设立了重点行业调整专项资金，2005 年国家第一批重点行业结构调整专项投资中，东北地区项目达 40 个，占全国的

---

① 娄成武，魏淑艳. 振兴东北老工业基地政策体系建设研究 [M]. 沈阳：东北大学出版社，2006.
② 数据来源于国家发展和改革委员会网站。

比重为 63.5%。① 在先导性基础设施建设方面，2005 年交通运输部出台《振兴东北老工业基地公路水路交通发展规划纲要》，与吉林、辽宁、黑龙江三省共建东北地区东北部铁路通道及哈大客运专线，调整铁路网结构、客运线路列车开行密度及运行速度，提高客运运载能力，为东北振兴提供运力保障。同年，国家发改委制定了《东北地区电力工业中长期发展规划》，明确了东北地区电网布局的方向，为老工业基地改造提供电力保障。

从政策效果上看，2004 年开始明显出现东北投资的第二波高潮，2005 年达到峰值，随后呈现波动下降趋势。在东北振兴减税政策配合下，投资供给效应与需求效应释放拉动了东北地区经济增长，但政策的红利并未从根本上解决东北地区经济增长的困局，这一判断可从经济增长速度短暂提升后再次放缓的趋势中得到证实。从后文的实证分析中同样可以进一步验证，固定资产投资生产率弹性小于零，伴随固定资产投资持续增加，资本生产率的增长率呈现反向变化，长期经济增长不具有稳定性。根据对数据的梳理，经济增长率的增速是逐步降低的，这就解释了伴随政策效应的释放，经济增长速率先升高又逐渐降低直至需要新一轮振兴政策出台持续释放政策效应的原因。

党的十八大后，国家印发了《全国老工业基地调整改造规划（2013—2022 年）》《关于近期支持东北振兴若干重大政策举措的意见》《关于全面振兴东北地区等老工业基地的若干意见》《关于深入推进实施新一轮东北振兴战略加快推动东北地区经济企稳向好若干重要举措的意见》《推进东北地区等老工业基地振兴三年滚动实施方案（2016—2018 年）》等文件，新一轮东北振兴拉开序幕。政策举措主要围绕实施重大工程、国有企业改革、生态环境治理、资金支持及平台建设等。具体的工作方案包括但不限于加快京沈、哈佳、沈丹、吉图珲快速铁路建设，启动京哈高速公路扩容改造，推进大连新机场建设、沈阳机场二跑道建设、长春机场二期扩建、长海机场扩建和延吉机场迁建，

---

① 娄成武，魏淑艳.振兴东北老工业基地政策体系建设研究［M］.沈阳：东北大学出版社，2006.

为加强国际通道运载能力建设中俄同江铁路大桥、中欧铁路大通道、中朝公路大桥等；中央预算在东北地区城市改造、电力、农业及水利等方面给予倾斜；在东北各地区建设森林、水域等生态环境治理工程；选择中央企业开展综合改革试点，加快国企改革，为非公经济创造发展空间；加快国家自主创新示范区建设，深化东北地区内部合作并支持东北地区区域协同发展，探索地区合作发展新模式。

尽管自 2013 年开始国家密集出台新一轮东北振兴指导方案，但从根本上解决深层次结构性矛盾仍需要时间。政策发酵并未在短期内提振东北经济，东北全区投资率并没有明显上升，虽然黑龙江省 2013 年投资率略有上升，但吉林省投资率是下降的，辽宁省几乎与 2012 年持平。东北全区 2013 年投资增长率为 10%，基本与全国平均水平持平，后继续加速下跌，其后投资水平一直处于颓势，2015 年投资增长率为 -11.9%。2016 年东北地区经济探底转而逐渐出现好转趋势，从各省 GDP 增速来看，2016 年 12 月辽宁省 GDP 增速为 -2.5%，2017 年初触底反弹。吉林省和黑龙江省表现略差，吉林省 GDP 增速于 2016 年 12 月接近阶段性高点 6.9%，随后开始下滑，于 2018 年 3 月探底到 2.2%；黑龙江省于 2017 年 12 月达到阶段性高点 6.36%，随后开始探底，2019 年第一季度出现回升，2019 年 3 月该值为 5.3%。[①]

从东北地区的平均数值来看，2013 年东北地区新一轮振兴开始，东北地区经济在 2016 年出现负增长后开始探底反弹，但投资复苏之路并不顺畅。2018 年固定资产投资增长率为 -7.5%，继 2016 年东北地区 -10% 的固定资产投资增长率后再次出现负增长。2019 年投资情况出现明显好转，从上半年公布的东北三省投资数据来看，固定资产投资增速为 6.3%，其中辽宁省固定资产投资增速为 12.1%。[②] 得益于产业增量资本入驻，辽宁省和黑龙江省先后设立自贸试验区，引进现代

---

① 年度数据根据 2013~2016 年东北各省统计年鉴数据整理而得，季度数据来源于辽宁省、吉林省和黑龙江省统计局。

② 根据 2016~2019 年东北各省统计年鉴及辽宁省、吉林省和黑龙江省统计局官方网站公布数据整理而得。

产业资本与传统产业资本相融合，调整存量资本结构，引进行业龙头企业布局增量资本，利用新一代工业技术、信息技术打造新的产业链，对地区经济增长驱动作用显著。

3.3 工业投资效应下的东北地区经济特点

3.3.1 重工业化及产业结构调整

国家的赶超战略，按照林毅夫等的概括可以分为两种，一种是遵循自身的比较优势而实施的赶超战略，一种是在违背比较优势的前提下实施的经济发展战略。[①] 我国改革开放就是从自身比较优势的实际情况出发，尊重客观经济规律，找到适合国情特点的、切实可行的经济增长路径，让世界见证了中国缔造的经济奇迹与中国速度。但改革开放前，我国资源禀赋的现实情况是劳动力过剩、资本稀缺，在这种情况下效仿苏联模式建立重工业体系显然是违背比较优势的，所以只能在生产体系中扭曲生产要素价格，形成工业和农业产品价格剪刀差，以农业支撑工业，以高度集中的计划经济体制通过行政指令配置资源，其结果是造成资源配置低效率、经济结构失衡、区域发展不平衡的弊端，并为此付出了极大的经济代价。

虽然新中国成立初期推进重工业化有违比较优势原则，增加了日后改革的对抗成本，但客观上也启动了重工业推动的工业化模式。东北地区是重工业化战略的受益者，通过国家转移支付、资源调度、重点投资，东北建立了完备的工业体系。东北在战时经济原有工业基础上，对原工业企业改建、扩建，结合苏联援建项目重点布局并新建一批国有企业。从行业上看，依托东北地区资源禀赋结合战略目标需要，重点推动了能源工业、冶金和机械工业的建设。在整个计划经济时期，

---

① 林毅夫，蔡昉，李周. 比较优势与发展战略——对"东亚奇迹"的再解释 [J]. 中国社会科学，1999（5）：4－20.

国家重工业投资占投资总额的 90%①，为东北地区重工业发展奠定了坚实的基础。按照当时农业、轻工业和重工业的产业结构划分，全区重工业投资比重平均值在 60% 左右②，农业投资比重普遍高于轻工业，地区工业总产值占总产值的 80% 以上，重工业总产值占工业总产值的 70% 左右。1952～1978 年东北地区对全国经济增长的贡献率为 13.4%，其中第二产业增加值的贡献率为 17.4%，重工业产值以每年增长 15% 的速度递增，高于全国的增长水平（13.16%），重工业产值增加近 17 倍，轻工业产值增加约 6.4 倍。③ 辽宁省、吉林省和黑龙江省有一定的省际差异，辽宁省的工业总产值比重高于吉林省和黑龙江省，但从工业结构上看，轻工业比重下降、重工业比重上升的趋势一致。这一时期重工业投资比重均值水平高于其他时期，同期全国重工业投资比重为 36.2%④，到第二个五年计划结束，东北地区重工业部门体系形成，东北地区全国重工业基地的地位得以确立。

固定资产投资在这一时期多倾向以钢铁为核心的相关资源产业，从工业内部产业部门的投资结构来看，投资基本集中在采掘业、原材料工业等初级部门，加工制造业也集聚了大量资源。"一五"期间，国家把发展钢铁工业作为发展工业基地的重心，将鞍山钢铁、本溪钢铁和齐齐哈尔钢铁改建扩建列为重点项目，大连钢铁、抚顺钢铁等也拥有强大的生产能力，通化、乌兰浩特等地集聚了一批加工成材厂。全国机械工业 26 个重点项目中，有 15 个在东北地区落成，包括机床制造、汽车制造、发电设备制造、重型机械制造和矿冶设备制造等，长春第一汽车制造厂、哈尔滨锅炉厂、哈尔滨汽轮机厂均在这一时期落

---

① 国务院全国工业普查领导小组办公室，国家统计局工业交通物资统计司. 中国工业经济统计资料 1986 [M]. 北京：中国统计出版社，1987.

② 根据 1994 年《吉林统计年鉴》、《辽宁统计年鉴》和《黑龙江统计年鉴》相关数据计算得出，由于吉林省、黑龙江省和辽宁省的统计口径并不完全一致，所以计算并不能得出精确数据。

③ 胡琦. 增长循环中的衰退与转型——中国东北地区产业结构变动研究 [D]. 复旦大学，2005.

④ 国家统计局固定资产投资统计司. 中国固定资产投资统计资料 1950－1985 [M]. 北京：中国统计出版社，1987.

成。森林工业采伐企业 32 个，投资达 8 亿元，木材产量占全国产量的 39%。如果将整个计划时期囊括在内，东北地区在石油工业方面也取得了一定成绩，大庆油田、辽河油田和吉林油田成为全国的石油化工基地。煤炭工业建立以统配矿为主、地方矿为辅的生产体系，辽宁省、吉林省、黑龙江省及内蒙古东部地区均有煤炭工业的分布。"一五"时期，苏联 156 个援建项目中，辽宁省有 24 个、吉林省有 11 个、黑龙江省有 22 个，占全国投资总额的 1/3，以辽宁、沈阳为中心的重工业地域体系也由此形成。[①]

东北重工业基地的形成是依托资源禀赋，在举国之力支持下实施优先发展重工业战略的必然结果。指导国家优先发展重工业战略的理论渊源有两个，一是经济学家霍夫曼对若干国家工业化模式的经验总结，即无论资源禀赋、影响生产布局的因素如何变化，工业化都会经过由生产消费品到生产资本品的提升过程。随着经济的发展，生产资本品部门的净产值比重逐渐增大，这是工业化的高级形态和必然归宿。二是经济学家菲尔德曼对工业化启动阶段消费品需求不足，重点投资生产资本品的领域可以充分利用自我循环和自我服务以提升经济增长水平的经验总结[②]，在假设只有内源性资本和劳动力无限供给的条件下，生产资本品部门的投资越多越能获得长期经济增长。基于这两个理论渊源，我国形成了形而上的赶超目标，跨越生产消费品的生产阶段而直接进入生产资本品的阶段，将发展重工业作为优先选择。

随着生产力的发展，需求结构发生变化，技术体系中依托于要素特征与资源禀赋的技术发生变化必然使原有生产关系不再适应生产力的发展，深层次的结构性矛盾凸显，倒逼产业结构调整。尽管东北地区在市场经济转轨期间，不断调整改革开放前僵化落后的产业体系，优化三次产业结构，改变轻重工业的比例关系，但与现代产业体系建

---

① 宋冬林等. 东北老工业基地资源型城市发展接续产业问题研究 [M]. 北京：经济科学出版社，2009.

② 蔡昉. 从比较优势到规模经济——重新认识东北经济 [J]. 学习与探索，2019（9）：1－11.

设相比始终存在一定的差距，工业核心技术领域创新不足，未能有效转化新产业革命带来的技术升级，缺少高端产业及高端价值链始终是东北工业体系的短板。农业、工业与服务部门缺少深度融合，空间布局对技术应用及产业经济效益的提升存在制约，经济系统低效运行。

从东北各省的情况看，吉林省是粮食主产区，农产品加工行业产品附加值低，规模不足，缺少具有竞争优势的企业；汽车工业结构调整滞后，产品技术存在壁垒，汽车产业优势不明显；重化工业结构性问题突出，存在产能过剩问题；医药行业、电子信息产业与先进装备制造业近年来均有一定程度的发展，助力吉林省优化产业结构。黑龙江省传统能源产业随着资源日渐枯竭而不复昔日辉煌，产业资源整合不足，企业经济效益差成为黑龙江省的突出问题。辽宁省工业企业效益下滑明显，装备制造业、冶金、煤炭及石油开采业等均呈现不同幅度的下降趋势，新兴产业相对表现较好，2016 年精细化工产业占比51.5%，高端装备制造业占比 17.2%，提升了高端产业价值链。[1] 不难得出这样的结论，调整生产关系中不适应生产力的部分，优化产业结构以新产业革命技术要求带动产业体系的整体调整，对经济增长支撑力不足的东北地区是必要的也是必然的。

3.3.2 国有企业建立及国有企业改革的推进

东北地区国有企业主要是抗战胜利后在接收日伪资产过程中形成的。据 1946 年 7 月的材料记载，仅长春市政府接收日伪工厂就有 42 所，其中由市管下放为民营的工厂有 5 所。[2] 据 1987 年的统计数据，1946～1959 年创设企业 3434 家，东北地区尚存创设于 1959 年之前的工业企业 376 家。[3] 在国家集中资源重点投资东北地区的过程中，以国有企业为绝对主体的工业体系建立，据《东北经济区统计年鉴1986》

① 赵儒煜，肖茜文. 东北地区现代产业体系建设与全面振兴 [J]. 经济纵横，2019 (9)：29 – 45.

② 孔经纬. 中国东北经济变迁 [M]. 长春：吉林教育出版社，1999.

③ 国务院东北经济区规划办公室. 中国东北经济（第三卷）[M]. 北京：中国计划出版社，1987.

记载,全区有大中型骨干企业 1270 家①。各大生产基地初具雏形,比如以鞍山钢铁联合企业为代表的原材料生产基地,以第一汽车制造厂、哈尔滨电机厂、哈尔滨锅炉厂和汽轮机厂等为代表的机械工业基地,以三大油田和石油化工公司为代表的重要能源生产基地。国有企业体系建立不但为国家上缴巨量积累额,而且为国家上缴巨额利税,1952 年上缴积累额占可供积累额的 12.3%,1978 年为 41.5%②,1949~1989 年,辽宁省上缴利税 2672 亿元,黑龙江哈尔滨在 1950~1990 年向国家累计上缴 269.7 亿元,吉林长春自 1949 年开始的 36 年累计上缴 130.03 亿元。③

从国有企业存在的问题看,国家统收统支的预算管理体制使国有企业投资增长难以适应自身发展需要。在自身缺乏积累的情况下,东北地区国有企业更新改造、扩大再生产过于依赖国家投资,这为东北地区投资依赖与产业锁定埋下了隐患,成为国有企业技改积重难返、投资效率低下的直接原因。根据 1987~1989 年金融统计资料和统计年鉴数据测算,企业剔除折旧基金后,净储蓄为负值,也就是说企业依靠自身力量无法新增投资,无法完成"老化"存量资本的更新和扩大再生产。另外,改革开放后,小型化的国有企业占很大比例,小型企业发展过快降低了国有企业的生产集中度,使其达不到规模经济的要求,企业在投资短缺情况下倾向于短平快的项目,易造成重复投资与资源的浪费。从资料数据来看,投资短缺的情况在 1978~1985 年稍有改善,根据 1985 年的工业普查资料,这一时期国有企业留利占全部资金的比重由 2.3% 上升到 3.9%,留利占工业利税总额的比重由 3% 上升到 20%④,一定程度上提高了投资强度,满足了国有工业企业追求规模效益的需求。但 1985 年后伴随企业税收负担的加重,留利状况陡然变差,投资积累资金增长缓慢,企业发展后劲不足。部分国有企业

① 东北经济区统计信息中心. 东北经济区统计年鉴 1986 [M]. 北京:中国统计出版社,1986.
② 根据《东北经济区统计年鉴 1986》相关数据计算而得。
③ 宋冬林等. 老工业基地国有企业深化改革研究 [M]. 长春:长春出版社,2001.
④ 国务院全国工业普查领导小组办公室. 中华人民共和国 1985 年工业普查资料(第三册·全部工业企业)[M]. 北京:中国统计出版社,1988.

在投资难以由内部现金流满足的情况下筹措外部资金以增加积累，但偿债能力贫弱，在资金成本高企的情况下，贷款逾期形成呆账坏账，直接造成市场疲软。

从其根源来看，国有企业是在无产阶级取得政权、旧制度瓦解崩溃的基础上产生的，无产阶级社会主义革命归根结底是生产力发展、生产关系深刻变革的必然结果，社会主义生产需要积累，而这种积累是经由工业国有化的过程得以实现的。国家掌握组织并配置资源的权力，在资源稀缺的情况下建立重工业体系，集中资源进行行政配置，建立没有经营自主权的国有企业，承接资源配给形成基础生产单位，当然这一过程也伴随着一定程度对价值规律的扭曲。国营经济的建立是社会主义积累的开始，这种积累同样具备一些条件，比如一定个人和群体手中已有一定规模的资本积累，并采取了较高水平的技术和与之相适应的劳动分工。

马克思说过："商品生产的地基只有在资本主义的形式上才能担负起大规模的生产。所以，单个商品生产者手中一定程度的资本积累，是特殊的资本主义的生产方式的前提。因此，在从手工业到资本主义生产的过渡中，我们必须假定已经有这种积累。这种积累可以叫作原始积累，因为它不是特殊的资本主义的生产的历史结果，而是这种生产的历史基础。"① 在社会主义积累中使生产资料所有制适应社会主义国有化改造，利用剩余产品补充生产资料的扩张，用以扩大社会再生产。在半殖民地半封建社会中形成的物质资源积累就是社会主义生产的原始积累，对其进行社会主义改造加速了社会主义国营经济的资本积累。在计划经济时期，经济生活的一切过程都服从于社会主义资本积累的目标，应该承认这种积累对国家恢复经济所起到的作用，当然也应该看到初始国营经济的建立及资本积累是以个人积累和消费的挤出以及牺牲农业为代价的。

长期以来，国有资本过度投资造成了国有企业的生产效率远低于非国有企业。人员冗余，行政效率低下，与其他经济成分不同的企业

① 马克思，恩格斯．马克思恩格斯全集（第23卷）[M]．北京：人民出版社，1972.

相比，国有企业承担了更多的社会责任。对于利润不高或投资需求不足的行业，国有企业承担了更多的政策性包袱，配合国家、地区发展的战略性要求，向优势不足的行业倾向性投资，以促进就业。与之不同的是，民营企业的私人产权促使其在市场选择下优胜劣汰，提高其生存能力，管理者及生产者发挥最大主观能动性促进其生产效率的提高。相比之下，国有企业公共产权无法调动生产者提高生产效率的积极性，不能形成机制创新、生产创新的经营氛围，必然会效率低下。另外，国有企业的存在很大程度上挤占了民营企业的生存空间，国有企业因其国有性质占有政府大量行政性补贴及倾斜性金融资源，对民营企业形成了挤出效应，影响了民营企业的发展，减少了其有效产出，而且投资于国有企业的资本边际产出也较低，形成了双重资本投资效率损失。根据生产领域规模报酬递减理论，当资本投入增加有效刺激产出，使其达到临界值的时候，单位资本投入形成的产出增加值是递减的，资本投入超过最优规模就会使资本投入的效率降低。东北地区国有企业经过长年的投资积累多数形成了尾大不掉的规模体量，对已超过最优规模的企业继续追加投资扩大再生产只会导致投资效率下降，徒增浪费。

　　基于生产关系不再适应生产力的部分进行改革是必要的，国有企业建立之初先天不足的问题也需要在改革中得到变革与克服。研究发现国有企业混合所有制改革通过优化竞争机制、抑制过度投资、提升效率有效改善了国有企业低效投资的问题，尤其是在市场化水平不高的地区表现明显。[①] 东北地区基于政策原因与历史遗留因素，国有企业改革出现了滞后情况，但与全国范围内国有企业改革逻辑并无二致。概括起来，可以分为公有经济与非公有经济"形式"融合阶段、国有经济与民营经济"资本"融合阶段、国有产权与私人产权融合阶段以及混合所有制改革中基于"竞争中性"的机制融合阶段等四个阶段。[②]

---

① 许晨曦，金宇超，杜珂. 国有企业混合所有制改革提高了企业投资效率吗？[J]. 北京师范大学学报（社会科学版），2020（3）：148–160.

② 何瑛，杨琳. 改革开放以来国有企业混合所有制改革：历程、成效与展望 [J]. 管理世界，2021（7）：44–60.

第一阶段为 1978～1992 年，这一阶段针对"政企不分"的弊端，以"放权让利"的改革基调调动国有企业的积极性，扩大其自主经营权。同时这一时期民营企业诞生，国有企业与非国有企业初步合作，但初期改革探索中仍存在资本意识形态之争，"形式"融合构成国有企业混合所有制改革的雏形。第二阶段为 1992～2003 年，这一阶段通过建立与市场经济体制相适应的现代企业制度，对国有企业进行战略性改组，使之成为真正适应市场竞争环境的市场主体。民营经济得到进一步发展，党的十四届三中全会后，股份制经济得到初步发展，国有企业混合所有制改革表现出股权结构多元化的特征。第三阶段为 2003～2013 年，这一阶段的改革重点是制度建设，针对国有企业管理混乱和前期出现的国有资产流失问题建立国资监管制度体系。伴随民营企业的壮大以及全球化进程加快，中国成为世界工厂，国有资本与民营资本之间的融合更加重视产权结构是否能提高企业效益，而不再是简单地进行资本融合。第四阶段自 2013 年开始，改革仍在继续深化。围绕国有资本布局和结构调整，落实一系列针对性较强的配套政策，比如近年来的"两类公司"、行业范围内的"6+1"试点、"三年行动"、"双百行动"等。着力优化公司治理结构，理顺企业内部权责关系，实施差异化激励分配机制及用人选人机制，引入战略投资者，构建具有多元协同效应的企业运行机制，标志着国有企业改革进入全面改革的深水区。

3.3.3　资源型城市的发展及转型

工业投资效应下东北地区的另一个鲜明特点就是在工业资本助推下资源型城市的发展。东北地区的 34 个地级市中，资源型城市超过半数①，辽宁、吉林与黑龙江三省均有分布，所以研究东北地区经济增长与投资的问题无法跨过资源型城市的兴衰与转型这个命题。资源型

---

① 东北地区 34 个地级市中，资源型城市占比超过 1/2，其中包括通化市、牡丹江市、松原市、辽源市、吉林市、盘锦市、黑河市、葫芦岛市、白山市、伊春市、抚顺市、本溪市、七台河市、大庆市、鸡西市、鞍山市、阜新市、双鸭山市、鹤岗市。

城市是近现代工业化的产物,其特点是城市建制以资源分布为基础,围矿兴建并且因资源的分布特点呈条块延伸。东北资源型城市发端于近代,侵略者叩开中国大门,外国资本在大肆掠夺资源的同时,在我国资源地区渗透,兴办实业控制资源区。基于历史和资源禀赋的原因,侵略者在东北地区率先围绕资源区兴建基础设施转移资源,由此东北地区形成了具有鲜明资本特色的资源集散地。外国资本肆意掠夺资源,为避免"利权外溢",地方政府和官僚资本在采矿、机械和电力等重工业部门也加强了投资。虽然在与外国资本的博弈中损失惨重,实业救国行动所做出的努力也收效甚微,但客观上形成了资源型城市的资本布局,由此形成的人口集聚区成为城市的雏形。

新中国成立后,外部时值二战结束不久,帝国主义阵营围剿社会主义阵营,内部人民解放战争尚未结束,在内忧外患的情况下,中国唯有走工业化道路恢复凋敝的民生,借鉴苏联优先发展重工业的模式开始工业化进程。发展工业需要以资源为依托,优先发展重工业战略要求提供大量资本品,资本品的生产依赖于能源的供给,在彼时工业基础薄弱、举国资本不足的约束下,国家实行强制积累转移社会其他领域的资源到工业领域①,以资源为基础,集中资本进行资源基地的建设。围绕资源开发与重工业资本品生产,率先在战后残存工业的基础上恢复工矿基地的采掘,利用资源地的生产能力发展工业,在国家资本的助推下,以资源禀赋为基础形成初具规模的资源型城市。

重工业是资本密集型产业,在建设工业基地的资金来源中,除国家利用计划经济体制强制积累外,借助苏联的资本援助加大工业投资力度也是重要手段。"一五"时期资本投资多倾向以钢铁为核心的相关资源产业的资源型工业项目,主要包括煤、石油、钢铁及有色金属等行业。受苏联工业模式影响,强调资源基地建设专业化,埋下了资源基地产业过于单一的隐患,加大了日后市场机制转型的对抗成本。20

① 刘吕红.毛泽东工业化思想对"一五"期间资源型城市发展的影响 [J].毛泽东思想研究,2008 (2): 34 – 38.

世纪 80 年代，在总结过去工业发展的经验和教训的基础上，打破原工业体系封闭的状态，生产获得空前发展，对原材料、资源的需求激增。在东部率先发展战略指引下，投资战略发生倾斜，增量投资更多向东部转移，东部地区开发了不少资源型城市。同一时期，东北地区资源型城市的投资重心则更多放在对资源基地的改造上，驰援我国东部地区的生产建设。在国家强化投资改造的同时，畸重的资源工业被进一步强化，带来的问题就是在资源价格体系尚未捋顺的情况下，东北地区提供价格低廉的原材料，却需要以高企的价格购买东部地区的工业制成品，造成东北地区资源型城市的价值流失。[①]

20 世纪 90 年代伊始，由于前期粗放式开采，部分城市出现了环境问题，资源约束也制约了资源型城市的发展。这一时期，我国工业体系更多与世界链接，参与全球分工，尽管融入世界范围内的贸易体系可以利用国际市场，减少了对国内市场资源的依赖，但同时国内工业经济规模扩大，对资源、原材料的需求激增，国内资源及原材料的供应依然存在巨大缺口，资源和原材料行业成为工业领域的瓶颈行业，刺激更多的投资注入采掘业和原材料行业。分税制改革后，地方政府拥有了更大的投资权限并能在一定程度上控制地方政府资本投向，同时还可以通过中央政府转移支付向地方产业进行专项投资或一般性投资，加之市场经济体制改革后非国有资本的渗入，其结果往往是强化了具有相对优势的固有产业，资源型城市在投资的助推下进入发展的快车道。21 世纪初，由于世界范围内资源价格上涨，资源型城市在获得一波资源红利后，随着资源经年粗放式开采，相继出现环境问题，愈加受到资源约束的限制，资源枯竭危机凸显，资源型城市经济增长受到冲击，发展迟缓，部分资源型城市甚至出现经济衰退，资源型城市转型被纳入资源型城市发展的规划框架中。

纵观世界范围内资源型城市的变迁，依据生命周期理论，资源型城市伴随资源的开发利用，因资源的相对有限性和不可再生性，建立

---

① 丁磊，施祖麟. 资源型城市经济转型——以太原为例 [J]. 清华大学学报（哲学社会科学版），2000（1）：52 – 56.

于开发和加工矿产资源基础上的产业有明显的生命周期。产业演进遵循从成长到衰退的发展规律,城市转型应以产业演进为基础,根据产业发展阶段,适时摆脱对资源的依赖,摆脱原有路径锁定,完成产业的接续。虽然世界范围内资源型城市演进背景存在异质性,但具有相同的由兴到衰的周期性质,资源型城市陷入衰退,其产出水平直接掣肘经济可持续增长。诸多学者从不同维度探讨资源型城市陷入困境的原因、摆脱困境的方法和转型路径。主流观点认为"资源诅咒"的存在是资源型城市陷入困境的根本原因,奥蒂(Auty)在《矿物经济的可持续发展:资源诅咒理论》一文中论述,丰富的资源对地区经济增长并非充分的有利条件,反而是一种限制。[①] 资源丰富的地区根据比较优势建立以资源为基础的产业具有先天条件,由此将挤出其他不具有资源优势的产业,包括对人力资本、物质资本及创新活动投资的抑制。[②] 拉森(Larsen)通过经验研究对该观点进行验证,同样支持资源集中地区的产出水平对矿产资源及能源富集水平产生负反馈的结论。[③] 针对这一问题的解决,主流观点认为可以通过政策激励推动高新技术产业部门生产率提高,用资源开发获得的收益建立基金,用于产业多样化和高新技术产业的发展,从而摆脱资源型城市的经济衰退。[④]

另有观点认为制度质量是影响资源型城市经济水平的重要因素,其机理主要从两个方面说明。其一,资源型城市由于资源富足,城市建设存在大量寻租行为,降低了资源型城市的制度质量[⑤],影响了资源

① Richard Auty. Sustaining Development in Mineral Economies:The Resource Curse Thesis [J]. Resources Policy, 1994, 20 (1):77 – 78.

② Thorvaldur Gylfason. Natural Resources, Education and Economic Development [J]. European Economic Review, 2001, 45 (4 – 6):847 – 859.

③ Erling Roed Larsen. Escaping the Resource Curse and the Dutch Disease? [J]. American Journal of Economics and Sociology, 2006, 65 (3):605 – 640.

④ Bernardina Algieri. The Dutch Disease:Evidence from Russia [J]. Economic Change and Restructuring, 2011, 44 (3):243 – 277.

⑤ Xavier Sala-i-Martin, Arvind Subramanian. Addressing the Natural Resource Curse:An Illustration from Nigeria [J]. Journal of African Economies, 2013, 22 (4):570 – 615.

租金再投入，扭曲了要素的市场化配置，从而产生"资源诅咒"导致资源型城市最终陷入困境。① 其二，资源型城市往往因保障资源供给而使对外开放水平受到影响，相关的扶助政策也助长了地方保护主义，影响制度质量的提高，拉大了资源型城市与非资源型城市的发展差距。② 对此，解决的方法就是通过完善产权制度、明确权属关系、提高寻租成本规避资源开采过程中的机会主义，同时，平衡不同利益群体之间的关系，协调部门之间的合作③，提高制度质量以逆转经济增长对资源富集的负反馈④。基于改革开放近三十年的经验数据，对"资源诅咒"现象进行本土化探索的早期研究成果证实，资源较贫瘠的地区经济增长快于资源丰富地区，验证了资源富集程度与经济增长负相关的结论同样适用于我国资源型城市。⑤ 在后续的研究中，该结论也成为主流观点，并认为其主要诱因在于资源型城市对外部的正向影响与从外部获得的收益不对称，其主要表现就是资源的定价并未实现市场化，造成不计生态成本对资源掠夺式开发，而偏低的资源定价难以覆盖其使用成本。⑥

休制原因下的投资逻辑也应在解读资源型城市转型这一范畴之内。计划经济体制下，国家对资源的配置并不以资本收益率为标准，考虑的更多是资本的生产率。东北地区整体产业结构偏重，资源型城市的

① Ragnar Torvik. Natural Resources, Rent Seeking and Welfare [J]. Journal of Development Economics, 2002, 67（2）：455 - 470；Edward B. Barbier. Corruption and the Political Economy of Resource-Based Development：A Comparison of Asia and Sub-Saharan Africa [J]. Environmental and Resource Economics, 2010, 46（4）：511 - 537.

② Marcus J. Kurtz, Sarah M. Brooks. Conditioning the "Resource Curse"：Globalization, Human Capital, and Growth in Oil-Rich Nations [J]. Comparative Political Studies, 2011, 44（6）：747 - 770.

③ Leslie Mabon, Wan-Yu Shih. Management of Sustainability Transitions through Planning in Shrinking Resource City Contexts：An Evaluation of Yubari City, Japan [J]. Journal of Environmental Policy Planning, 2018, 20（4）：482 - 498.

④ Anne Boschini, Jan Pettersson, and Jesper Roine. The Resource Curse and Its Potential Reversal [J]. World Development, 2013, 43（10）：19 - 41.

⑤ 徐康宁，韩剑. 中国区域经济的"资源诅咒"效应：地区差距的另一种解释 [J]. 经济学家，2005（6）：97 - 103.

⑥ 王树义，郭少青. 资源枯竭型城市可持续发展对策研究 [J]. 中国软科学，2012（1）：1 - 13.

规模扩张和收缩乃至工业产值的提高对投资强度具有依赖性，尤其资源型城市产业基本以采掘业、资源初级加工业、原材料工业为主，价格体系扭曲，资源价格并未体现出资源的稀缺性。其中属于上游的采掘业产品价格更低，如果以资本收益率为导向，很难使要素集中流入该领域。政府作为资源配置的主体，在投资结构与需求结构不完全匹配的情况下，通过投资政策调节投资方向并保持投资强度，使资源型城市得以开发并在规模上不断扩张。在市场经济体制下，资源配置在一定程度上摆脱了行政指令，资源的配置由市场决定。市场考虑的是资本收益率，优化的投资机制逐渐被纳入市场体系中，投资主体允许非国有资本介入，在价格的引导下配置资源。然而资源型城市单一化的重型产业结构并不具有产业优势，投资增速受限甚至出现负增长，制约经济增长的因素凸显，资源型城市转型成为战略需要。转型意味着资本存量结构调整和增量资本投资方向的重新选择，必然要求资本的退出和跟进，然而投资产生的沉淀成本既形成了资本退出壁垒，也制约了增量资本的结构调整。

基于资源型城市的异质性，探讨转型路径围绕产业转型升级、发展接续产业展开，其最终演变路径就是向新型工业基地方向推进，提升城市综合功能。① 近年来，宋冬林等学者在这个领域深入挖掘，为产业转型升级提供科学决策的依据。围绕国内资源型城市转型升级及效果评测的研究也为东北地区资源型城市转型提供方法论及经验借鉴，比如典型地市级资源型城市产业转型效率的经验研究发现，产业转型整体效率偏低，并且综合效率水平与城市规模效率水平正相关②；测算资源型城市产业与经济发展协调度从而确立资源型城市转型的主导产业的可行性方法③；围绕政府干预手段的发挥、财税政策的落实及资源

---

① 安树伟，张双悦. 新中国的资源型城市与老工业基地：形成、发展与展望 [J]. 经济问题，2019（9）：10 - 17.
② 李梦雅，严太华. 基于 DEA 模型和信息熵的我国资源型城市产业转型效率评价——以全国 40 个地市级资源型城市为例 [J]. 科技管理研究，2018（3）：86 - 93.
③ 安慧，金镁，刘畅. 基于距离协调度模型的资源型城市转型主导产业选择研究 [J]. 中国矿业，2019，28（11）：52 - 58.

型城市转型的环境规制和行政规制①；等等。这些都可以在东北地区资源型城市转型的研究中发挥作用从而有效指导实践。当然还有学者在研究中善意提醒，在资源型城市的转型过程中，政府发挥主导作用制定资源型城市可持续发展的机制是从根本上解纾资源型城市困境的良方，但存在地方政府与资源企业合谋出现道德风险的隐忧，使中央政府转移支付发挥的作用仅承担了地方政府的责任，而未能达到使资源型城市迈入可持续发展轨道的预期效果②，这也是东北地区今后继续推进资源型城市转型工作需要注意的问题。

3.4 经济增长的投资路径依赖及其形成机制

3.4.1 东北地区经济增长模式与经济增长阶段的界定

现代经济中任何经济运行都是由各种商业模式共同作用的结果，如果用会计学的简单公式计量，以收入减去成本所得的差额来界定经济增长，差额为正值即是增长，反之则为衰退。将会计平衡公式拆解，增长可以分为资本型增长和运营型增长。将资本实物化，未来收益的贴现额所带来的增长为资本型增长，比如购买土地、建厂房、购置设备等，体现在资本支出和形成固定资产阶段，其特点是要素投入驱动财富积累，也就是速水佑次郎所说的"马克思所分析的增长模式"。③固定资产投资形成存量资本后必然带来相应的产能，所生产的产品在市场交易中实现价值，这一阶段也是实现收入的阶段，带来的财富积累客观上属于运营型增长，其特点是依靠效率提升财富水平，即所谓的"库兹涅茨所分析的增长模式"。从资本型增长到运营型增长的过程

---

① 刘源，刘峰，张伟亮. 促进资源型城市供给侧结构性改革的税收政策研究 [J]. 税收经济研究，2017（1）：9 - 15；孔翠英，白钰如. 税收对资源型地区产业结构调整的影响——基于 1994 - 2014 年省际面板数据的实证研究 [J]. 宏观经济研究，2018（8）：75 - 84；黄寰，秦思露，刘玉邦，王珏. 环境规制约束下资源型城市产业转型升级研究 [J]. 华中师范大学学报（自然科学版），2020（4）：576 - 586.

② 吴要武. 资源枯竭与资源型城市的转型 [J]. 改革，2009（7）：141 - 142.

③ 吴敬琏. 中国增长模式抉择 [M]. 上海：上海远东出版社，2006.

并不是割裂的，只是不同阶段有不同的侧重，与经济转型过程中经济体由高速增长转变为高质量增长的逻辑是一致的。基于此，探讨东北经济转型过程中的增长问题，就落到了对经济增长模式和不同阶段特点的定位问题上。

从现代经济学的角度或者进一步从金融学的角度来看，传统经济增长的特点在于依靠积累，也就是通过对剩余产品的积累得到投资的原始资本。比如计划经济体制下，积累剩余产品进行行政性调度，地区乃至国家的投资都依赖于积累基金。现代经济增长与传统经济增长所依赖的路径截然不同，在市场经济体制下，信用是经济增长的基石，经济增长不再受限于积累的多寡，通过间接融资市场将未来稳定的现金流贴现形成资本是现代经济增长方式的典型特征，这一过程的演进标志着经济增长模式由古典型经济增长模式转变为现代经济增长模式。对此诸多经济学家从不同角度探讨，但其论述本质基本是一致的，比如对当今世界经济增长模式的高度概括，一种是东亚经济增长模式，另一种是发达国家经济增长模式，前者经济发展的优先选择是投资驱动，后者则是技术创新驱动，以实现经济长期稳定增长和社会福利水平最大化为目标。

受益于较完备的工业体系，东北地区的城市化进程开始较早。伴随全国城市化进程的加快，到 2018 年东北地区平均城镇率已然达到了 61.52%[①]，这个数字虽然低于南方发达地区，却已然高于中部地区和西部地区。城市是提供公共服务的载体，公共产品的供给主体是政府，政府提供公共服务，然后通过税收和费用获得收益。由于历史背景和客观现实条件，在城市建设的分工上，政府进行的是修建公共基础设施等重资产投资，而这个阶段就是依靠投资支出增加产出水平的经济增长阶段。依靠过去的现金流积累覆盖资本性支出，其数量受限于资本积累的极限，在资源有限的情况下，资金进入的制约因素成为经济增长的负面因素。由于宪法中已经明确规定土地归国家所有，于是资

---

① 根据 2019 年吉林、辽宁、黑龙江的统计年鉴数据计算得到。

本性缺口可以由卖地的资本性收入补足，这也是一直以来的解决办法，当然这样的创举事实上实现了财富跨越，但问题是土地金融只是一次性的资本收入，政府通过卖地不能获得持续的现金流，而依托于未来持续现金流的土地转让才是真正有意义的。

不同模式下的经济增长特点在一定程度上界定了经济增长的不同阶段。吴敬琏根据萨缪尔森（Samuelson）[①] 和波特（Porter）[②] 的论述，将经济增长概括为四个阶段。第一个阶段的特点为依靠生产要素驱动，主要依靠土地和其他自然资源的投入使经济缓慢增长。第二个阶段的特点是通过机器大工业大幅度提高劳动生产率，资本投入是经济增长的主要驱动力，即投资驱动阶段。第三个阶段的特点是以创新为先导，通过技术进步和提高效率驱动财富积累。第四个阶段即以信息化为主要特征的经济总量水平提高阶段。

根据上述论述，东北地区处于第二个阶段向第三个阶段过渡的转型阶段，东北地区的经济特点也符合东亚经济增长模式的特点，即高投资率，经济增长依靠投资驱动且具有粗放式增长的特点。东北地区过去通过国家高积累率获得地方性转移支付保障资本积累，市场活跃后依然存在市场化水平低的问题，可利用的外资规模小，地区金融体系欠发达，由此资金来源始终以本地区间接融资市场和政府投资基金为主。东北地区经济增长虽为东亚经济增长模式，依靠投资驱动，但与东亚经济体外向型经济特征并不相符，基于历史和现实条件其具有很强的区域特点。东北城市化水平较高，基础设施建设能够带来大量的需求，可通过投资刺激城市经济增长，但城市传统基础设施建设已然满足城市运行，更多的基础设施建设从经济效益来讲边际产出越来越小，投资更应该着力于高端制造业，提升价值链分工地位，发力于"新基建"，培育新的经济增长点，投资于能够带来更多现金流的领域，提高资本投资效率，获得更多的投资回报从而提高投资效益。

① Paul A. Samuelson. An Exact Consumption-Loan Model of Interest with or without the Social Contrivance of Money [J]. Journal of Political Economy, 1958, 66: 467 – 482.
② Michael Porter. Competitive Strategy [M]. Free Press, 2004: 147 – 151.

经济增长的不同阶段对应的经济目标不应该也不能是同质的，应该有适应性的增长路径。构建稳健增长的经济基础，首先要保证一定的经济增长速度，近年来东北经济失速恰恰是其与其他经济区域发展差距拉开的直接原因，当然缘何失速即是探讨的根本问题所在。当下东北地区经济失速的背后伴随着投资失速，解决好投资的增量问题、结构问题，根除投资体制机制中的痼疾，从投资的角度论证经济如何进一步实现有质量的增长，是解决东北经济失速问题的根本逻辑。当然，仅仅依靠投资是解决不了其他动能缺失所损失的效率问题的，但从现实条件出发，投资依然是东北地区的最优选择，也是最能有效解决增长问题的方法，在经济增长中不断调整经济目标和战略手段，归根结底在于依靠高质量投资的同时发掘并培育新的动能，找到新的经济增长点，实现新旧动能的共振。

3.4.2　东北地区投资路径依赖的数据分析

根据统计资料，选取支出法核算的地区 GDP 与资本形成总额计算投资率①，并以全国投资率作为参照序列。以下数值均采用当年价格，数据来源于历年中国及对应省份的统计年鉴。由于我国各省份数据乃至全国数据时间趋势均有较大的波动，数列缺乏稳定性，本节仅以时间趋势作经验性分析，找到数据变化的基本规律。根据前述相关学者的论述，在不同发展阶段会采用与之相适应的经济增长模式，依靠投资驱动的经济增长阶段有较高的投资率。改革开放以后，我国经济活动水平发生了天翻地覆的变化，在世界经济增长史上堪称奇迹，40 多年的改革开放历经不同的经济发展阶段，战略性差异化的区域政策是富国的必要手段，但客观上形成了不同区域的经济活动水平。本节对东北各省投资率进行梳理，并与全国投资率做比较分析，虽然并不严谨但也可以从中找到一般性规律。

为了能够更加直观地看到投资率的变化规律，利用计算数据作图

---

① 投资率＝资本形成总额/地区生产总值。

（见图 3.1），可以发现全国投资率整体波动幅度较小，区间均值为 40%，最高点低于 50%。整体来看高于发达国家及地区，说明长期以来投资是我国经济增长的重要支撑，消费率在 1978～2018 年的平均值为 58%，且近年来消费率小幅下降，投资率小幅上升，二者水平有逐渐接近的趋势，足见投资对于我国经济增长的拉动作用。根据世界发达国家及地区的经验数据，发达国家及地区的消费率与投资率相比，消费率往往高于投资率且差距较大。具体比较东北各省与全国投资率曲线可以发现，改革开放初期，东北各省投资率曲线均处在全国投资率曲线的下方，随着改革开放进程的加快各省投资率呈现上升趋势。2003 年之前东北地区投资率总体来看低于全国水平，2003 年之后显著上升，其中 2008～2009 年吉林省最高值接近 80%，这与为了应对经济危机对宏观经济的冲击所实施的财政政策有一定关系，但最重要的还是东北振兴战略下的政策支持，东北地区投资率整体上升，经济活动水平随之上升。然而伴随政策效应力竭与国际国内宏观经济水平的变化，2011～2018 年东北各省投资率相继下跌，经济再次失速。

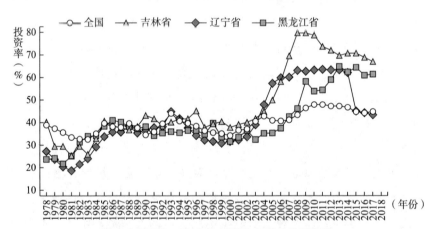

图 3.1　1978～2018 年全国及东北各省投资率
资料来源：根据历年《中国统计年鉴》《辽宁统计年鉴》《吉林统计年鉴》《黑龙江统计年鉴》数据，由笔者整理计算而得。

从数据的时间趋势与实际经济增长水平来看，经济启动往往伴随着投资率上升。经济水平持续高速增长，当达到一定经济容量形成经济快速平稳发展的基础时，经济体就会孕育出经济增长的内生动力，以技术优势维持高速增长，并有更大的空间追求社会福利水平。东北地区恰恰没有充分利用好投资时间窗口，在地区经济增长竞速中失了先机，其经济发展水平决定了区域缺少经济增长的内生动力。现有经济基础短时间内很难孕育出有效且持久的新经济增长驱动力，而且东北地区大部分处于内陆，经济增长难以依赖出口导向的发展模式。

2003 年后东北经济经历了恢复发展的十年，即使这样，东北地区的对外贸易水平仍然较低，通过增强区外交流的开放式经济发展模式拉动东北地区经济增长的空间十分有限。东北振兴的十年中，全区贸易总额占全国贸易总额的比重始终在 4% ~ 4.5%，其经贸水平远低于全国平均水平，与发达地区相比更是相去甚远，而且东北地区的贸易长期依赖少数几个国家和市场，未能形成多元贸易格局。东北地区进出口贸易多集中于辽宁省，其对外贸易对象集中在日本、韩国、德国和美国，2013 年其对上述四国的贸易总额占比达 52%。总体来说，东北地区进出口贸易规模体量小，市场具有局限性且贸易收支不平衡，尤其在 2013 年之后，东北地区对外贸易长期处于逆差并持续扩大，与全国水平的贸易状况呈现截然不同的特点，对经济增长的贡献率长期为负。尽管 2017 年与"一带一路"沿线国家的贸易额增速有所回升，但贸易总额在全国的占比仅为 4.3%，同时与"一带一路"沿线国家的逆差比 2016 年扩大了 75.6 亿美元。[①] 2018 年东北地区对外贸易依存度为 15.81%，不到全国水平的 1/2，东北地区进出口额占全国比重为 3.84%，相比 2013 年回落 0.67 个百分点，其中出口额占比回落 1.58 个百分点。[②]

从消费动能来看，东北地区经济自 20 世纪 80 年代开始式微。长期以来经济发展水平不高，人均可支配收入相对较低，中低收入人群体量较大，消费意愿不高导致消费提振空间有限，同时东北地区人口外流严重，生育率全国排名末端，人口老龄化严重，人口结构问题也

---

① 国家信息中心"一带一路"大数据中心."一带一路"贸易合作大数据报告（2018）
　［R］. 2018.

② 胡伟，夏成，陈竹. 东北建设成为对外开放新前沿的现实基础与路径选择［J］. 经济
　纵横，2020（2）：81 - 90.

使得消费增长后劲不足。近年来吉林省投资率相对略高，但不容忽视的是，投资率的提高是建立在牺牲消费的基础上的，自 2011 年开始，吉林省的消费率始终低于 40%。从创新动能来看，尽管东北地区高校云集，人力资源丰富，但近年来人才流失严重，经费投入不足，在东北振兴期间，研发投入强度低于全国平均水平近 1 个百分点，尤其是吉林和黑龙江两省，其研发投入水平长期低于全国。规模以上工业企业创新能力低于全国水平，甚至低于中部和西部地区，最直接的表现是具有研发机构的工业企业数量占比相对较低，新产品取得收入占比不高。高新技术产业体量小、发展缓慢，专利申请量和专利授权量低于全国水平。东北地区创新能力长期裹足不前，对经济增长贡献不足，2015 年东北地区高新技术产业对经济增长的贡献率为 6.5%，低于全国平均水平近 13 个百分点。① 在空间分布上，2016 年东北地区高新技术产业企业数量全国占比仅为 3.3%。②

由上述论述可知，东北地区经济增长基于历史和现实原因，一直以来未能摆脱重工业发展的路径锁定，在增长格局未发生显著变化下长期依赖投资动能，在路径锁定的基础上投资路径被强化。资金分配改革后，东北地区长期资金匮乏，中央政府转移支付有限，资本约束下明显存在投资不足的问题。20 世纪 90 年代是投资加速的重要时间窗口，这一时期东北地区投资率不高，即使是从全国平均水平来看都显不足，错过了经济高速增长的重要时期，未能形成经济快速平稳发展的基础。东北地区缺少多轮驱动经济增长的动力来源，经济增长与投资高度相关，东北经济失速的背后必然是投资失速。

3.4.3 东北地区投资依赖形成机制

1. 资本积累形成机制

国家早期为夯实经济基础在区域发展中实行差异化不平衡发展战

---

① 高国力，刘洋. 当前东北地区经济下行特征及成因分析 [J]. 中国发展观察，2015 (10)：77 - 79.

② 范家辉. 东北地区高新技术产业集聚研究 [D]. 吉林大学，2019.

略，欠发达地区在资本积累过程中相比发达地区缺乏比较优势，与发达地区经济发展水平的差距呈现扩大的趋势，越发显现资本在经济效用中的权重，一定程度上形成了追求资本积累或是说相对于消费而言的高资本积累动因。[①] 这在东北区域特征中表现得尤为明显，资本积累固然存在规模与结构性问题，但资本存量相对于消费量偏高的问题也同时存在。相对资本存量不足影响经济增长的直观性，投资与消费失衡对地区经济增长的影响则较为隐蔽。高资本积累需要通过高投资实现，高投资需要高储蓄来完成，而储蓄增多则压缩了消费的增长空间，如果财富既定，那么随着储蓄的增加消费则会下降。当然在理想的状况下，收入分配完全均等化，消费和资本存量可以同步增长，实现消费总量和投资总量持续增长，但真实情况是经济运行二元结构的长期存在，资本存量规模大的微观主体在投资中获得更高的资本报酬率从而拥有更多的资本增量，收入差距扩大化进一步加剧了微观主体拥有的资本量差异。换言之，资本规模大的微观主体将拥有更大的竞争优势，比如说进一步获取金融资源的能力，这固然与金融体制有关，但同时与差异化的企业政策不无关系。

在要素市场不完全的情况下，大规模资本不仅能动员更多的金融资源，获取技术资源的能力也更强，更容易掌握先进技术，获得更高的资本收益。在资本深化的过程中，企业的技术选择更倾向于用资本代替劳动，从而提高生产效率，加快资本积累速度，而且拥有大规模资本存量的微观主体在与政府的谈判中能够掌握更多的主动权，更容易发现和利用市场机遇，争取获取资本的有利条件。在现有的对上市公司和非上市公司研究的文献中，可以得出上市公司能获得更高利润率的结论。也就是说，在直接融资市场获取更多资本的能力在一定程度上影响了企业的利润率，拥有大规模资本的微观主体能够获得更多的资本收益。在市场机制的作用下，财富分配具有马太效应，拥有较少资源者在获取财富上受到的限制较大，为获取更多的资本积累，微

[①]　邹卫星，房林. 为什么中国会发生投资消费失衡？ [J]. 管理世界，2008（12）：32 - 42 + 50.

观主体所采用的方法通常不是提高劳动力积极性，而是增加资本投入要素，其结果就是非资本要素在生产过程中相对减少，资本有机构成提高。从单个厂商的要素配置上分析，依据生产函数，每个厂商都会有符合自身实际情况的最优要素配置，随着资本投入的增加，这个最优要素配置必然会被打破，从而使微观主体生产效率变低，体现在资本报酬上，就是投资低效率。

高资本积累产生的直接影响就是经济体需求不足。从厂商的角度来看，在无技术革新的情况下，资本投入持续增加最终会导致企业生产效率下降，企业全部要素投入的总收益就会下降；从劳动者的角度来看，大规模资本追求高额的资本回报，倾向于用资本代替劳动力，劳动要素在生产要素配置中的比重下降，资本占有者得到更多的控制权，在劳动者权益保护相对欠缺的情况下，劳动者往往只能获得维持生产或者再生产的劳动报酬，劳动要素收入占全部要素收入的比重降低。在社会保障有限的情况下，缺乏资本占有的个体就会无力支撑自身的消费，从而造成经济体内需不足的情形。

2. 产业发展路径固化与投资强化机制

东北地区初始产业结构的形成具有一定历史性，特别是坐落于东北地区的资源型城市更是在行为主体有意识干预下形成的。在产业自我强化并得到正反馈的机制下，更多资源被集聚到初始产业中，规模效应进一步增强，伴随产业的扩张形成与之共生的相关配套产业，对城市经济增长的贡献度攀升，形成城市的依赖产业，导致产业选择范围进一步缩小并固化在依赖产业上。资源进一步集聚于固化产业，产业发展惯性助推优势产业在区域经济中占据绝对地位，形成区域的产业锁定。概括起来，产业发展的表现就是产业锁定的黏性偏离与对依赖产业的刚性扩张，路径依赖源自一经选择某种路径就会强化这种路径的收益递增机制。[①] 东北地区的工业特点特别是资源型城市的能源工

---

① 汤吉军. 经济体制转轨、路径依赖与制度创新 [J]. 吉林大学社会科学学报，2017（2）：97 - 104 + 206.

业属性决定了其资本密集型资源配置模式，产业固化伴随着依赖产业的投资强化，在正反馈的作用下进一步强化优势产业的路径依赖[①]，形成了产业依赖与投资依赖的双向强化机制。在资本投资结构相对固化的情况下，投资强化的结果之一就是在投资约束下，既定的投资量具有一定的排他性，新行业的发展空间被挤压，优势产业进一步被强化。

从投资强化机制来看，其共性可以从以下几个方面说明。第一，从投资的产业偏好和资金使用集中度来看，煤炭采选业和石油开采业都在重点投资的偏好序列中，工业内部结构以采掘业、初级加工业为主。工业投资和东北地区资源型城市发展贯穿整个工业化进程，资源供给不足始终是生产扩张的制约因素，加快能源工业发展，客观上需要对能源产业加大投资，尤其在向重工业投资倾斜的情况下，进一步强化了对区域固化产业的投资依赖。

第二，从投资主体的角度看，工业化初期的投资政策导向——大力发展重工业实现跨越式发展，决定了举国体制下的投资偏好。计划经济体制时期，强制积累下政府是唯一投资主体，大量投资通过全民所有制企业流入以资源型城市为单元的重化工领域，客观上形成了资源型城市以国有经济为核心的企业所有制结构。财政分配体制改革后，地方政府拥有更多自由支配资金的权限，地方政府资金的使用可以更集中于地方相对优势产业，从而拉动经济增长使地区经济表现出色。当然投资扩张意愿不可避免地带有部门或地方的局限性，政府行政垄断、地方保护主义导致的市场割裂又在一定程度上影响区域经济发展的走向。市场经济体制改革后，投资主体、资金来源更加多元，但也意味着国有企业和其他投资主体在使用资金上面临融资约束，在资金成本高企的情况下，国有企业面临的融资约束更小，政府及其管理部门对国有企业投资的软约束势必带来投资冲动，在挤压民营企业投资空间的同时强化了对国有企业的投资。

第三，资源型城市的发展是区域规划的一部分，有限的资金既要

[①] G. Schienstock. Path Dependence and Path Creation [J]. Journal of Futures Studies, 2011, 15 (4): 63 – 76.

集中投资于相对优势产业，又要分散投资于其他基础产业，这就造成了资本密集型产业既依赖资本推动又面临资金不足从而制约生产的情况。从资源型城市经济增长动力来看，资源型城市由于产业结构单一，对非资源行业有较强的排他性，经济增长内生动力不足，第三产业占比小在一定程度上限制了消费的扩张，区位因素下的资源约束同样决定了贸易因素不会成为支撑经济增长的动力，唯有资本要素才能促进经济增长。资源型城市因兴起之初就带着计划经济的历史基因，投资主体产权结构单一，经济增长过于依赖国有经济，当然也有产业属性的原因，资源型城市以能源产业为支柱产业。尽管市场经济下价格信号发挥了引导资源配置的作用，但资源价格尚未完全市场化仍存在要素价格扭曲，其价格尚不能反映资源的稀缺性。民间投资主体缺乏投资动力和投资意愿，一定程度上也制约了资源型城市民间资本的发展，其结果就是资源型城市经济活动水平不高，需求变化依靠政府投资增量调整，同时因其产业固化，资本存量结构因过高的沉淀成本难以优化，从而使资源型城市经济结构愈加失衡。

3.5　本章小结

本章以东北地区地理空间和资源禀赋特点作为描述东北经济空间的切入点，基于这样的时空和资源特点分析了东北地区的投资格局。以此为基调，通过历史时间脉络对不同时期的投资特点做概述性描述。基于投资的演进路径，东北地区形成了与其他地区既同质又相对独立的经济特点。在工业投资效应下，东北地区形成了以重工业为基础的产业结构，基于当时特定历史时期而逐步形成的国有企业体系，围绕资源分布形成了别具特色的资源型城市。然而这些曾为东北地区带来经济活力的源泉，却在生产力高速发展的经济转型时期，凸显了生产关系不适应生产力的一面。

东北地区长期以来形成的经济增长模式难以一夕调整，经济增长路径单一，投资路径形成依赖。从资本积累形成机制角度来看，在市场机制的作用下，财富分配具有马太效应，拥有较少资源者在获取财富上受到的限制较大，为获取更多的资本积累，微观主体所采用的方法通常不是提高劳动力积极性，而是增加资本投入要素，其结果就是非资本要素在生产过程中相对减少，资本有机构成提高。在资本深化的过程中，企业的技术选择也更倾向于用资本代替劳动从而提高生产效率。从产业发展路径固化角度来看，产业发展的表现具有对依赖产业刚性扩张与对固化产业黏性偏离的特点。在产业自我强化并得到正反馈的机制下，更多资源被集聚到初始产业中，同时形成与之共生的相关配套产业，产业扩张使规模效应进一步增强，形成城市的依赖产业，最终导致产业的选择范围进一步缩小并固化在依赖产业上，进而形成区域的产业锁定。从投资强化机制角度来看，工业化初期的投资政策导向——大力发展重工业实现跨越式发展，决定了举国体制下的投资偏好，长期以来煤炭采选业和石油开采业等重工业都在重点投资的偏好序列中。市场经济体制改革后，固化产业投资具有惯性，产业转型升级缓慢，部分企业即使效益低下，在面对巨大沉淀成本时往往也倾向追加投资，维持企业低效运转。另外，从资金成本因素考量，基于不同投资主体资金成本的差异，带来了具有资金获取优势主体的投资强化。国有企业和其他投资主体在使用资金上面临不同的融资约束，政府及相应管理部门对国有企业投资的软约束势必带来投资冲动，在挤压民营企业投资空间的同时，强化了对国有企业的投资。

第4章　东北地区固定资产投资的
增长效应测度

前文分析了东北地区经济增长的投资路径依赖形成机制及工业投资效应下的地区经济特点，本章进一步采用实证分析方法量化固定资产投资对经济增长的影响，并尝试从不同的维度测算投资弹性系数。首先，基于变量时间序列找到各经济变量的数据特征，应用索洛增长模型计算稳态变量水平，并将其与实际变量水平相比较，为了有效说明投资对产出水平及相对增长率产生的不同影响，将水平效应与增长效应置于同一动态模型中。其次，基于中性技术进步的假设条件，应用固定效应模型及随机效应模型对变量进行静态分析，将能源投资与基础设施投资所涵盖的工业行业剥离出来，进一步考察主要行业的投资弹性系数。最后，放松中性技术进步的假设条件，对变量进行相对静态分析，通过时变弹性系数考察各省不同时点的资本产出弹性。

4.1　投资对经济增长的作用机制

4.1.1　投资的乘数效应

投资作为重要的经济变量，既表现为供给，又表现为需求。相比形成生产能力作用于长期经济增长的供给效应，需求效应虽然表现出短期性和被动性，但其通过乘数作用仍可以在一段时间内释放经济体活力。尽管投资依托于未来发展需要最终以形成物质资本存量发挥长期供给效应为基础，但在项目建设过程中对设备工器具、建筑材料等产品和服务的需求不但能直接消纳已有生产能力，而且通过扩大支出循环引起消费和收入的变化从而引起国民收入增量变化多倍于初始投资变化量，其拉动经济增长的能力表现得更为直接。如 Seung 和 Kraybill 在研究中所论述的，投资不但形成物质资本作为投资品直接参与生产，而且间接带动其他投资品供应增加，并与相关投资品相互作用从而影响产出水平。[1]

从供给端的角度来看，现实生产系统所体现出的生产与需求的适配性偏差，既给乘数提供了发挥效应的空间，同时也削弱了理想条件下乘数可以发挥的效用。供给结构与需求结构存在适配性偏差产生闲置产能，资源尚未被充分利用，在这样的条件下，投资增长以及其引起的消费增长才可能使产出水平增加，而不是仅仅刺激物价水平上涨。当前利率市场化条件下仍然存在有形之手干预，投资增加产生的货币需求并不会引起利率的陡升，尽管引起的储蓄沉淀会影响乘数产生的消费增加效应，但投资增加依然会引起关联产业部门产出增长，从而增加关联产业就业量和收入，进而引起消费品需求变化。消费品部门就业量和收入增长形成扩大产能的需求，进一步引致投资增加，最终形成闭合循环，周而复始在经济循环中形成增量，使产出多倍于最初的资本投入。

现实经济条件下乘数效应的发挥还需要考虑货币政策和财政政策的调整。政府支出对宏观经济水平的影响较为深远，因此政府增加支出仍需要考虑挤出效应对乘数效应的削弱。研究表明，剔除挤出效应的影响，政府在基础设施建设方面的支出所引起的乘数效应更大，结合项目的建设周期与货币政策因素，在无流动性陷阱的情况下，基础设施建设周期越长，乘数作用越大。在零利率条件下，短周期的建设项目能提升通胀程度引起实际利率变化，使得总需求快速发生变化，因而其短期效应要大于长期累积效应。[2] 另外，财政政策调整还应扩大政府转移支付的规模，通过税收调节中低收入劳动者的收入水平。虽然消费具有刚性和黏性，但相对于高收入群体，中低收入劳动者的边际消

---

[1] Chang K. Seung, David S. Kraybill. The Effects of Infrastructure Investment: A Two-Sector Dynamic Computable General Equilibrium Analysis for Ohio [J]. International Regional Science Review, 2001, 24 (2): 261 – 281.

[2] 汪川. 政府基建投资的财政乘数：基于 DSGE 模型的分析 [J]. 财贸经济, 2020 (10): 79 – 95.

费倾向更易发生改变，长期来看增加中低收入劳动者的收入对未来消费的影响较大，乘数作用也会更加显著。

4.1.2　投资的供给效应

凯恩斯对投资的研究主要是基于需求端分析其对经济体产出水平的影响，较少涉及投资本身作为生产要素对资本存量的影响，即投资形成物质资本，构成产能的组成部分直接参与生产过程，通过供给端对经济水平产生重要影响。基于柯布道格拉斯生产函数的新古典索洛增长模型，索洛剩余可以用简洁的函数关系式进行表达，$\dot{Y}/Y = \alpha \dot{K}/K + (1-\alpha)\dot{L}/L + \dot{A}/A$，即经济增长率等于各要素增长率与投入要素份额乘积之和，投资作为生产要素形成资本存量直接作用于经济增长，当然这只是投资供给效应的一个侧面。

诸多学者对投资的供给效应进行外延拓展，比如政府投资增加可以改变人们对经济的预期，从而引起人们的扩张性消费。关于投资供给效应的代表性论述多是从投资主体角度出发，界定政府投资的供给效应，并进一步限定其概念范畴，即剔除乘数效应的投资挤入效应和外部溢出效应。政府投资具有外部性，从改善投资环境和降低民间投资成本角度，政府投资增加使得私人资本边际产出不随人均资本存量增加而减少或减缓私人资本的边际产出递减速度，从而对经济增长产生作用。具体来说，政府投资外部溢出效应主要表现在以下几个方面，政府通过税收或融资为基础设施建设投资或为其他投资主体提供基础性服务，减少要素流动摩擦，降低投资主体的生产成本、库存成本以及物流成本等，使得厂商生产效率提高。对市场而言，一定程度上改善了信息不对称的问题，为企业降低了搜寻成本与交易成本，促进了全社会的专业化分工，而专业化分工的改进是内生增长理论论述经济增长的重要依据。

政府投资具有集聚效应和网络效应，通过改善投资环境吸引生产要素跨地区转移，形成地区间的正向空间溢出效应。对于这一层面的论述，聚焦于对相对落后地区的空间溢出效应是否为正，尚存在一定的争论。如果发达地区政府投资对欠发达地区形成资源"挤出"，则投资空间溢出效应是否为正有待重新衡量，但更多的论述倾向于欠发达地区可以受益于发达地区的投资，当然，该争论是针对不同区域而言的。投资的供给效应还表现在优化经济体的资源配置上，现实经济中任何经济体均存在帕累托改进的空间，政府投资基础设施可以带来社会福利的改善，实现劳动力要素的优化配置，从知识、技能、信息的扩散上提高劳动者生产效率，改善经济二元结构的内卷性问题①，推动城镇化进程，从而为经济长期增长打下基础。

4.2　东北地区经济产出水平及固定资产投资特征分析

4.2.1　经济增长水平分析

1. 东北地区经济产出水平总量分析

（1）各地区实际 GDP 增长率

以 1985 年不变价格计算，1985～2018 年东北全区实际 GDP 水平从 1079.36 亿元升至 16490.63 亿元，增长了 14.3 倍，年均增长率为 8.61%，低于同期全国 GDP 年均增长率（9.8%），与其他经济区域相比，东北地区也处于劣势，其中东部地区 GDP 年均增长率为 10.5%，中部地区与西部地区分别为 8.87% 和 9.78%。从整个区间来看（见图 4.1），各地区经济增长率与宏观经济增长率呈现一致性波动趋势。1986～1995 年各地区经济增长率均出现较大波动，1996～2007 年东北地区和中部地区经济增长率相对波动较大。2008 年金融危机席卷全球，经济刺激政策短时支撑经济，但长期来看终究未能扭转经济的颓势。自 2011 年开始，各区域经济增长率呈现普跌的态势，东北地区经济增长率下降明显，于 2016 年与全国水平同频跌落至谷底。2018 年受外部环境影响，各地区经济并未有明显起色。总体来看，东部地区经济容

---

① 蔡昉. 二元经济作为一个发展阶段的形成过程 [J]. 经济研究，2015（7）：4-15.

量大，对全国水平的走势有较大影响，1986～2007 年，东部地区经济增长率始终高于全国经济增长率，而同期东北地区仅 1987 年与 1996 年略高于全国水平，其他年份均低于全国水平。

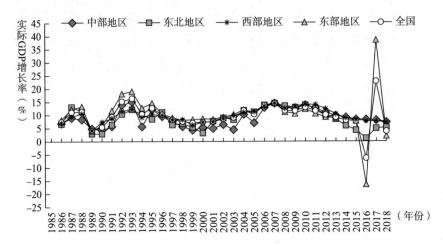

图 4.1　1985～2018 年全国及各地区实际 GDP 增长率

资料来源：历年《中国统计年鉴》及各省统计年鉴，由笔者整理计算而得；由于本章主要使用的是 1985～2018 年的原始数据，故无法计算 1985 年的增长率数据，但为与下文保持一致，仍在图中保留 1985 年，下文对此不再赘述。

（2）东北地区三次产业贡献率及其对 GDP 的拉动率

从三次产业贡献率及其产值构成来看（见表 4.1），2012 年以后第三产业贡献率相对其产值占比提升明显，说明了东北地区产业结构的相对优化趋势。2014～2016 年三次产业出现巨幅波动，主要在于三次产业产值增速与产值占比出现较大的变化，其中第二产业与第三产业表现尤为明显。2015 年第二产业产值首现负增长，第三产业产值出现较大幅度增长，尽管从地区总量看同比相差不多，但贡献率上出现了较大波动。

表 4.1　1985～2018 年东北地区三次产业贡献率及其对 GDP 的拉动率

单位：%

年份	三次产业贡献率			三次产业产值构成			三次产业拉动率		
	第一产业	第二产业	第三产业	第一产业	第二产业	第三产业	第一产业	第二产业	第三产业
1985	-13.1	74.6	38.6	19.3	58.7	22.0	-2.0	11.5	5.9

续表

年份	三次产业贡献率			三次产业产值构成			三次产业拉动率		
	第一产业	第二产业	第三产业	第一产业	第二产业	第三产业	第一产业	第二产业	第三产业
1986	26.6	27.8	45.6	20.3	54.7	25.0	3.9	4.1	6.8
1987	13.0	60.2	26.8	19.1	55.6	25.3	2.5	11.6	5.2
1988	14.5	43.5	42.0	18.2	53.4	28.4	3.3	9.8	9.4
1989	-5.5	48.9	56.6	15.6	52.9	31.5	-0.7	6.1	7.0
1990	77.7	7.9	14.4	20.6	49.3	30.1	6.8	0.7	1.3
1991	-1.5	42.7	58.8	18.1	48.5	33.4	-0.2	5.5	7.5
1992	8.5	56.6	34.9	16.5	49.9	33.6	1.7	11.5	7.1
1993	13.1	58.5	28.4	15.7	51.9	32.4	4.1	18.3	8.9
1994	24.9	43.3	31.8	17.7	50.1	32.3	6.8	11.9	8.7
1995	20.0	44.4	35.6	18.0	49.2	32.8	3.7	8.1	6.5
1996	23.8	45.3	30.9	18.8	48.7	32.5	3.8	7.3	5.0
1997	1.0	47.5	51.5	16.0	48.5	34.6	0.1	3.8	6.3
1998	16.8	34.6	48.6	16.9	47.7	35.5	1.1	2.3	3.3
1999	-14.1	59.5	54.6	15.2	48.3	36.5	-0.8	3.5	3.2
2000	-3.4	60.1	43.3	13.2	49.6	37.3	-0.4	7.3	5.2
2001	13.5	28.7	57.8	13.2	48.1	38.8	1.1	2.3	4.6
2002	13.5	36.7	49.8	13.2	47.2	39.6	1.2	3.1	4.3
2003	7.7	53.6	38.7	12.6	47.8	39.5	0.9	6.0	4.3
2004	18.6	44.7	36.6	13.4	47.4	39.2	2.8	6.6	5.4
2005	8.7	58.7	32.6	12.7	49.2	38.2	1.6	10.8	6.0
2006	6.5	54.6	38.9	11.9	49.9	38.3	1.0	8.3	5.9
2007	12.0	50.1	38.0	11.9	49.9	38.2	2.3	9.5	7.2
2008	9.3	59.2	31.5	11.4	51.5	37.1	1.9	12.2	6.5
2009	8.1	35.8	56.1	11.2	50.2	38.7	0.8	3.4	5.3
2010	6.2	62.8	31.0	10.3	52.3	37.4	1.3	12.9	6.4
2011	10.9	54.0	35.0	10.4	52.6	37.0	2.3	11.3	7.3
2012	14.5	38.0	47.5	10.8	51.1	38.0	1.6	4.2	5.3
2013	10.3	25.2	64.5	10.8	49.1	40.1	0.9	2.1	5.4
2014	8.2	19.7	72.1	10.7	47.8	41.6	0.4	1.0	3.6

年份	三次产业贡献率			三次产业产值构成			三次产业拉动率		
	第一产业	第二产业	第三产业	第一产业	第二产业	第三产业	第一产业	第二产业	第三产业
2015	59.5	-990.5	1031.0	10.9	43.3	45.8	0.3	-4.2	4.4
2016	4.8	87.9	7.4	11.5	38.4	50.0	-0.5	-8.7	-0.7
2017	-2.1	11.2	90.9	11.0	37.3	51.7	-0.1	0.5	3.8
2018	9.3	8.3	82.4	10.9	36.1	53.0	0.4	0.4	3.8

注：由于计算数据为相对比值，表中数据均按当年价格计算，计算公式为：产业贡献率＝（各产业增加值增量/地区生产总值增量）×100%；产业拉动率＝地区生产总值增速×各产业贡献率。数据来源于历年东北各省统计年鉴，由笔者整理计算而得。

总的来看，三次产业贡献率的变化主要在于第二产业产值的下滑。2011 年第二产业产值占比达到阶段性高点 52.6%，2012 年起第二产业产值占比出现持续下滑趋势，2018 年第二产业产值占比为 36.1%，相比 2011 年下降 16.5 个百分点。与之相反，2011 年第三产业产值占比达到阶段性低点 37.0%，随后以较快的速度上升，2018 年占比达到53.0%。从第三产业增速上来看，虽然与第二产业几近同步下降，但第二产业产值初期占比较大且体量较大，虽然第三产业产值占比整体呈现上升趋势，但初期占比与第二产业相差较大，所以即使下降幅度相差不多，第二产业波动也更为明显。1985～1996 年，第一产业产值占比波动较大，自 1997 年整体呈现明显下降趋势。从第一产业产值占比数据上看，最高占比为 20.6%，最低占比为 10.3%，分别对应 1990年与 2010 年。

根据弹性系数公式可知，三次产业贡献率与三次产业产值构成的比值即为各产业对地区产出水平的敏感程度。根据 1985～2018 年数据测算，第一产业对总产出水平的弹性系数平均值为 0.87，第二产业对总产出水平的弹性系数平均值为 0.21，第三产业对总产出水平的弹性系数为 1.85，说明第三产业产值的增长率更加依赖于地区经济水平的提升，东北地区经济水平越高，第三产业发展水平越高。第二产业对总产出水平的弹性系数最小，其倒数值最大，说明东北地区经济增长对第二产业产值增长最敏感，即东北地区第二产业的波动对经济水平的波动产生较大影响。从三次产业对 GDP 的拉动率来看，区间均值分别为 1.6%、6.1% 和 5.5%，说明长期以来地区经济增长更加依赖于第二产业。从数据变化趋势来看，区间内三次产业对 GDP 的拉动率波动较大，2012 年以前总体趋势是第二产业对 GDP 的拉动率大于第三产业，第一产业对 GDP 的拉动率最低，但自 2012 年开始，一个明显的变化趋势是第二产业对 GDP 的拉动率显著下降，开始低于第三产业对 GDP 的拉动率，2015 年与 2016 年甚至低于第一产业对 GDP 的拉动率。

2. 东北地区各省经济产出水平时间趋势分析

（1）东北地区各省实际 GDP 增长率

从东北三省异质性的角度考察省份间的差异，以当年价格计算，1985 年辽宁、吉林与黑龙江三省人均 GDP 分别为 1406.87 元、872.24 元和 1057.49 元，2018 年三省人均 GDP 分别为 60391.23 元、57781.52 元和 43363.81 元，分别上涨了 41.9 倍、65.2 倍和 40.0 倍。剔除价格因素，以不变价格考察东北三省实际经济水平（见图 4.2），从整体趋势上看，吉林、辽宁与黑龙江三省波动区间大致相同，表现出经济增长与衰退的一致性。1985~2018 年辽宁、吉林与黑龙江三省实际 GDP 年均增速分别为 9.2%、8.9%、7.5%。根据图 4.2，从波动区间来看，可以分为 1985~1992 年、1993~2007 年、2008~2018 年三个阶段，第一阶段吉林、辽宁与黑龙江三省经济增速波动近乎一致，经济表现黑龙江省相对平滑，吉林省实际 GDP 增长率曲线更为陡峭，1989 年之前表现略好于辽宁与黑龙江两省。第二阶段辽宁省增速相对平稳，黑龙江省和吉林省波动幅度较大，尤其是 2000 年，吉林与黑龙江两省经济增长率为 -3%，同期辽宁省则为 8.9%，在此阶段辽宁省经济增速最低为 7%，最高达到 15%。第三阶段受国际金融危机冲击、内需不足、区域经济颓势等多重因素影响，吉林省、辽宁省与黑龙江省经济增速均呈现明显下跌，辽宁省自 2011 年开始进入断崖式下跌通道，直到 2016 年达到底部（-2.5%），之后出现复苏反弹迹象，但吉林省和黑龙江省于 2014 年短暂平稳后并未改变其增速下降的颓势。

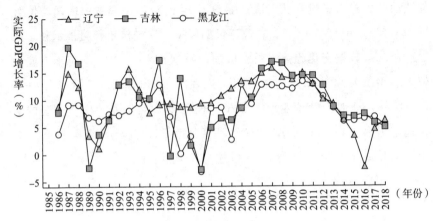

图 4.2 1985～2018 年东北地区各省实际 GDP 增长率

资料来源：历年东北各省统计年鉴，由笔者整理计算而得。

（2）东北地区各省三次产业贡献率及其对 GDP 的拉动率

辽宁省三次产业产值增速均从 2011 年开始持续下跌，尤其第二产业跌幅较大。以产值的当年价格计算年均增长率，1985～2018 年第二产业产值年均增长率为 11.6%，与第一产业产值年均增长率 11.4% 相差不大，第三产业产值年均增速为 16.4%，区间内第二产业与第三产业产值增长率波动幅度较大，分别为 32 个百分点和 38 个百分点。三次产业产值占比平均值分别为 12%、53% 与 35%，虽然第一产业产值占比整体呈现下降趋势，但速度缓慢，第三产业产值占比呈现上升趋势，第二产业产值占比显现下降趋势，基本与第三产业呈对称走势，2015 年以前第二产业产值占比始终高于第三产业，而后呈现相反的趋势。第二产业对经济增长的拉动效果显著，拉动率的高点与低点分别对应辽宁省产出水平阶段性高点与低点。1985～2018 年三次产业平均拉动率分别为 1.5%、6% 和 5%，对经济增长的贡献率分别为 9.8%、104% 和 -14%，由此可以判断辽宁省经济水平受第二产业影响较大。

相比于辽宁省第二产业与第三产业产值增长率的较大波动，吉林省第一产业产值增速波动相对剧烈，1985～1995 年第一产业产值增速有两个相对高点，分别对应 1990 年和 1994 年；1996～2010 年三次产业产值增长率波动相对平稳；2011～2018 年第一产业与第二产业产值增速呈现下降趋势且加速下跌，第三产业产值下降幅度相对较小。吉林省三次产业产值年平均增速分别为 11%、14% 和 17%。三次产业产值占比平均值分别为 21%、46% 和 33%。第一产业产值占比整体呈下降趋势，其下降幅度大于辽宁省，第二产业与第三产业产值占比变化要滞后于辽宁省。1985～2014 年三次产业贡献率波动幅度不大，2015 年开始第三产业贡献率明显上升，而第二产业贡献率明显下降，并自此呈现较强的发散趋势。1995 年以前第一产业与第二产业对经济增长的拉动率波动幅度较大，且阶段性高点均高于第三产业，1995 年以后第二产业与第三产业对 GDP 的拉动率波动幅度较大，2001～2012 年第二产业对经济增长的拉动效果显著好于第三产业，但自 2011 年开始呈现明显的下滑趋势，2015 年以后低于第三产业对经济增长的拉动率，2018 年甚至低于第一产业。1985～2018 年三次产业对经济增长的平均拉动率分别为 3%、6% 和 5%，平均贡献率分别为 12%、27% 和 62%，由此可以判断第二产业对吉林省经济增长的支撑力较大，且经济增长有愈加依赖第三产业发展的趋势，第一产业与第二产业产值的萎缩对吉林省经济增长产生较大冲击。

作为同一经济区域的不同省份，黑龙江省三次产业的变化趋势同样结合了共性与异质性特征。1985～1999 年黑龙江省第一产业和第二产业产值增长率波动幅度较大，其中第一产业波动幅度达 89 个百分点。受 2008 年金融危机及经济刺激政策的影响，2009～2011 年第一产业与第二产业产值增长率波动幅度较大，2010～2015 年第一产业产值增长率下降了近 30 个百分点，第二产业产值增长率下降了 37 个百分点，2015 年之后第二产业产值增长率探底回升，但第一产业与第三产业产值增长率仍在下行空间。1985～2018 年黑龙江省三次产业产值年均增速分别为 12%、10% 和 16%，三次产业产值占比平均值分别为 18%、50% 和 32%。第一产业产值占比变化呈现 "下降—平稳—缓慢上升" 的趋势，其时间节点为 2000 年和 2010 年；第二产业呈现持续下降趋势，尤其在 2010 年以后出现断崖式下跌，2010～2018 年第二产业产值占比下降 24 个百分点，直到 2018 年也未出现起色。黑龙江省三次产业贡献率平均值分别为 17% 、 - 15% 和 98% ，可见第三产业的发展对产出水平有巨大影响以及对经济活动水平具有支撑作用。综合黑龙江省三次产业产值占比、产值增长率以及对经济增长的贡献率来判断，第一产业产值占近 1/5，第二产业产值占 1/2，第三产业产值占近 1/3，第二产业产值体量最大，同时增长速度降幅最大，第三产业产值占比呈现上升趋势且增速较大，第一产业虽然与第二产业在产值增速上呈现一致的下降趋势，但产值占比相对较小，尽管对经济活动水平产生一定影响，但对经济增长产生实质性影响的根源在于第二产业产值占比的严重下降。

4.2.2　固定资产投资总量分析：流量与存量视角

1. 流量分析

基于历年《中国统计年鉴》及东北各省统计年鉴中的资本形成额统计数据，绘制资本形成额增长率时间趋势图。通过数据梳理以及对数据时间趋势的考察可以发现（见图4.3），数据的波段特征及阶段性高点体现了东北地区经历的两波投资高潮，一次是 20 世纪 80 年代末到市场经济体制建立初期，1985～1992 年固定资产投资年均增长率为 15.5%。另一次是东北振兴的初期阶段，2004 年东北明显出现投资的第二波高潮，2005 年投资增速达到峰值 33.9%，随后呈现波动下降趋势，2013 年投资增长率为 10%，基本与全国水平持平，其后继续加速下跌，投资水平一直处于颓势。2015～2018 年东北投资出现三次负增长，分别发生在 2015 年、2016 年和 2018 年，其投资增长率分别为 - 11.9%、- 10% 和 - 7.5%。从投资波动趋势来看，大致可以分为五个阶段，1985～1991 年以全国投资水平为基准，东北地区围绕全国水平呈现上下波动的走势。1992～1997 年东北投资与全国水平趋同，波谷 1997 年与亚洲金融危机的时间相吻合。1998～2003 年东北投资与全国水平相差不大，呈现波动上升趋势。2004～2013 年东北投资优势明显，但呈现波动下降的趋势。2014～2018 年东北地区投资萎靡，投资增长率远低于全国同期水平，虽然国家再次重申振兴东北，但并未出现

2003 年振兴东北的政策效果, 加之国内外经济环境的影响, 东北地区投资始终萎靡不振。

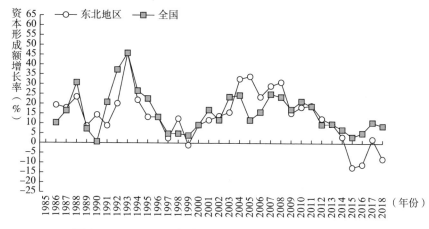

图 4.3 1985～2018 年全国及东北地区资本形成额增长率

资料来源: 历年《中国统计年鉴》及东北各省统计年鉴, 由笔者整理计算而得。

从投资流量来看, 剔除价格因素, 以 1985 年不变价格测算, 1985～2018 年东北地区固定资产投资从 391.6 亿元增长到 27617.7 亿元, 增长了 69.5 倍, 同期全国水平从 3630 亿元增长到 396645 亿元, 增长了 108.3 倍。从相对值来看, 东北地区投资年均增长率为 13.8%, 在此期间波动幅度较大, 全国投资水平年均增长 15.3%。从东北地区资本形成额占比来看 (见图 4.4), 东北投资有较为明显

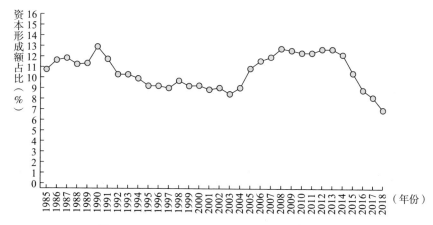

图 4.4 1985～2018 年东北地区资本形成额占比

资料来源: 历年东北各省统计年鉴, 由笔者整理计算而得。

的时间线，1990 年投资占比达到最高点 12.9%，随后持续下降，直到 2003 年达到阶段性低点 8.5%。2003 年以后振兴东北政策相继出台，东北地区投资水平急剧上升。2013 年以后东北地区经济再次呈现下降趋势，直接表现为投资占比下降且下降速度较快，直到 2018 年颓势都未改变。

从东北各省平均值来看，吉林省投资表现略好，投资年均增长率为 16%，黑龙江省以年均增长率 14.4% 居于第二位，辽宁省年均增速为 13.8%，同时投资波幅较吉林省与黑龙江省更大，区间最高点为 60.4%，最低点为 -27.6%（见图 4.5）。1992～1993 年各省投资增速均有不同程度的提升，其中辽宁省在市场经济体制确立初期表现较好，投资增长率最高达到 60.4%。亚洲金融危机后至 2003 年，黑龙江省投资增速波动幅度相对较大，最大值与最小值相差 32 个百分点，投资占比情况居于辽宁省与吉林省之间，辽宁省投资占比总体高于黑龙江省和吉林省（见图 4.6）。辽宁省与吉林省在东北振兴初期有较高的投资增速，其中辽宁省投资增速最高达到 44%，出现在 2005 年，吉林省于 2007 年达到了最高投资增速 48%，黑龙江省则呈现小幅上升，与此同时黑龙江省与吉林省投资占比呈现了反向变化，2006 年吉林省投资占比首次超过黑龙江省。

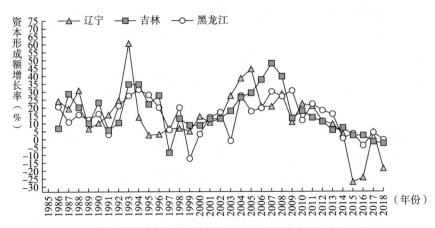

图 4.5　1985～2018 年东北各省资本形成额增长率

资料来源：历年东北各省统计年鉴，由笔者整理计算而得。

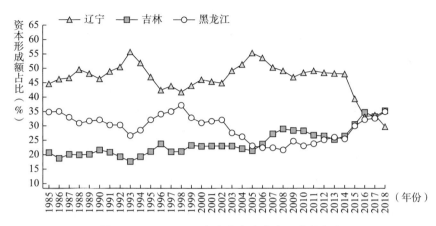

图 4.6　1985～2018 年东北各省资本形成额占比

资料来源：历年东北各省统计年鉴，由笔者整理计算而得。

受 2008 年国际金融危机的影响，经济体内需不足，经济增长减速，为了抵御经济危机的冲击，政府通过扩张性政策承托地区经济增长，经济体流动性增强，但东北地区错过了时间窗口，金融资源未能更多地流向实体经济形成有效投资。2014～2015 年辽宁省投资占比再次呈陡然下降趋势，与此同时投资增速也呈现断崖式下跌，2015 年投资增速触历史低点 -27.6%，2016 年其曾长期占据绝对优势的投资占比与吉林、黑龙江两省相差不大，并被吉林省反超。由此可见，东北经济呈现"现象级"失速与东北各省投资失速、投资占比下降有密切关系，尤其是辽宁省投资的断崖式下跌对东北地区产生了较大影响。

主要行业投资流量分析是另一个重要维度，由于 2003 年行业投资统计口径发生调整，基于数据的一致性，时间区间取 2003～2018 年。主要行业选取能源工业与基础设施所涵盖的工业行业，为了从整体上把握数据的变化特征，从能源投资和基础设施投资两个维度，以数据相对值考察东北地区与全国数据的相对变化，能源行业及基础设施行业数据均来源于历年《中国统计年鉴》及东北各省统计年鉴。从能源工业投资增长率和基础设施投资增长率的时间轨迹看，二者呈现出相似的变化趋势。

从能源工业投资规模来看，2003～2018 年东北地区能源投资从

302.27 亿元增长到 2458.96 亿元，增长了 7.1 倍。与此同时，全国能源投资从 5443.28 亿元增长到 36448.97 亿元，增长了 5.7 倍。东北地区能源投资增长率较全国呈现高波动的特征（见图 4.7），其中 2005 年为相对高点，能源投资增长率为 95.16%，相对低点在 2011 年，增长率为 -17.8%，后虽有回升，但 2014~2016 年连续三年负增长，分别为 -6.5%、-16.3% 和 -13.8%。2011~2018 年年均增长率为 -2.8%，同期全国能源投资年均增长率为 5.9%。东北地区与全国相比较，2010 年以前（除 2009 年）东北地区能源投资增长率高于全国水平，2010~2016 年（除 2012 年外）东北地区能源投资增长率显著低于全国水平。一方面体现了东北振兴期间的投资加速，能源工业是投资链条上的重要一环；另一方面体现了东北地区能源投资的高速增长还源于 2000 年能源价格上涨及工业加速发展产生的巨大能源需求。2010 年以后东北地区能源投资增速急剧下降，除投资规模萎缩的原因外，还有前期高速能源投资项目陆续交付，能源不足的局面得到缓解的因素，能源投资进入减速周期，2016 年东北地区能源投资出现小幅反弹。

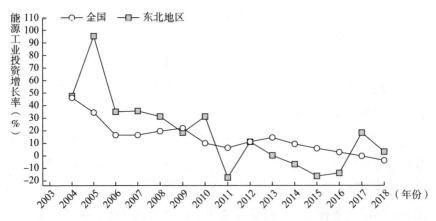

图 4.7　2003~2018 年全国及东北地区能源工业投资增长率
资料来源：历年《中国统计年鉴》及东北各省统计年鉴，由笔者整理计算而得。

从基础设施投资规模看，2003~2018 年东北地区基础设施投资从 546.39 亿元增长到 5808.65 亿元，增长了 9.6 倍，年均增长 17.1%。全国基础设施投资从 11592.0 亿元增长到 161607.5 亿元，增长了 12.9

倍，年均增长 19.2%。从东北地区基础设施投资增速来看（见图 4.8），
2005 年为区间高点，基础设施投资增速达到 76.5%，2007 年降为 25.8%
后呈现小幅波动，2011 年陡降为 - 15.1%，短暂反弹后于 2015 年再次
出现负增长，2016 年达到区间低点 - 22.0%，2011 ~ 2018 年东北基础
设施投资增速为 0.35%。全国基础设施投资增长率波动幅度较小，明
显的时间节点为 2007 年、2009 年、2011 年和 2013 年，分别对应的经
济动态为 2008 年金融危机；金融危机后政策维稳的短暂高点；全球经
济疲软，短期政策不足以对冲金融危机扩散性影响后的经济俯冲；经
济高速增长难以恢复，国家提出转变经济发展方式。2003 ~ 2018 年东
北地区基础设施投资增长率波动幅度较大，2011 年以前（除 2009 年）
表现比全国水平略好，但 2011 年以后相较于全国水平呈现明显的失速
状态，尤其在 2013 ~ 2016 年，基础设施投资下降速度较快，2016 年基
础设施投资增速更是达到区间的最低点 - 22.0%。

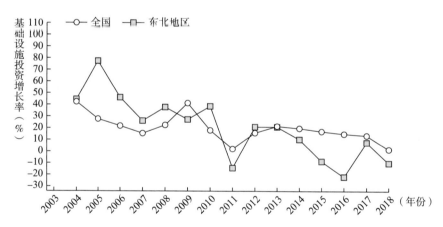

图 4.8　2003 ~ 2018 年全国及东北地区基础设施投资增长率
资料来源：历年《中国统计年鉴》及东北各省统计年鉴，由笔者整理计算而得。

　　从能源工业投资与基础设施投资增长率的时间趋势看，基础设施
投资与能源投资具有较强的相关性。这不仅体现在两个维度有交叉行
业上，如电力、热力、燃气、水的生产和供应业，还体现在交通运输、
仓储、邮电及公共设施等基础设施投资需要能源行业提供中间产品，
所以两个维度的投资具有一定的逻辑关系。具体从细分行业投资比重

变化的相对趋势来看，2000 年以后工业经济快速发展，基础设施建设需要能源工业提供动力来源，尤其对水泥、钢铁需求的持续放量引致煤炭采选业投资比重逐年上升。交通运输业的发展拉动了对成品油的需求，同时基于运力扩张、石油开采加工成本因素以及发展天然气等过渡性能源的考量，石油和天然气开采业出现了一波投资高潮，且投资比重始终保持在较高的水平上。

2008 年国际金融危机爆发之后，东北地区能源工业内部细分行业占比情况的一个明显特点就是石油和天然气开采业投资占比呈现明显的下滑趋势。从全国水平看，石油开采业呈现相同的趋势且石油炼焦也出现下降的趋势，其原因在于全球性金融危机后世界范围内经济增速放缓降低了对石油的需求。2008 年 7 月，国际油价盘旋于历史高位，成本增加对石油开采和加工业的投资均产生了不同程度的冲击，能源安全和供给问题凸显。我国是石油消费大国，同时相对中东与中南美地区又是石油生产不足的地区，石油对外依存度过高，没有石油定价权，成品油消费受国际油价的影响。因此，降低对石油的依赖，发展新能源技术成为能源转型的重要内容，2013 年后转变经济增长方式的战略调整体现在能源工业上就是调结构，去产能，以变能源效率低下、粗放式开采、过度浪费的能源生产方式，引导绿色低碳经济发展，开发可再生能源。战略调整后，东北地区表现为电力生产和供应业的异军突起，2015 年开始电力生产行业投资比重持续上升。在此之前，由于电源建设工期长，产能形成具有较强的滞后性，早期电源建设陆续交付使用后，电力行业出现产能过剩，投资比重自 2008 年呈现下滑趋势。[①]

煤炭采选业、石油开采及加工业与煤气生产供应业投资比重持续下降，其中煤炭采选业投资比重下降速度相对较快，2018 年与石油开采及加工业、煤气生产供应业投资比重的差距进一步缩小。公共设施管理业和交通运输业的投资比重变化与其他行业的差异较大，公共设

---

① 赵新宇，李宁男. 能源投资与经济增长：基于能源转型视角 [J]. 广西社会科学，2021（2）：112 – 120.

施管理业投资比重呈现逐年上升的趋势，尤其在 2013 年以前上升速度较快，2013～2015 年变化不明显，2016 年投资比重下降后一直保持较平稳的状态。交通运输业投资比重于 2011～2012 年小幅下降后以较快的速度上升，2016 年投资占比明显高于其他行业。基于行业投资变化趋势不难发现，东北地区对公共设施及交通运输行业的投资力度以及未来能源投资的方向，尽管受能源禀赋制约，但现阶段煤炭仍是刚性需求并且可能在未来很长的一段时间里依然是最重要的过渡能源。实现能源供应安全，同时遵守《巴黎协定》的承诺实现碳减排的目标，势必要以低碳清洁能源弥补能源的需求缺口，从而进一步刺激可再生能源投资。

2. 存量分析

在现实经济环境中，流量分析在很大程度上考察一段时间内投资形成的需求效应作用于经济增长的程度，但经济增长不只受短期有效需求的影响。投资沉淀的资本存量形成生产能力，改变生产规模，调整要素配置，构成投资的供给效应作用于长期经济增长，或者说投资流量积累形成实物量，其作为物质形态生产要素投入生产形成最终产品，即在特定时点上计算经济体中的实物资本规模从而考察其与经济增长的长期关系。由于绝对数值的比较无法准确考察数据的相对变化，难以衡量不同区域的差别，所以以下所分析的数据均采用相对数值。初始数据来源于单豪杰研究中的测算数据①，并在其基础上测算 2006 年以后的数据作为实证分析的基础，具体资本存量计算方法在计量分析中说明。

观察东北地区的资本存量增长率可以看到，2000 年以前东北地区资本存量增长率相对较低（见图 4.9）。1995～1997 年东北地区资本存量年均增长率为 8.9%，全国水平为 15.3%，与东北地区有相似属性的老工业基地上海同期水平则为 22.7%。2000～2009 年全国资本存量经

---

① 单豪杰. 中国资本存量 K 的再估算：1952～2006 年［J］. 数量经济技术经济研究，2008，25（10）：17－31.

过一段时间调整后增速减缓,但基本平衡在较稳定的水平上,同期东北地区资本存量增长率则呈现较为明显的上升趋势。一方面体现了东北振兴政策落地对投资施加的影响,另一方面也体现了对前期资本存量低速增长的一种短期报复性补偿。虽然东北振兴期间资本存量增速较快,但缺乏持续性,2009 年以后其减速也是最快的,以 2008 年为分界线的前后区间呈现出陡增和陡减的趋势,其振幅远高于同期全国水平。

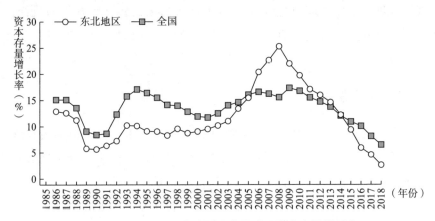

图 4.9 1985～2018 年全国及东北地区资本存量增长率

资料来源:单豪杰研究中的测算数据,2006 年以后的测算数据由笔者依据同样方法整理计算而得,其中测算过程中应用的"固定资产投资价格指数"由《中国经济景气月报》整理的数据计算得到。

从东北地区各省的情况看(见图 4.10),辽宁省、吉林省与黑龙江省在 2004 年以前资本存量增速整体差异不大,从各省平均速度看,黑龙江省增长相对缓慢,吉林省略好,辽宁省次之。从 2009 年开始,吉林省、辽宁省的资本存量增速均以较快的速度下滑,黑龙江省则从 2010 年开始,其中辽宁省资本存量增速下降的通道更为陡峭。

从东北地区资本存量占比看(见图 4.11),东北地区资本存量整体占比不高,全区资本存量占比自 1985 年开始呈现下降的趋势,2005 年后虽有短暂回升,但 2013 年后再一次进入下降通道。1985～2018 年资本存量占比最高为 8.7%,最低为 4.6%,分别对应于 1985 年和 2005 年。这至少说明一个问题,东北振兴以前全国各地均不同程度地

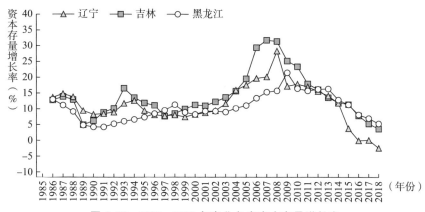

图 4.10　1985～2018 年东北各省资本存量增长率

资料来源：单豪杰研究中的测算数据，2006 年以后的测算数据由笔者依据同样方法整理计算而得。

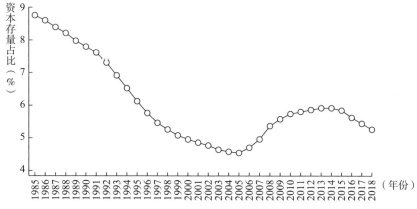

图 4.11　1985～2018 年东北地区资本存量占比

资料来源：单豪杰研究中的测算数据，2006 年以后的测算数据由笔者依据同样方法整理计算而得。

对投资提速，提高地区投资水平。从数据上看 1987 年以后上海一地资本存量就高于东北三省资本存量之和，相比之下东北地区资本积累严重不足。从东北各省资本存量占比来看（见图 4.12），1985～2018 年，吉林省个别年份资本存量占比微幅下降但整体呈现上升趋势；黑龙江省则呈现下降趋势，2011 年以后缓慢回升；辽宁省整体表现相对稳定，但 2014 年以后呈现明显的下降趋势。从东北全区以及各省资本存量占比的相对位置看，黑龙江省投资明显不足，辽宁省近年来投资失速对东北全区投资水平及产出水平产生了较大的影响，东北全区资本存量水平较低，与发达地区相比存在较大劣势。

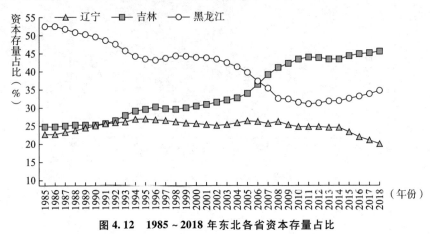

图 4.12 1985～2018 年东北各省资本存量占比

资料来源：单豪杰研究中的测算数据，2006 年以后的测算数据由笔者依据同样方法整理计算而得。

从结构角度来说，以物质形态存在的资本存量能够体现出具体行业的投入资源，反映一定技术水平之上的资本规模，其中具有代表性的就是基础设施。基础设施中交通基础设施体量庞大，量化指标中铁路营业里程与公路里程最具有直观性。诸多研究表明基础设施投资对地区发展影响突出，其中有研究明确指出交通基础设施投资对县域产业发展作用明显①。近年来，东北地区大力建设基础设施，交通基础设施资本存量提升明显，内河航道里程、管道运输里程和航空通航里程也是交通基础设施存量的重要组成，但由于东北地区部分数据缺失，在此不展开分析，仅以东北地区铁路和公路运输存量为例。基于历年东北各省统计年鉴的数据绘制时间趋势图（见图 4.13），2018 年东北地区铁路营业里程为 17812 公里，公路里程为 394559 公里，与 1985 年相比分别增长了 53% 和 284%，其中铁路营业里程年均增长 1.3%，公路里程年均增长 4%。同期全国铁路营业里程增长了 139%，年均增长 2.7%；全国公路里程增长了 414%，年均增长 5%。从相对数值看，东

---

① 刘冲，刘晨冉，孙腾. 交通基础设施、金融约束与县域产业发展——基于"国道主干线系统"自然实验的证据 [J]. 管理世界，2019 (7)：78-88.

北地区交通基础设施存量不足。近年来高速铁路建设迅猛发展，有效提升了不同地区间的要素流动效率，各地产出水平明显受益于基础设施投资的扩张，基于现阶段基础设施建设的实际情况，东北地区仍需整体提高运输线路的存量规模。

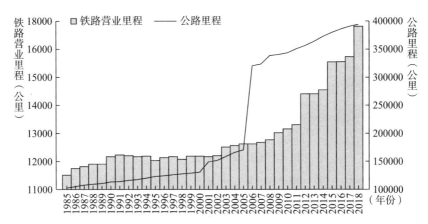

图 4.13　1985～2018 年东北地区铁路营业里程与公路里程

资料来源：历年东北各省统计年鉴。

从东北各省情况看，辽宁省 2018 年铁路运营里程是 1985 年的 1.74 倍，年均增长 1.7%，公路里程是 1985 年的 3.7 倍，年均增长 4%。吉林省 2018 年铁路运营里程是 1985 年的 1.14 倍，年均增长 0.3%，公路里程是 1985 年的 4.4 倍，年均增长 4.6%。黑龙江省 2018 年铁路营业里程是 1985 年的 1.85 倍，年均增长 1.8%，公路里程是 1985 年的 18.7 倍，年均增长 9%。从东北各省铁路运输存量规模的绝对数值看，2011 年以前黑龙江省在数量上有绝对优势，辽宁省与吉林省较为接近，吉林省在绝对量上略逊于辽宁省，2011 年开始辽宁省和吉林省呈现较快的上升趋势，逐渐接近黑龙江省的铁路运营里程水平。从公路运输的存量水平看，从 2006 年开始东北各省呈现跨越式上升趋势，黑龙江省的绝对水平显著高于吉林省和辽宁省。由此可以判断，吉林省交通运输存量水平较低，尤其铁路运输劣势较为明显。辽宁省交通运输存量水平居中，近年来增速波动较大，相对高点出现在 2003 年、2012 年、2015 年和 2018 年。黑龙江省在绝对量上占有优势，增速波动较小。整体来看，东北全区基础设施投资增速与全国水平比较仍存在差距，交通基础设施存量规模提升的空间较大。

4.3 实证分析

新古典增长模型剥离复杂的经济现象，将投资与经济增长之间的关系抽离出来并在假设条件约束下测算最优资本存量，从定量的维度给出参照指标，对经济体具有一定的实践指导意义。考虑到新古典增长模型对地区经济增长可能存在不完全解释力，比如忽略了短期偏离平衡路径时的投资弹性、强调变量的水平效应、忽略了变量的增长效应，本节以索洛增长模型为基础对计量模型做动态调整，将水平效应与增长效应置于同一模型中进行考察。在研究的过程中，进一步将固定资本分解为能源及基础设施资本和一般资本，同时考虑到东北地区各省的异质性，分别测算了辽宁省、吉林省和黑龙江省的能源及基础设施资本和一般资本的产出弹性。考虑到基于技术中性假设与放松技术中性假设的不同规模报酬情况，分别基于柯布道格拉斯生产函数和超越对数生产函数测算变量非时变参数与变量时变参数，试图通过动态与静态的不同视角解构固定资产投资对东北地区经济增长的影响。

4.3.1 索洛模型框架下的投资与经济增长

1. 理论模型

索洛通过改变资本产出比来解决哈罗德－多马模型的"刀刃"增长路径问题，假设人口增长率、技术进步率和储蓄率外生，储蓄率的大小决定了资本存量的变动，并将大部分的增长剩余归为技术进步。在这样的条件下推导出经济体在多数情况下可以实现稳态增长，稳态下人均资本和人均产出不变，稳态增长率与人口增长率相同。其生产函数设定为：$Y(t) = F[K(t), A(t)L(t)]$。其中，$K(t)$ 为资本存量，$A(t)$ 为技术水平，$L(t)$ 为劳动力。基于规模报酬不变的假设条件，使用密集型生产函数可得：

$$F\left(\frac{K}{AL},1\right) = \frac{1}{AL}F(K,AL) = \frac{1}{AL}Y$$

令 $k = K/AL$，$y = Y/AL$，分别表示单位有效劳动的资本数量和单位有效劳动的产出水平，由上式可得：$y = F(k,1) = f(k)$。设定储蓄率为 s，技术进步率为 $g = \dot{A}/A$，人口增长率为 $n = \dot{L}/L$，折旧率为 δ，则 $\dot{K} = sY - \delta K$。人均资本存量的变化量为：

$$\dot{k}(t) = \frac{\partial\left(\dfrac{K}{AL}\right)}{\partial t} = \frac{\dot{K}(t)}{A(t)L(t)} - \frac{K(t)}{[A(t)L(t)]^2}[A(t)\dot{L}(t) + L(t)\dot{A}(t)] =$$

$$\frac{\dot{K}(t)}{A(t)L(t)} - \frac{K(t)}{A(t)L(t)} \cdot \frac{\dot{L}(t)}{L(t)} - \frac{K(t)}{A(t)L(t)} \cdot \frac{\dot{A}(t)}{A(t)}$$

从而可得：

$$\dot{k}(t) = \frac{sY(t) - \delta K(t)}{A(t)L(t)} - k(t) \cdot n - k(t) \cdot g = sy(t) - (n + g + \delta)k(t)$$

当实现均衡时，$\dot{k} = 0$，由此可以得到：

$$sf[k^*(t)] = (n + g + \delta)k^*(t)$$

根据早稻田法则，要素投资趋于零的时候，边际生产力趋于无穷大。当资本存量增量为零的时候，实现资本的稳态。该增长模型肯定了资本存量对经济增长的作用，同时说明了生产技术、劳动分工乃至制度等供给因素同样影响经济增长。

2. 模型设定与数据处理

基于满足索洛模型的经济假设条件，运用柯布道格拉斯生产函数，并结合哈罗德中性技术进步的假设，将计量模型设定为：

$$Y = K^\alpha (AL)^\beta \tag{4.1}$$

因假设规模报酬不变，所以 $\alpha + \beta = 1$，进一步将模型设定为劳均生产函数的形式以规避时间序列在回归时可能引起的多重共线性问题，由此得到：

$$y_L = A^\beta k_L^\alpha \qquad (4.2)$$

戴维·罗默设定紧凑型生产函数时使用有效人均产出和有效人均资本表示产出和资本变量，因难以衡量技术进步，所以先对全要素生产率进行测算，然后再估算有效人均资本和有效人均产出，即 $y_{AL} = Y/AL$，$k_{AL} = K/AL$，根据式（4.1）得到：

$$A^\beta = Y/K^\alpha L^\beta \qquad (4.3)$$

测算 A^β 需估计 α 与 β 的值，由此对模型（4.2）做对数化处理，得到：

$$\mathrm{Ln}y_L = \beta \mathrm{Ln}A + \alpha \mathrm{Ln}k_t \qquad (4.4)$$

根据式（4.4）得到 $\mathrm{Ln}y_L$ 与 $\mathrm{Ln}k_L$ 的函数关系，应用最小二乘法对产出变量和资本变量进行回归，得到 α，由于设定规模报酬不变，由此进一步得出 β，代入式（4.3）。相应数据根据 1986~2019 年东北三省统计年鉴数据计算而得，因索洛模型充分就业的假设与现实经济情况存在偏差，为计算更符合现实的回归数据，以地区生产总值、社会从业人员数及资本存量为产出、人口数量及资本的替代变量。为了可以真实比较不同年份的变量指标，剔除价格因素，以 1985 年为基期，分别对地区生产总值及资本存量指标以 GDP 平减指数、投资价格指数做平减处理。

我国尚未发布有关资本存量的统计数据，也没有测度资本存量的统一标准，但对宏观经济研究来说，资本存量是核心变量，其数据不可或缺，由此诸多学者应用不同的方法对资本存量进行测算。基于本书研究并未涉及土地、存货投资，所以选用单豪杰的资本存量计算方法①，即 $K_t = K_{t-1} +$ 本年固定资本形成/投资平减指数，并根据其已有的计算结果，使用永续盘存法延续相应的时间数据。计算环节涉及的资本存量初始年份、当年资本存量净增加值、投资品价格指数及折旧率的选取，具体处理如下。

---

① 单豪杰. 中国资本存量 K 的再估算：1952~2006 年［J］. 数量经济技术经济研究，2008，25（10）：17-31.

鉴于单豪杰计算资本存量以 1952 年为基期，本书数据区间以 1985 年为始，进一步对资本存量做定基处理。计算中涉及的当年资本存量净增加值，本书选用固定资本形成额而非全社会固定资产投资额作为替代变量，原因之一在于固定资本形成额的统计口径是资本形成总额与存货两部分的净额，更符合 Young[1] 在其论述中所描述的投资内容。他认为存货不应该包含在投资的统计范畴中，理由如下：首先，发展中国家的存货投资往往是为了平衡会计收支账户而设置的残余平衡项目，数据来源有待商榷；其次，难以通过存货的价格指数测算出准确的估计数值，将存货视为国有企业生产性资本存量也不科学；最后，存货投资流动性较强，存在结构性变化，并不符合固定资产投资的定义。此外，存货投资所占比例很小，从投资中剔除并不对分析数据产生实质影响。选取固定资本形成额作为当年资本存量净增加值的另一个重要原因在于，固定资本形成额统计口径包含的经济内容更为广泛，其中包含 50 万元以下零星固定资产投资额等八项内容，涵盖的信息比全社会固定资产投资额更加切合研究内容。

在投资品价格指数的选择上，单豪杰利用各省固定资本形成价格指数计算出以 1952 年为基期的投资价格平减指数，部分缺失数据均由各省固定资产投资价格指数替代，所以应用其方法补充后续数据的计算中，均使用该指标作为投资品价格指数的替代变量。对于折旧的处理，结合计算资本存量的方法做出一般性总结，一种方法是从资本形成总额中剔除折旧额，另一种方法是通过折旧率计算折旧额。不同学者对固定资产的分类标准不一样，计算的折旧率也不相同。目前选用较多的为王小鲁和樊纲[2]、龚六堂和谢丹阳[3]、张军等[4]以及单豪杰的

[1]　Alwyn Young. Gold into Base Metals：Productivity Growth in the People's Republic of China during the Reform Period [J]. Journal of Political Economy，2003，111（6）：1220 – 1260.

[2]　王小鲁，樊纲. 中国经济增长的可持续性——跨世纪的回顾与展望 [M]. 北京：经济科学出版社，2000.

[3]　龚六堂，谢丹阳. 我国省份之间的要素流动和边际生产率的差异分析 [J]. 经济研究，2004（1）：44 – 53.

[4]　张军，吴桂英，张吉鹏. 中国省际物质资本存量估算：1952—2000 [J]. 经济研究，2004（10）：35 – 44.

估算数据，分别为5%、10%、9.6%和10.96%，基于所借鉴的资本存量计算方法同时考虑到近年来固定资本加速折旧的趋势，统一以10.96%的折旧率计算后续资本存量的时间数据。

3. 实证结果分析

以 $\text{Ln}y_L$ 作为被解释变量，以 $\text{Ln}k_L$ 作为解释变量，构建劳均产出与劳均资本的函数关系，设定模型为 $\text{Ln}y_L = \mu + \alpha\text{Ln}k_L + \varepsilon$。各变量为时间序列，由此需要检验数据的平稳性，利用 ADF 检验方法判别时间序列是否含有单位根，经验证原变量均无法在10%的显著水平下拒绝含有单位根的零假设。分别对变量进行差分处理验证数据变换后的平稳性，发现 $\text{D.Ln}y_L$ 的1%临界值为 -3.702，其检验值为 -4.057，因此劳均产出在1%的显著水平下拒绝含有单位根的原假设，同样 $\text{D.Ln}k_L$ 在滞后一期的情况下5%临界值为 -2.986，其检验值为 -3.042，可判断劳均资本在5%的显著水平下拒绝含有单位根的原假设，得出 $\text{Ln}y_L$ 与 $\text{Ln}k_L$ 为 I（1）。据此进一步利用 EG 两步法分析变量之间的协整关系，应用 Cochranc Orcutt 迭代法规避回归过程中可能出现的一阶自相关，其 DW 值为1.74，$\text{Ln}k_L$ 的系数 α 在1%的水平下显著，其值为0.5599。进一步对残差 ε 进行平稳性检验，10%的临界值为 -2.620，其检验值为 -2.614，因此其残差在10%的显著水平下拒绝含有单位根的零假设，得出 $\text{Ln}y_L$ 与 $\text{Ln}k_L$ 之间具有协整关系，将系数代入模型，得出 $\text{Ln}y_L = 4.37 + 0.5599\text{Ln}k_L$。基于 $\alpha + \beta = 1$，得到 $\beta = 0.4401$，将 α 与 β 代入式（4.1）：

$$Y = K^{\alpha}(AL)^{\beta} = K^{0.5599}(AL)^{0.4401} \tag{4.5}$$

将产出、劳动力与资本存量代入式（4.5），计算出 1985~2018 年的全要素生产率（见表4.2），根据全要素生产率的统计描述（见表4.3），其均值为 0.6855，由此道格拉斯生产函数可写为 $Y = 0.8469K^{0.5599}L^{0.4401}$。

表 4.2　1985～2018 年相关指标计算结果

年份	全要素生产率	有效人均产出（万元）	有效人均资本（万元）	年份	全要素生产率	有效人均产出（万元）	有效人均资本（万元）
1985	0.5045	0.5363	0.6516	2002	0.7090	1.1379	1.7763
1986	0.4949	0.5650	0.7290	2003	0.7216	1.2080	1.9418
1987	0.5174	0.5986	0.7731	2004	0.7422	1.2870	2.1143
1988	0.5348	0.6278	0.8144	2005	0.7557	1.3945	2.3964
1989	0.5255	0.6446	0.8687	2006	0.7633	1.5174	2.7586
1990	0.5172	0.6603	0.9214	2007	0.7850	1.7076	3.3120
1991	0.5234	0.6768	0.9515	2008	0.7784	1.9376	4.1854
1992	0.5505	0.7012	0.9637	2009	0.7836	2.1249	4.9023
1993	0.5792	0.7372	1.0016	2010	0.8006	2.3180	5.6046
1994	0.5999	0.7784	1.0657	2011	0.8043	2.4540	6.1767
1995	0.6145	0.8119	1.1216	2012	0.8075	2.6313	6.9691
1996	0.6514	0.8507	1.1503	2013	0.8011	2.7871	7.7842
1997	0.6629	0.8890	1.2228	2014	0.7905	2.9440	8.6992
1998	0.6765	0.9377	1.3178	2015	0.7996	3.1172	9.5244
1999	0.6824	0.9830	1.4214	2016	0.7925	3.2047	10.0966
2000	0.6680	1.0243	1.5626	2017	0.8221	3.2956	10.2328
2001	0.6846	1.0750	1.6620	2018	0.8631	3.3438	10.0013

表 4.3　全要素生产率统计描述

变量	观测值	平均值	标准偏差	最小值	最大值
全要素生产率	34	0.6855	0.1141	0.4949	0.8631
人口增长率	33	0.0111	0.0174	−0.0270	0.0573
技术进步率	33	0.0167	0.0210	−0.0210	0.0599

　　由于生产函数符合新古典的条件，所以紧凑型的生产函数为 $y_{AL} = k_{AL}^{0.5599}$，其中 y_{AL} 为有效人均产出，k_{AL} 为有效人均资本。根据各年产出、资本存量与全要素生产率，通过计算得到各年人均有效资本与人均有效产出，根据新古典增长模型，求解平衡增长路径的资本存量：

$$k = sy(k) - (n + g + \delta)k = sk_{AL}^{0.5599} - (n + g + \delta)k_{AL} \qquad (4.6)$$

其中，n 为人口增长率，g 为技术进步率，δ 为固定资产折旧率，s 为储蓄率。根据 $n = \Delta L/L$，$g = \Delta A/A$，计算人口增长率和技术进步率，并绘制人口增长率和技术进步率的时间趋势图（见图 4.14），可以看到人口增长率的波动区间为 -2.7% ~ 5.7%，技术进步率的波动区间为 -2.1% ~ 5.99%，二者波幅相近。2011 ~ 2015 年人口增长率波幅较大，2011 年达到阶段性高点 5.7% 后下降幅度较大，2015 年达到阶段性低点 -2.7%。2017 年与 2018 年技术进步率提高明显，分别达到 3.7% 和 5.0%。

图 4.14　1985 ~ 2018 年人口增长率与技术进步率
资料来源：根据上述表 4.2 计算数据绘制而成。

根据数据统计描述（见表 4.3），人口增长率与技术进步率均值分别为 0.0111、0.0167，折旧率 $\delta = 0.1096$，取国民储蓄率为年储蓄率。借鉴任志军的计算方法，储蓄额为各部门可支配收入剔除消费所剩余的部分，各部门储蓄率等于各部门储蓄倾向与可支配收入占比的乘积。[①] 国民储蓄率为资金流量表中国内总储蓄占可支配收入的比重，总储蓄为总量概念，包括居民储蓄、企业储蓄与政府储蓄，通过《中国统计年鉴—2019》中的资金流量表最新数据计算得到储蓄率 $s = 0.4504$。根据杨天宇的计算，2008 ~ 2016 年储蓄率从 51.91% 下降到

---

① 任志军. 中国储蓄率演变规律及成因：2000—2015 年 [J]. 金融理论与实践，2018（5）：59 – 64.

45.96%[①]，由于近十年我国储蓄率总体呈现下降趋势，所以以最新计算所得数据 0.4504 为最终储蓄率估算值，由此可以得到：

$$n + g + \delta = 0.0111 + 0.0167 + 0.1096 = 0.1374 \qquad (4.7)$$

将 $s = 0.4504$ 代入式（4.6），由于经济水平达到稳态的条件为 $\Delta k = 0$，得到：

$$0.4504 k_{AL}^{0.5599} - 0.1374 k_{AL} = 0 \qquad (4.8)$$

根据式（4.8）计算，稳态时有效人均资本为 $k^{*} = [s / (n + g + \delta)]^{1/\beta} = 14.84$ 万元，稳态时有效人均产出为 $y^{*} = y(k) = 4.53$ 万元。根据表 4.2 的计算结果可知，2018 年有效人均资本存量与稳态有效人均资本存量的差距为 4.84 万元，有效人均产出与稳态有效人均产出的差距为 1.19 万元。

根据式（4.6）可以得出 2018 年东北地区有效人均实际投资与有效人均持平投资分别为：$i_{a} = 0.4504 k_{AL}^{0.5855} = 1.6349$ 万元；$i_{b} = 0.1417 k_{AL} = 1.3742$ 万元。每单位有效劳动的实际投资大于所需的持平投资，意味着人均资本存量的上升。在稳态水平下，经济体的实际投资与持平投资相等，即 $I_{a} = I_{b} = sY^{*} = (n + g + \delta) K^{*} = 11657.78$ 亿元，表明在稳态水平下，依靠市场机制将有 11657.78 亿元转化为投资以维持平衡路径的增长率。在此条件下，生产总值与资本存量分别为 25883.15 亿元、84791.59 亿元，2018 年东北地区的实际产出与实际资本存量分别占稳态水平的 63.71%、58.17%，由此可以判断东北地区有效人均资本存量较低，充分说明了东北地区投资不足的问题。

4.3.2　基于索洛模型经济增长效应的动态改进

1. 研究方法及数据说明

基于索洛模型，当经济实现稳态时，经济增长率为潜在 GDP 增长

---

① 杨天宇. 破解 2008 年以来中国国民储蓄率下降之谜 ［J］. 经济学家，2019（11）：14 – 22.

率，产出水平在同一曲线上实现水平值增长，并未实现增长的跃升。现实经济条件中，基于经济增长的阶段，不但东北地区依赖于要素的投入，国家范围内经济水平的增长在一定程度上也是投资驱动的。从经济长期增长来看，投资对东北地区经济增长具有积极作用且其战略地位很难被动摇。索洛经济增长模型在一定程度上低估了资本积累的长期作用，依靠传统模型研究投资与经济增长长期关系问题是值得推敲并有待进一步考证的。因为传统模型先验假定投资变量无法作用于长期经济增长，所以由传统模型出发考察二者之间的长期关系是不够稳健的，为了有效弥补索洛模型固有的缺陷，严谨的做法是模型中既包含投资的长期效应又包含投资的短期影响。国内学者杜丽永沿用其思路基于中国 29 省 1961~2008 年的数据做出经验研究，得到了与传统模型先验假定不甚相同的结论。[①] 事实证明各经济区域因投资作用方式不同而产生了相异的结果，部分地区投资对地区经济增长影响深远，二者具有长期的稳健关系，但并不能据此说明该结论的广泛适用性。

为了增强计量模型对东北地区产出水平及投资的解释力，对前文论述做增益性补充，沿用 Bond 等的思路将长期效应和短期效应置于同一计量模型中考察变量的弹性系数。[②] 基于动态面板分布滞后自回归模型对计量模型进行基础变换，将变量的水平效应和增长效应同时置于模型中，由此补充并丰富前文结论并使之更加具有说服力。此外，放宽约束条件，允许不同的截面参数异质化，借鉴 Pesaran 和 Smith 在实证过程中运用的组均值法[③]，结合变系数模型，求得各经济区域均值系数做对比分析，以全样本和各经济区域数据为参照系，考察东北地区固定资产投资效应与其他区域的异同。

---

① 杜丽永. 资本积累与经济增长——来自中国省际动态面板数据的发现 [J]. 数量经济技术经济研究, 2011 (1): 35 - 50.

② Steve Bond, Asli Leblebicioglu, Fabio Schiantarelli. Capital Accumulation and Growth: A New Look at the Empirical Evidence [J]. Journal of Applied Econometrics, 2010, 25 (7): 1073 - 1099.

③ M. Hashem Pesaran, Ron Smith. Estimating Long-Run Relationships from Dynamic Heterogeneous Panels [J]. Journal of Econometrics, 1995, 68 (1): 79 - 113.

本小节应用全国范围内省级数据，采用西部大开发战略中按照GDP 发展水平划分区域的方法，将研究样本分为东部、中部、西部及东北地区。[①] 投资变量选择流量数据，以固定资本形成额作为投资变量的替代变量，以通货膨胀率作为系统外部工具变量，其中通货膨胀率以居民消费价格指数作为替代变量。因在数据统计口径上四川省与重庆市有合并与拆解的过程，基于样本数据准确性与一致性的考虑，数据样本区间选取 1996 ~ 2018 年，数据均来源于历年各省统计年鉴。

在检验面板数据模型之前，首先考察每个截面变量的时间序列属性，对各变量进行 ADF 单位根检验，初步判断原数列并不稳定。但ADF 单位根检验存在一定的弊端，检验过程中很难将变量单位根过程与季节性过程相区别。[②] 尤其当观测样本容量较小时，使用 ADF 方法检验变量单位根可能功效较弱，而且考虑到需要验证的模型可能存在自相关问题，进一步采用相对更有效的 LLC 面板单位根检验方法检验数列的平稳性。在不考虑截面时间趋势的情况下，检验结果为零阶单整。为了考察变量间是否存在长期稳定的比例关系，采用 Pedroni 协整检验方法进行检验，其结果 Phillips-Perron 检验和 Augmented Dickey-Fuller 检验指征都无法说明变量之间存在长期协整关系，因此，应用协整理论对变量关系做静态分析是不可行的，使用动态面板模型分析投资对经济增长的短期影响和长期效应是必要的。

2. 模型设定及实证结果分析

本节应用动态面板自回归模型分析资本积累与经济增长的关系，

---

① 东部地区包括北京、天津、河北、上海、江苏、浙江、山东、福建、海南和广东；中部地区包括山西、安徽、江西、河南、湖北和湖南；西部地区包括重庆、四川、云南、贵州、陕西、西藏、甘肃、宁夏、青海、内蒙古、广西和新疆。针对东北地区的固定资产投资研究仅基于辽宁、吉林和黑龙江三省的数据进行分析，并未包含内蒙古自治区东部地区。另外，对于区域经济分析，并未涉及港澳台地区。

② Steve Bond, Asli Leblebicioglu, Fabio Schiantarelli. Capital Accumulation and Growth：A New Look at the Empirical Evidence [J]. Journal of Applied Econometrics, 2010, 25 (7)：1073 – 1099.

通过分析变量的时间序列变化确定变量之间的关系，同时控制可能影响投资与产出关系的非时变省际特征，比如不同的历史人文特征及异质化的地域政策。允许各省份参数存在异质性，同时注意到产出增长率在很大程度上受到商业周期、经济周期的影响而产生波动，或对偶然冲击做出反应，在一定程度上是偏离长期均衡经济增长率的，应用动态模型可以尽量规避这些因素的影响。在这里动态面板分布滞后自回归模型对投资效用的解释力优势主要在于，当经济增长偏离长期经济增长路径，或者虽然接近长期经济增长路径但其观测期内发生高频商业周期波动时，将短期动态置于模型内控制商业周期的不确定性，从而最终调整经济增长偏离的方向，使之向长期经济增长路径收敛，由此设定模型为：

$$\Delta y_{it} = \alpha_1 \Delta y_{i,t-1} + \alpha_2 \Delta y_{i,t-2} + \cdots + \alpha_p \Delta y_{i,t-p} + \beta_0 \Delta x + \beta_1 \Delta x_{i,t-1} +$$
$$\beta_2 \Delta x_{i,t-2} + \cdots + \beta_p \Delta x_{i,t-p} + \Delta \varepsilon_{it} \tag{4.9}$$

设长期 GDP 增长速度为：

$$\Delta c_{it} = \theta_0 + \theta_1 x_{it} + d_i + e_t + v_{it} \tag{4.10}$$

将模型（4.10）作为变量嵌入模型（4.9）中，则模型可以整理为：

$$\Delta y_{it} = \theta_0 + \theta_1 x_{it} + \alpha_1 \Delta y_{i,t-1} + \alpha_2 \Delta y_{i,t-2} + \cdots + \alpha_p \Delta y_{i,t-p} + \beta_0 \Delta x_{it} +$$
$$\beta_1 \Delta x_{i,t-1} + \beta_2 \Delta x_{i,t-2} + \cdots + \beta_p \Delta x_{i,t-p} + d_i + e_t + v_{it} + \Delta \varepsilon_{it} \tag{4.11}$$

其中，y_{it} 和 x_{it} 分别表示 i 省第 t 年的劳均 GDP 自然对数和劳均固定资本形成额的自然对数[①]，θ_0 和 θ_1 为非稳定的随机效应，ε_{it} 表示均值为零、序列不相关的随机冲击，d_i 表示非时变因素，e_t 表示对所有截面产出水平的冲击，v_{it} 表示对单个截面产出水平的冲击，e_t 与 v_{it} 均值都为零。稳态下，各经济体平均增长速度为 $(\theta_0 + \theta_1 x_i + d_i)/(1 - \alpha_1 - \alpha_2 - \cdots - \alpha_p)$，投资对经济产出水平的"增长效应"为 $\theta_1/(1 - \alpha_1 - \alpha_2 - \cdots - \alpha_p)$，投资对经济增长的"水平效应"为 $(\beta_0 + \beta_1 + \cdots + \beta_p)/(1 - \alpha_1 - \alpha_2 - \cdots - \alpha_p)$。该模

---

① 劳均 GDP 与劳均固定资本形成额分别为 GDP 与社会从业人员年末数比值、固定资本形成额与社会从业人员年末数比值。

型中由于加入了被解释变量的滞后项，使用最小二乘法所得估计参数与待估参数实际值可能存在系统误差[①]，因此选取恰当的工具变量来规避内生性对系数估计造成的影响。解决内生性问题的有效办法是运用 IV 工具变量法和 GMM 方法估计系数，其中 GMM 方法细分为系统 GMM 和差分 GMM，这三种方法都可以尽可能消除内生性。考虑到模型中同时包含水平变量和差分变量，以下分析均采用系统 GMM 方法估计变量系数。在工具变量的选择上，其原则是要保证工具变量的有效性，既可以通过影响内生解释变量影响被解释变量，又能保证识别有效，因此，选择系统内部变量、通货膨胀率滞后 2 期到滞后 4 期作为工具变量。表 4.4 中模型（1）~（5）均包含时间趋势变量，"识别过度"及"识别不足"检验均证明了工具变量的有效性，系统 GMM 估计有效还需要满足残差二阶序列无关，经检验，模型（1）~（5）均满足条件。

表 4.4　一阶差分模型估计结果

	（1）	（2）	（3）	（4）	（5）
	东部省份	中部省份	西部省份	全国	东北省份
$\Delta y_{i,t-1}$	−0.0186 （0.0631）	−0.0016 （0.0720）	0.0681 （0.0629）	−0.1290 * （0.0732）	−0.3187 *** （0.1240）
$\Delta y_{i,t-2}$	−0.1456 ** （0.0620）	0.0245 （0.0836）	0.0521 （0.0598）	−0.4235 *** （0.0872）	−0.2406 ** （0.1233）
x_{it}	−0.0074 （0.0133）	−0.0831 *** （0.0211）	−0.0808 *** （0.0191）	−0.0604 （0.0601）	0.0715 ** （0.0310）
Δx_{it}	0.3310 *** （0.0313）	0.1875 *** （0.0558）	0.1744 *** （0.0406）	0.5194 *** （0.0879）	0.1039 * （0.0647）
$\Delta x_{i,t-1}$	−0.0015 （0.3595）	0.1297 ** （0.0624）	0.0681 ** （0.0347）	0.1882 ** （0.0772）	0.1683 ** （0.0709）
$\Delta x_{i,t-2}$	0.1003 *** （0.0392）	0.0744 （0.0690）	0.0770 * （0.0440）	0.4453 *** （0.1311）	0.0258 （0.0696）
增长效应	−0.0063 ［0.5802］	−0.0850 ** ［0.0350］	−0.0919 *** ［0.0000］	−0.0389 ［0.3139］	0.0458 *** ［0.0097］

① 张焕明. 扩展的 Solow 模型的应用——我国经济增长的地区性差异与趋同［J］. 经济学（季刊），2004（2）：605–618.

	（1）	（2）	（3）	（4）	（5）
	东部省份	中部省份	西部省份	全国	东北省份
水平效应	0.3691 *** [0.0000]	0.4009 *** [0.0000]	0.3632 *** [0.0000]	0.7426 *** [0.0000]	0.1911 *** [0.0013]
AR（1）	0.2300	0.1171	0.0096	0.0020	0.1229
AR（2）	0.7690	0.0456	0.1296	0.0860	0.2000
识别不足检验	0.0000	0.0000	0.0000	0.0000	0.0000
识别过度检验	0.0730	0.0746	0.0510	0.5770	0.5035
省份数	10	6	12	31	3
N	190	114	228	589	57

注：＊、＊＊、＊＊＊分别表示在10%、5%、1%的水平下显著，圆括号内为稳健标准误，方括号内为 p 值。

表 4.4 是基于各地区内部投资变量同系数的假设情况进行分析，即投资以相同的作用方式影响经济增长。对已呈现数据进行解读，可以发现，各地区投资的水平效应都很显著，即投资的短期效应明显，生产要素的投入直接影响短期产出水平，需求效应的快速释放得以在地区经济增长的绝对水平上直接体现。增长效应的估计是基于各地区投资对经济增长率影响的估计，中部、西部地区增长效应显著为负，说明投资对中部、西部地区长期经济增长并无推动作用。资本边际报酬递减规律作用的发挥在一定程度上说明了中部、西部地区缺少资本强化型技术进步，以及投资存在结构性问题都使地区规模报酬处于递减阶段，意味着一定程度上持续的投资增长会抑制长期经济增长率的提升。这在某种程度上似乎印证了蔡昉和都阳的观点①，西部地区存在不利于向东部地区趋同的因素，比如市场开放程度低、存在严重的市场扭曲，这些因素在很大程度上抵消了投资作用于经济增长的效应。只有在合理选择投资领域的前提下，投资这一要素才能在西部地区经济增长中发挥作用，而结果似乎说明，西部地区投资尚需要寻找能够

---

① 蔡昉，都阳. 中国地区经济增长的趋同与差异——对西部开发战略的启示 [J]. 经济研究，2000（10）：30－37.

充分刺激经济增长的着力点，中部省份与之类似。

　　与此呈现明显差异的是，东北地区投资的增长效应在 1% 的水平下显著为正，说明投资依然是促进东北地区经济长期增长的有效手段，对经济增长速度提升是有积极作用的。与稳态下的最优资本存量相比，东北地区存在资本存量不足的情况，资本边际报酬尚未明显萎缩。从生产的角度来看，尚处于规模报酬递增的阶段，供给效应的长期释放对经济增长率的提升助力明显。尽管如此，东北地区却没能与东部地区经济趋同反而与其拉开了差距，这似乎是一个悖论，但也不难找到答案。东北地区的经济规模远低于东部地区并呈萎缩趋势，资本边际报酬低。经济增长难以依靠贸易，地区贸易依存度极低，2017 年低于全国平均水平约 30 个百分点。人均收入水平不高导致消费不足，地区经济严重依赖投资，而投资在结构上存在偏差，比如在资源配置上缺少对内嵌高技术水平设备更新换代的支持，带来的直接后果就是生产效率低下。忽略国家战略以及宏观资源的配置，仅从东部地区与东北地区经济增长驱动力的差异就能解释二者拉开差距的原因。从中观及微观的要素配置来看，东部地区产业结构的高级化程度高于东北地区，其产品在价值链中更具优势，轻工业发达，资本与劳动力要素结合程度更加契合。无论基于何种角度，东北地区与东部地区经济趋同都有很长的路要走。

　　由于宏观层面存在地区发展不平衡的情况，各地区驱动力作用方式不尽相同，基于 31 个省区市的数据进行回归难以全面考虑地区异质性，不可避免会忽略掉地区经济异质性冲击。面板数据模型的变量回归系数虽然略高于各区域估算水平，但仍然可以据此判断宏观水平变量的时间趋势，投资的持续增长并未显著抑制经济增长率提升，但也并未起到有效促进作用，这从经济增长放缓进入经济新常态也可以得到确认。从宏观水平看，投资发挥的作用有限，投资的水平效应在 1% 的水平下显著为正说明投资至少在短期内对提升经济活动水平有明显作用。当然，影响经济增长的因素诸多，单纯从投资范畴来讲，还有具有时间效应的资本价格、社会融资规模、贸易条件等因素，同时地区内部的结构性问题和宏观范畴地区间的资源配置问题仍是投资结构调整的基础性问题。[①]

假设地区内部弹性系数相同意味着假定投资作用于经济增长的方式是同质的。考虑到地区内部各省区市可能存在的异质性，放松地区内部各省区市系数相同的假设，这在一定程度上凸显了各省区市不同的投资效率抑或是不同的资源配置情况。借鉴 Pesaran 和 Smith 提出的组均值法，允许各截面有不同的弹性系数，考虑到不同省区市的发展特点以及各省区市的比较优势和相对劣势，为了剔除作用于经济增长的共同冲击的影响，表 4.5 模型（2）~（9）分别给出了剔除全样本均值和剔除子样本均值的回归结果。可以看到该回归结果与表 4.4 混合模型的回归结果有明显区别，表明了各省区市经济发展的个体差异性。由混合模型的原始时间序列剔除均值得到变量 $\tilde{y}_{it}$ 和 $\tilde{x}_{it}$[②]，动态模型可以整理为：

$$\Delta \tilde{y}_{it} = \theta_0 + \alpha_1 \Delta \tilde{y}_{i,t-1} + \alpha_2 \Delta \tilde{y}_{i,t-2} + \cdots + \alpha_p \Delta \tilde{y}_{i,t-p} + \theta_1 \tilde{x} + \beta_0 \Delta \tilde{x}_{it} +$$
$$\beta_1 \Delta \tilde{x}_{i,t-1} + \beta_2 \Delta \tilde{x}_{i,t-2} + \cdots + \beta_p \Delta \tilde{x}_{i,t-p} + \mu_i + \varepsilon_{it} \tag{4.12}$$

根据变系数模型得出各省区市差异化的回归系数，再根据地域划分，求出各区域的系数均值，利用时间算子得出滞后期的总效应。根据表 4.5 的结果，各地区产出增速差异较大，投资滞后期总效应均为正。东部地区投资的水平效应在 1% 的水平下显著且数值明显高于其他地区，与表 4.4 的回归数值相比差异较小，说明在区域内部经济发展异质性的情况下，东部地区各省发展相对协调，投资效应地区表现更为稳健。东北地区组均值的回归结果无论是水平效应还是增长效应均显著为正，这一结果与表 4.4 的结论基本吻合，水平效应回归数值略小于表 4.4 的回归数值，说明东北三省发展不均衡，投资效率存在差异，这可以通过东北三省不同的区位和经济发展特点进行验证。从中

[①] 赵新宇，李宁男. 固定资产投资经济增长效应再检验 [J]. 山东社会科学，2021（11）：106-113.

[②] $\tilde{y} = y - \bar{y}, \tilde{x} = x - \bar{x}$，其中 $\bar{x} = \frac{1}{n} \sum_{i=1}^{n} x_{it}, \bar{y} = \frac{1}{n} \sum_{i=1}^{n} y_{it}$。

表 4.5　分地区组均值估计结果

		全部样本	东北省份		东部省份		中部省份		西部省份	
			剔除全样本均值	剔除子样本均值	剔除全样本均值	剔除子样本均值	剔除全样本均值	剔除子样本均值	剔除全样本均值	剔除子样本均值
		(1)	(2)	(3)	(4)	(5)	(6)	(7)	(8)	(9)
$\beta_0+\beta_1+\beta_2$	均值	0.1513 (0.1277)	0.0370 (0.2547)	0.0757 (0.1777)	0.2132 (0.1735)	0.2859 (0.0840)	0.1408 (0.1848)	0.1691 (0.1524)	0.1138 (0.0920)	0.1703 (0.1337)
	中值	0.1574	0.0547	0.1635	0.2201	0.3128	0.0784	0.1434	0.1089	0.1575
$\alpha_1+\alpha_2-1$	均值	-0.7618 (0.2381)	-1.1541 (0.1101)	-1.6980 (0.1674)	-0.8268 (0.1005)	-0.9245 (0.2365)	-0.5674 (0.0726)	-0.6927 (0.1759)	-0.6974 (0.0785)	-0.8740 (0.1162)
	中值	0.2631	-1.2551	-1.8754	-0.7715	-0.8750	-0.5601	-0.6814	-0.6873	-0.8677
θ_1	均值	-0.0080 (0.0198)	0.0970 (0.0471)	0.0866 (0.0656)	0.0314 (0.0478)	0.0411 (0.0901)	-0.0321 (0.0404)	-0.0609 (0.0539)	-0.0121 (0.0240)	-0.0275 (0.0497)
	中值	0.0069	0.1330	0.0679	0.0172	0.0138	-0.0313	-0.0638	-0.0041	-0.0082
增长效应	均值	0.0105	0.0561***	0.0348*	-0.0063	0.0193	-0.1225***	-0.1558***	-0.0666***	-0.0833***
水平效应	均值	0.1986***	0.0957***	0.1220**	0.3705***	0.3463***	0.2255***	0.2496**	0.1802**	0.2329***

注：*、**、***分别表示在 10%、5%、1% 的水平下显著，圆括号内为稳健标准误。

部地区投资水平效应和增长效应来看，一定程度上可以和表 4.4 的结论相互印证，经济长期增长仅依靠投资驱动难以持续，在未来必须依赖传统动能的转换，与创新驱动、供给侧改革共振才能达到理想效果。部分地区要提高贸易依存度，加强地区交往和贸易往来，为地区经济发展寻找新的增长点。西部地区投资的水平效应无论是剔除全样本均值还是剔除子样本均显著，充分说明短期经济增长的绝对水平对投资敏感，这或与西部地区在经济梯度发展情况下资本积累增速较低[①]，投资规模是其增长瓶颈有关，投资作用于经济增长的持续性尚需改善。

考虑到 2003 年以后国家将东北振兴作为平衡地区发展的战略方针，为了考察东北振兴是否取得了预期成效，基于 GMM 估计方法以 2003 年为分界点对 23 年的数据作分段回归。对比表 4.6 中的模型（1）和模型（2），虽然投资作用于经济增长的水平效应没有明显变化，但增长效应差别较大。实施东北振兴战略以前，通过数据回归可以发现其结果与中部、西部地区相似，但东北振兴政策落实后，增长效应在 1% 的水平下显著为正，说明政策实施后效果较为明显，投资扩张的同时落实对企业发展有利的财税政策，有效降低企业投资成本，对东北地区长期经济增长是有积极作用的。

短期来看，水平效应相比于实施东北振兴战略前变化不大，一定程度上意味着东北地区的资本与劳动力要素契合程度不高。短期投资额增加并未有效增加劳均产出，投资需求效应释放似乎在更多地消化库存，中长期资本积累形成产能对提升经济增长率有推动作用。但根据经济数据分析，经济增长率的增速是逐步降低的，一定程度上解释了伴随政策效应的释放，经济增长先升高又逐渐降低直至需要新一轮振兴政策出台的原因。究其深层次根源，这与东北工业化进程中产业结构、产业组织架构、资本投向结构以及资本配置效率等因素息息相关。东北地区重工业发达，同时又是祖国的粮仓，第一产业和第二产业占比较大。企业组织以国有企业为主，相比充满活力的民营企业来

[①] 赵志耘，吕冰洋. 中国经济增长过程中的资本积累趋势与地区差异［J］. 中国人民大学学报，2005（4）：63 - 70.

说缺乏效率。金融市场发育不健全，融资约束的存在使效率高的小企业难以获得价格合理的资本，有限的金融资源更多地流入国有企业，微观层面资源严重错配[1]，一定程度上抑制了经济长期稳定增长。

表 4.6 东北地区分段回归

变量	(1)	(2)
	1996 ~ 2003 年	2004 ~ 2018 年
$\Delta y_{i,t-1}$	0.0332	− 0.4265 *
	(0.1517)	(0.2546)
$\Delta y_{i,t-2}$	− 0.1612 ***	− 0.2910 ***
	(0.0593)	(0.1127)
x_{it}	− 0.0395 **	0.3080 ***
	(0.0184)	(0.0480)
Δx_{it}	0.2561 ***	0.1425 ***
	(0.0760)	(0.0213)
$\Delta x_{i,t-1}$	− 0.0980 **	0.2270 **
	(0.0502)	(0.0997)
$\Delta x_{i,t-2}$	0.1840	0.0169
	(0.0325)	(0.0423)
增长效应	− 0.0350 **	0.0549 ***
水平效应	0.3032 ***	0.2254 ***
AR (1)	0.1844	0.1080
AR (2)	0.1930	0.0990
识别不足检验	0.0000	0.0000
识别过度检验	0.5992	0.5264
省份数	3	3
N	12	36

注：* 、** 、*** 分别表示在 10% 、5% 、1% 的水平下显著，圆括号内为稳健标准误。

4.3.3 资本积累与经济增长的静态分析与比较静态分析

基于前文能源工业及基础设施工业数据的时间趋势描述，有必要

---

[1] 潘英丽. 东北振兴需要"增量改革"[J]. 财经智库，2018，3 (1)：14 − 18.

针对东北地区主要行业资本存量做产出弹性分析，本小节应用面板数据采用比较静态分析的方法对其进行分析，这也是对前述动态分析的有效补充。为了更好地分析主要行业资本的产出弹性，将能源工业与基础设施工业所属行业进行归集，进一步将资本要素分解为能源及基础设施资本和一般资本。其中，能源及基础设施行业按照统计年鉴能源工业和基础设施行业核算统计口径，包括煤炭开采和洗选业；石油和天然气开采业；电力、热力、水的生产和供应业；石油加工、炼焦及核燃料加工业；燃气生产和供应业；交通运输、仓储及邮电通信业；公共设施管理业。由于2003年各行业统计口径重新调整，基于数据一致性考虑，同时考虑到东北振兴的时间节点，本节实证分析选取2003~2018年东北三省的行业数据。

1. 非时变弹性系数分析

基于柯布道格拉斯生产函数设定 $Y_t = A_t L_t^\alpha K_t^\beta GK_t^\gamma$，其中 A 是反映生产技术的参数，α、β 和 γ 分别代表劳动、一般资本和能源及基础设施资本的产出弹性。在诸多文献中，能源投资和基础设施投资对经济增长的贡献在不同时期有基于不同角度的探索式研究，为后续研究提供了重要的方法论。本节基于东北地区资源禀赋、产业结构和政府投资领域的特点，将能源工业资本投入和基础设施建设资本投入合并为一种投入要素，集中考察其投入水平对地区产出的影响。在理论模型中，各个参数所满足的函数关系在一定程度上决定了政府的投资决策，对生产函数规模报酬的不同设定也直接影响各投入要素的产出弹性。因此本节基于技术中性，以不变规模报酬设定生产函数，通过等式变形消去对劳动力参数的估计，聚焦于本节研究所关注的资本要素，对柯布道格拉斯生产函数两边取对数后同时减去劳动力要素项，模型转换为：

$$\mathrm{Ln}y_t = \mathrm{Ln}A_t + (1 - \alpha)\mathrm{Ln}k_t + \gamma\mathrm{Ln}gk_t \qquad (4.13)$$

其中，$y_t = Y_t/L_t$ 表示单位劳动所获得的产出，$gk_t = GK_t/L_t$ 表示单位劳动所拥有的能源及基础设施资本，$k_t = K_t/L_t$ 表示单位劳动所拥有的一般资本。由于进一步将东北各省资本存量分解为能源及基础设施资本和一般资本，考虑到细分行业的资本存量的可获得性，借鉴李谷成估算农业资本存量的方法①，本节以各省各行业投资份额为基础对各行业资本存量进行估算。能源及基础设施资本存量由东北各省资本存量乘以能源及基础设施行业固定资产投资在全社会固定资产投资中的份额所得，并以 2003 年为基期对地区产出水平和各行业资本存量做定基处理。能源及基础设施固定资产投资由能源工业与基础设施工业涵盖的细分工业固定资产投资额加总并剔除交叉行业重复数据所得。一般资本为各省固定资本存量与各省能源及基础设施资本存量的差额。由于分析过程中使用面板数据，同时拥有截面维度和时间维度，在这里不针对各省写出单独的生产函数。同时在参数估计的过程中并未加控制变量，而是使用不同模型参数估计方法解决遗漏变量的问题。

根据表 4.7 的报告，分别使用固定效应、混合回归、随机效应和一阶差分模型进行回归，得到的参数具有一定的稳定性。能源及基础设施资本和一般资本均与地区经济增长呈现较强的相关性，其系数值均在 1% 的水平下显著为正。模型（1）考虑了不随时间而变但随个体而变的遗漏变量；模型（2）考虑了不随个体而变但随时间而变的遗漏变量；模型（3）假定不同个体之间的扰动项相互独立，但为了规避同一个体在不同时期扰动项存在自相关的问题，使用聚类稳健标准误进行面板混合回归；模型（4）默认截距项与所有解释变量均不相关，但其扰动项并非球形扰动项，所以用可行的广义最小二乘法进行参数估计；模型（5）针对固定效应模型，考虑消去个体效应，应用最小二乘法得到一阶差分估计量。从要素系数值可以看到，固定效应模型与一阶差分模型估计系数接近，混合回归与随机效应模型估计系数接近。进一步运用豪斯曼检验方法确定固定效应模型和随机效应模型的适用性，其结果在 1% 的水平下拒绝代表个体异质性的截距项，即不可观测的随机变量与所有解释变量不相关的原假设，说明存在不随时间而改

---

① 李谷成. 资本深化、人地比例与中国农业生产率增长——一个生产函数分析框架［J］. 中国农村经济，2015（1）：14 - 30.

变的因素，因此使用固定效应模型更为合适。进一步考虑模型是否应包含时间效应，生成时间虚拟变量，对年度虚拟变量进行联合显著性检验，其结果强烈拒绝"无时间效应"的原假设，因此模型中应该含有时间效应，即模型含双向固定效应。

表 4.7　东北地区经济增长与能源及基础设施资本回归结果

变量	(1) 固定效应 （不含时间趋势）	(2) 固定效应 （含时间趋势项）	(3) 混合回归	(4) 随机效应 （FGLS）	(5) 一阶差分
Lngk	0.1753 *** (0.0264)	0.1168 *** (0.0151)	0.2008 *** (0.0371)	0.2009 *** (0.0203)	0.1447 *** (0.0294)
Lnk	0.4475 *** (0.0112)	0.2420 *** (0.0172)	0.4144 *** (0.0328)	0.4144 *** (0.0440)	0.4634 *** (0.0187)
截距项	3.9044 *** (0.1427)	6.5616 *** (0.0991)	4.0228 *** (0.2106)	4.0227 *** (0.2301)	—
R^2	0.9510	0.9564	0.9514	0.9514	0.9275
省份数	3	3	3	3	3
N	48	48	48	48	45

注：*** 表示在1%的水平下显著，圆括号内为稳健标准误。

尽管辽宁省、吉林省与黑龙江省地理空间接近，产业结构差异不大，但仍需要考虑三省经济发展可能存在不平衡的情况，比如劳动要素、人力资本、资本要素、人口密集度、开放程度等因素对地区产出的影响。从整个区间来看，在双向固定效应的约束下，系数值相对较小，能源及基础设施资本的产出弹性系数约为 0.12，一般资本产出弹性系数约为 0.24，并且均在 1% 的水平下显著，即能源及基础设施资本每变化 1 个百分点，地区产出水平同向变动 0.12 个百分点，一般资本每变化 1 个百分点，地区产出水平同向变化 0.24 个百分点，一般资本边际产出高于能源及基础设施资本边际产出。同时可以得到一般资本对能源及基础设施资本的边际技术替代率为 2，说明在维持总产出不变的情况下，一般资本每提高 1 个百分点，能源及基础设施资本减少 2 个百分点。

2. 时变弹性系数分析

在上文东北地区资本产出弹性静态分析中，可以证明能源及基础设施资本和一般资本均对地区经济增长具有积极的作用，但存在的问题是，虽然基于面板数据进行总量回归能够得到各要素对产出的贡献水平，但无法界定各要素对不同省份产出水平的差异性影响。另外，柯布道格拉斯生产函数假定服从中性技术进步，要素产出弹性为固定值，无法体现要素不同时期的差异性，缺乏要素边际产出的时变特征。超越对数生产函数放宽了中性技术进步的假定，要素替代弹性可变，更加具有一般性。超越对数生产函数的一般形式为：

$$\text{Ln}Y = A_t + \alpha_K \text{Ln}K_t + \alpha_L \text{Ln}L_t + \beta_{KK}\text{Ln}^2 K_t + \beta_{LL}\text{Ln}^2 L_t + \beta_{KL}\text{Ln}K_t\text{Ln}L_t \quad (4.14)$$

当 $\beta_{KK} = \beta_{LL} = \beta_{KL} = 0$ 时，超越对数生产函数转化为柯布道格拉斯生产函数。超越对数生产函数估计参数是时变的，可以更好地测算各要素不同时期对产出水平的差异性影响。借鉴 Moomaw 等的研究方法，对柯布道格拉斯生产函数通过二阶泰勒展开逼近，将柯布道格拉斯生产函数转化为超越对数生产函数。[①] 从劳均变量形式的柯布道格拉斯生产函数出发，对 $\text{Ln}y_{it} = A_{it} + \alpha\text{Ln}k_{it} + \beta\text{Ln}gk_{it} + \varepsilon_{it}$ 所代表的生产函数在 $x = 0$ 处通过二阶泰勒展开逼近，由此得到超越对数形式的生产函数：

$$\text{Ln}y_{it} = A_{it} + \alpha_K \text{Ln}k_{it} + \alpha_{gk}\text{Ln}gk_{it} + \beta_{kk}\text{Ln}^2 k_{it} + \beta_{gkgk}\text{Ln}^2 gk_{it} +$$
$$\beta_{kgk}\text{Ln}k_{it}\text{Ln}gk_{it} + u_i + v_t + \varepsilon_{it} \quad (4.15)$$

变量 $\text{Ln}y$、$\text{Ln}k$、$\text{Ln}gk$ 的设定与上文相同，分别代表劳均产出、劳均一般资本、劳均能源及基础设施资本的自然对数值。u 控制与各省异质性相关但与时间无关的因素，v 控制与各省异质性无关但与时间相关的因素，ε 控制不可观测的因素。采用这种形式的生产函数进行估计可以得到各省份不同时期的参数，由此可以得到差异性的生产函数，基于超越对数生产函数估算的变量参数与因变量是线性相关的，根据资

---

① Ronald L. Moomaw, John K. Mullen, and Martin Williams. The Interregional Impact of Infrastructure Capital [J]. Southern Economic Journal, 1995, 61 (3): 830–845.

本产出弹性公式：

$$E_K = \frac{\partial y/y}{\partial k/k} = \frac{\partial \mathrm{Ln}y}{\partial \mathrm{Ln}k} = \alpha_k + 2\beta_{kk}\mathrm{Ln}k + \beta_{kgk}\mathrm{Ln}gk \qquad (4.16)$$

$$E_{gk} = \frac{\partial y/y}{\partial gk/gk} = \frac{\partial \mathrm{Ln}y}{\partial \mathrm{Ln}gk} = \alpha_{gk} + 2\beta_{gkgk}\mathrm{Ln}gk + \beta_{kgk}\mathrm{Ln}k \qquad (4.17)$$

本节利用广义最小二乘法对面板数据进行回归，采用 Z 统计量分析数据。根据表 4.8 的超越对数生产函数参数估计结果，除 $\mathrm{Ln}k$ 平方项系数不显著，$\mathrm{Ln}k$、$\mathrm{Ln}gk$ 平方项、$\mathrm{Ln}k$ 与 $\mathrm{Ln}gk$ 的交互项系数均在 1% 的水平下显著，$\mathrm{Ln}gk$ 在 5% 的水平下显著，模型拟合程度较高，因此得到的回归结果具有统计学意义。

表 4.8　超越对数生产函数参数估计结果

变量	回归系数	Z 统计量	P > │Z│
$\mathrm{Ln}gk$	0.2933 **	3.32	0.001
$\mathrm{Ln}k$	1.6931 ***	3.98	0.000
$(\mathrm{Ln}gk)^2$	0.2866 ***	2.14	0.032
$(\mathrm{Ln}k)^2$	0.1747	1.38	0.169
$\mathrm{Ln}k \times \mathrm{Ln}gk$	− 0.5168 ***	− 2.10	0.036
截距项	− 3.9307	− 2.00	0.046
R^2	0.9596		
$p > \chi^2$	0.0000		

注：** 、*** 分别表示在 5% 、1% 的水平下显著，圆括号内为稳健标准误。

根据能源及基础设施资本产出弹性和一般资本产出弹性的报告结果[①]绘制时间趋势图（见图 4.15、图 4.16），在能源及基础设施资本产出弹性的时变波段中，各省于 2005 年实现快速攀升后，到 2010 年一直维持在相对平稳的状态。2011 年各省能源及基础设施资本产出弹性，则明显表现出了陡降的特点。辽宁省 2013 ~ 2017 年能源及基础设施资本产出弹性呈现明显的上升趋势，随着能源及基础设施投资扩张，产出水平快速攀升，具有一定的规模报酬递增特点，吉林省则表现相对

---

① 计算报告见附表 3 与附表 4。

平稳。2003～2018 年如果平滑掉历年的小幅波动，与辽宁省与吉林省相比，黑龙江省优势明显，尤其在 2011 年以前投资增速伴随着较高的产出增速，一定程度上反映出黑龙江省产出水平对能源投资的高敏感度。

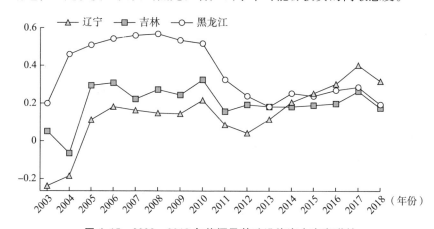

图 4.15　2003～2018 年能源及基础设施资本产出弹性
资料来源：根据能源及基础设施资本产出弹性的报告结果绘制而成。

2003～2018 年辽宁省、吉林省与黑龙江省能源及基础设施资本产出弹性平均值分别为 0.1422、0.2000、0.3674，能源及基础设施投资占全社会固定资产投资的比重分别为 19.9%、21.5%、27.9%，不难发现较高的投资比重对应着较高的资本产出弹性。从行业相对比重变化趋势看，电力和水的生产、燃气生产及供应业、交通运输仓储邮电业以及公共设施管理业投资份额相对稳定。石油开采业的投资比重以 2008 年为时间节点，前期小幅升高，后期缓慢下降。煤炭开采业与石油炼焦业投资比重在 2010 年以前上升明显，其中煤炭开采业 2003 年占工业投资的比重为 0.8%，2010 年上升到 2.2%，增加了 1.4 个百分点；石油炼焦业 2003 年占工业投资的比重为 0.6%，2010 年升至 2.4%，增加了 1.8 个百分点。2010 年以后煤炭开采业与石油开采业投资比重下降明显，这或与能源转型、改变能源投资结构、完成主导能源的迭代与置换的战略任务有关。上述能源行业在东北分布相对密集的地区均在黑龙江省。鹤岗、双鸭山、七台河、鸡西等地是国家重点煤矿产区，大庆油田更是我国目前最大的油田，黑龙江省基于基础产业的优势，能源及基础设施投资边际产出较高。从时间趋势看，随着能源及基础设施投资份额的增加，平滑掉 2011～2013 年的波动，东北地区能源及基础设施资本的产出弹性是有所提升的。2012～2018 年辽宁省能源及基础设施资本产出弹性与黑龙江省较为接近，均在 0.23 左右，吉林省该数值为 0.19，略低于其他两省。

与能源及基础设施资本产出弹性比较，2003～2018 年东北地区一般资本产出弹性明显高于能源及基础设施资本产出弹性。从 2003～2018 年各省的一般资本产出弹性看，辽宁省、吉林省与黑龙江省均值分别为 0.47、0.42、0.32。辽宁省一般资本产出弹性是能源及基础设施资本产出弹性的 3 倍，吉林省一般资本产出弹性是能源及基础设施资本产出弹性的 2 倍，而黑龙江省一般资本产出弹性与能源及基础设施资本产出弹性相差不大，这可能说明黑龙江省能源及基础设施资本存量与一般资本存量相比差距不大，黑龙江省其他行业投资效率不高。辽宁省与吉林省一般资本边际产出水平总体明显高于能源与基础设施资本边际产出水平，可能说明的问题是，与能源及基础设施资本存量相比，辽宁省和吉林省一般资本存量水平相对更高。从时间趋势来看，2003～2018 年东北地区一般资本边际产出水平总体呈现下降趋势，但这似乎并不能说明一般资本存量规模处于较高水平存在规模报酬递减的趋势，而是反映出其他行业内部存在投资结构偏差，资本错配问题

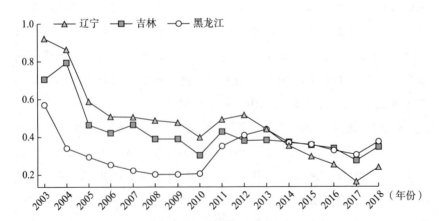

图 4.16　2003～2018 年一般资本产出弹性
资料来源：根据一般资本产出弹性的报告结果绘制而成。

使资源配置没有得到优化，由此出现了一般资本边际产出下降的趋势，这在后文的行业投资结构分析部分做详尽解释。

4.4　本章小结

本章结合东北地区实际情况分别从流量视角、存量视角解构固定资产投资特征，以及通过经济产出水平总量分析、分省经济产出水平时间趋势分析解构东北地区的经济产出水平，并进一步细分东北各省三次产业产出水平对经济增长的拉动作用与贡献率。在时间趋势分析基础上，以索洛模型为分析框架，计算东北地区的全要素生产率、有效人均产出与有效人均资本，并比较测算数值与稳态水平的差距。基于索洛模型对计量模型做动态调整，考察经济变量的动态演进。考虑到区域投资异质性，分别对投资变量是否同系数的设定进行考察。基于投资对经济增长的短期冲击和长期作用的不同情况，进一步考量投资对产出的水平值与增长率的不同影响。为了更全面考察东北地区固定资产投资的经济效应，同时也为了对动态分析进行有益补充，将资本存量细分为能源及基础设施资本与一般资本，应用面板数据做静态分析。放松中性技术进步的假设，利用超越对数生产函数做一般性数据回归，通过时变弹性系数分析各省不同时点的资本产出弹性，基于实证分析得到如下结论。

第一，根据地区经济增长和固定资产投资经验数据分析及发展实践看，经济增长与固定资产投资有较强的联动性，并且表现出经济增长相对于投资扩张的滞后性。通过测算弹性系数，发现东北地区产出水平对第二产业产出增长率更为敏感，基于第二产业在东北地区的绝对比重，可判断第二产业投资与产出变化对东北地区有深远影响。东北地区近年来经济增长不尽如人意，在很大程度上与第二产业投资断崖式下跌有关。

第二，通过对投资流量与存量的数据进行分析，发现东北地区资本存量水平较低，存在投资不足的问题。剔除价格因素，固定资产投资年均增长率低于全国水平，更是与发达地区存在较大的差距。在 20

世纪 90 年代与 21 世纪初期的投资扩张阶段，东北地区虽然与宏观水平呈现一致性变化趋势，但其增长率并不高，2014 年后虽然各地区投资增速均有不同程度的下降，但东北地区下降更大。

第三，基于索洛经济增长模型计算稳态资本存量与产出水平，发现东北地区全要素生产率不高，实际人均产出与资本存量水平较稳态下的数值还存在较大差距，佐证了东北地区投资不足的事实。对测算模型进行动态调整，考察投资作用于经济增长的水平效应与增长效应，发现东北地区投资形成生产能力对产出水平有长期影响，短期需求效应的释放同样可以有效刺激产出水平提升，但其弹性系数相对于东部地区存在一定的差距。

第四，考虑到东北地区资源型工业基地的现实情况，能源及基础设施投资等核心资本与一般资本对经济增长可能存在差异性影响，分别对其应用非时变系数与时变系数的测算方法进行测算，发现辽宁省、吉林省与黑龙江省存在较大的差异。与辽宁省和吉林省相比，黑龙江省能源及基础设施投资边际产出较高，进一步验证了能源富集地区资本产出弹性更高的结论。辽宁省与吉林省一般资本边际产出较高，但呈现出下降趋势，或与行业存在一定程度的资本错配有关。

第 5 章 固定资产投资中的政府作用: 基于投资主体视角

政府投资是东北投资的有机组成部分,研究东北的投资问题自然绕不开投资体制和投资主体的根本性探讨,一定地区的投资特点都是在投资体制框架下形成的。尽管经济体制改革后投资主体多元化,市场机制以价格信号引导资源配置,但结合东北地区的实际情况,依然无法忽视作为投资主体之一的政府在经济增长中的作用。结合现有的研究和实践,本章将政府主导下的投资定位为政府投资、政府通过影响企业投资从而影响地区投资水平等两个维度,所以在分析政府主导投资产生的经济效应时,将经济效应拆解为政府投资对经济水平的直接影响及政府投资对民间投资的影响两个部分。

5.1 政府干预经济的基础

5.1.1 政府角色的界定

政府角色具有双重性。从政治学的角度定位政府,政府是公众利益的代言人,被视为"公共人",强调其公共属性,公众授权赋予其合法性,代表公众行使其公共权力,追求公共利益最大化,是公众意志的实践者,其行为目标不是追求个人效用。① "公共人"通过运用所有权及归属权均归于社会公众的公共权力和公共资源规范公共秩序、提

---

① 聂方红. 转型期地方政府公务员行政行为的"经济人"偏向分析 [J]. 岭南学刊, 2007 (6): 66-69.

供公共服务、谋求公共利益，并在公众监督的约束下，谨防权力私用和滥用，在公共利益与私人利益不一致的情况下服从公共利益。在这里以古希腊先哲亚里士多德的观点作为诠释"公共人"的注脚，亚里士多德以城邦正义为准则，以公共利益为最终归属。①

从经济学的角度考察政府行为，政府是国家代理组织和官吏的抽象化概念，即政府是由具体的"经济人"所组成，有追求自身利益的效用目标，即使以赫特伯·西蒙为代表的学者对斯密和帕累托"经济人"完全信息和完全理性的假设做出批判，在"有限理性"②的假说下也并未否定"经济人"假设中自利和理性的本质特征。更为接近现实情况的是，在不完全理性下，"经济人"出于已经得到生物学和心理学证明的自利动机，追求自身效用的满足，而这种利益的追求并不仅限于物质利益。地方政府官员同任何"经济人"一样，其行为方式与其所受到的激励有紧密的联系③，政府官员并不会因为其身份而改变其本质属性，"政治市场"和"经济市场"从根本上讲是一样的，有代表性的个人与普通的个人参与政治活动和市场活动遵循同样的普遍价值尺度④。打破存在于"公共人"角度利他主义和追求公共利益的分野，统一将人的行为纳入"经济人"理论框架中，将行为主体的动机简化为人类行为特征的一般描述或是个体行为统计学上的一般描述，无论经济主体还是政治主体，其行为都可以在效用函数中得到体现。⑤当市场中的买者和卖者转化为政治过程中的行为主体时，其行为并不会因此发生变化，即在市场内行事的个人追求效用最大化的情境不会因为其在非市场内行事而使其个人动机发生改变。⑥ 不得不说尽管将经

---

① 〔古希腊〕亚里士多德. 政治学 [M]. 吴寿彭，译. 北京：商务印书馆，1965.

② 〔美〕赫伯特·西蒙. 现代决策理论的基石：有限理性说 [M]. 杨砾，徐立，译. 北京：北京经济学院出版社，1989.

③ 钱颖一. 理解经济学研究 [J]. 经济学报，2017，4（1）：1-12.

④ 〔美〕詹姆斯·M. 布坎南，戈登·塔洛克. 同意的计算——立宪民主的逻辑基础 [M]. 陈光金，译. 北京：中国社会科学出版社，2000.

⑤ 陈振明. 政治与经济的整合研究——公共选择理论的方法论及其启示 [J]. 厦门大学学报（哲学社会科学版），2003（2）：30-39.

⑥ 詹姆斯·M. 布坎南，唐寿宁. 宪法经济学 [J]. 经济学动态，1992（4）：65-70.

济学领域的方法论应用于政治领域内"政府"行为的分析尚存在多种语境的学术探讨，但不能否认这样一个基本事实，即使是政治决策，其本质也是权衡成本收益的经济行为，所以无论基于何种角度，探讨政府行为都无法绕过经济学的视角。

从现实角度看，现行体制下地方政府与中央政府既存在共同利益又存在博弈。计划经济体制时期，地方政府是完全意义上的中央政府派出机构，在财力上并无自主权，地方政府与中央政府的利益高度一致。财政分权后，地方政府既代表中央政府，同时也是地方非政府主体的利益代表①，在拥有一定财政自主权并具有相对信息优势的情况下与中央政府博弈成为可能。本书基于研究方向将地方政府作为立足点和出发点探讨东北地区政府的经济行为。在经济转型时期，地方政府的角色定位和行为特点具有复杂性，自主性不断增强，制度更加具有弹性。相对于市场机制分散化决策的特点，政府集中决策机制更为强势，在市场机制不甚完善的时间窗口，对市场配置资源的功能做必要补充。

当然，这更多是出于对"公共人"职能的考量，另一个维度就是与"公共人"相"对抗"的"经济人"角色。某种程度上地方政府的行为方式又增加了经济转型的对抗成本，在修正经济增长路径、完善市场机制的同时，固化了经济体的结构性矛盾。在渐进式改革路径中，政府不但是改革的主体，而且是改革的对象，决定了矛盾运动的复杂性和持久性，表现在经济活动中，既推动了地区经济活动水平的提高，又在一定程度上因为难以规避的弊端掣肘经济增长的质量；既与其他经济行为主体配合推动经济增长，又会因为操作不当与其他经济主体"争利"而损失经济效率。这两个维度是同一事物的不同侧面，从学界的研究来看，虽然可以看到有关政府经济行为研究的不同角度，但基于"经济人"的假说出发，研究视角似乎更聚焦于政府"经济人"角色存在的问题，比如地方政府经济行为企业化、权力市场化、利益本

---

① 孙宁华. 经济转型时期中央政府与地方政府的经济博弈 [J]. 管理世界，2001 (3)：35 – 43.

位化等。① 尽管如此，从效率的角度看待这些问题，在转型的特殊时期，以结果导向的思维分析，这些问题产生的影响并不都是负面的，因为竞争与博弈本身具有正反馈的作用。

5.1.2 投资主体的界定

梳理经济理论中对投资主体的界定，我国经济理论界基本有两种诠释。第一种诠释是，投资主体是经营活动中具有独立投资决策权、享受投资收益并承担投资风险的法人或者自然人，即投资主体是对投资方向、投资规模、投资方式及资金筹措有决策权的决策者，该决策者需承担投资风险，并对取得的收益有支配权。概括来说，投资主体既是决策主体，又是责任主体和利益主体。第二种诠释是，投资主体是投资体制各子系统的集合体，包括投资决策主体、投资调控主体、投资经营主体和投资使用主体。具体来说，政府和厂商构成主要的投资决策主体，货币当局、财政和指令性计划构成投资调控主体，具有公司治理结构的投资平台、专业银行等构成投资经营主体，各企业和建设项目构成投资使用主体。本书使用第一种对投资主体的诠释，将固定资产投资的主体界定为中央政府、地方政府、企业及个人投资主体，根据研究的内容重点强调政府投资主体和企业投资主体。

伴随行政集权与分权的格局演变，我国投资主体格局分为单一国家投资主体和多元投资主体，大致的时间区间以改革开放为界限分为两个阶段。改革开放前为单一国家投资主体，与当时集权的产品经济体制相适应，中央政府和地方政府为主要投资主体，尽管其间有过集权与分权的反复，但政府投资的主体格局并未发生根本性的改变。"一五"时期国家以恢复经济为主要任务，在工业门类不齐全的情况下布局重点建设项目，投资项目由国务院和中央各部门决策审批，地方的建设项目及任务由中央下达，基本建设基金基本全部由中央掌

---

① 聂方红. 转型时期地方政府的经济行为趋势 [J]. 学习与实践，2007（7）：45–51.

握，地方建设由中央拨款解决。1958 ~ 1960 年，高度集权使中央政府和地方政府矛盾突出，20 世纪 50 年代末期中央下放部分权利给地方政府，地方政府的财权、物质分配权和计划管理权扩大并拥有部分企业的所有权，在项目审批上有了更大的空间，地方政府投资主体在这一时期占主导地位。这一时期由于中央政府放权，地方投资急剧膨胀，在随后的五年中，中央政府加强了对地方自筹投资的管理，严格控制预算外资金并收回地方政府对投资项目的审批权，集中由中央政府审批，降低全民所有制企业的利润留成，再次形成中央高度集权的格局。之后的十年由于下放企业交由地方管理，相应地方政府投资决策权扩大，地方建设基金由地方统筹安排，企业上缴的折旧基金也由地方政府掌握，事实上形成了再一次的中央政府与地方政府的分权。

总体来说，第一阶段的投资主体特征为企业投资活动由政府决策，遵循政府指令性安排配置资源，价格信号失灵，投资资金由财政供给。政府不但是宏观领域的调控者，还是微观生产领域的决策者，企业在计划经济体制下，从权利、责任及利益的角度看几乎不能成为完整意义上的投资主体。第二阶段的投资主体格局为多元投资主体共存。改革开放后，在"简政放权、放开搞活"的改革浪潮中，从理顺分配关系的角度出发，财政领域率先实施财权与财力偏重于地方的分权式改革。中央对地方实行分级包干使中央与地方的利益格局发生明显改变，中央直接的转移支付份额减少，地方可以掌握的预算外资金大幅上升。这一时期财政实施的对企业减税让利政策、企业留利制度以及企业折旧基金留用政策增强了企业的财力，银行通过信用扩张向各类投资主体融通资金，地方财力及企业财力进一步增强，为多元投资主体格局的形成奠定了基础。与此同时，国家鼓励多种经济成分共同经营，集体经济、个体经济以及"三资企业"均有不同程度的发展，随着资金分配格局的变化，投资决策权也由中央高度集权向分散决策转换。

5.2 政府投资对经济增长的影响

5.2.1 政府投资对经济增长的正面效应

1. 政府投资的溢出效应

政府投资的领域具有较强的外部性，如交通运输、港口、路桥、通信、给排水工程等基础设施和能源工业等基础产业，其提供的产品具有准公共品的特性。基础产业是支撑经济体经济增长的支柱产业，不仅占有较大份额，对经济增长的贡献甚至不能仅仅通过短期效益衡量。基础产业投资形成的巨大生产能力不但支撑了经济增长，而且弥补了民间投资的不足，加快了当地存量资本的形成。另外，投资基础产业带来的外部性降低了民间投资的信息成本和交易成本，提高了民间资本的投资收益率，资本的趋利性促使民间资本增加投资，从而进一步扩大总需求，提高经济活动水平。同时，投资的过程伴随着资源整合的过程，资本形成伴随着技术进步和劳动力供给，经济增长中多要素共振，生产要素得以进一步优化整合。

基础产业投资的外溢性不仅仅局限于当地，更有空间效应，对其他地区同样具有溢出效应。[①] 投资具有关联性，区域发展依靠支柱产业，而对支柱产业的投资并不局限于该产业本身，还有对其上下游产业的联动投资。在产业合理化和高级化演进的过程中，区域间的投资关联效应愈加明显。在当地产业投资关联向区域产业投资关联延伸的趋势中更容易形成产业区和产业集群，产业分工逐渐拓展到区域间的协作，强化了产业分工的专业性，放大了区域结构的调整效应，这一过程往往还伴随着更广泛的信息传播，形成技术外溢，强化了空间溢

---

① 张学良. 中国交通基础设施促进了区域经济增长吗——兼论交通基础设施的空间溢出效应 [J]. 中国社会科学，2012 (3)：60 - 77 + 206；Hilary Sigman. Transboundary Spillovers and Decentralization of Environmental Policies [J]. Journal of Environmental Economics and Management, 2005, 50 (1)：82 - 101.

出效应。不仅如此，投资关联性增强形成的区域间产业集聚更有利于资本集聚及劳动力流动，在地区便利化条件下更容易形成生产规模。另外，从地方政府支出外溢角度看，地方政府投资基于非零和博弈策略，在增加当地投资支出时还可以影响相邻地区的政府支出水平，从而在区域发展一体化过程中实现共赢，促进区域内及区域间的良性竞争，实现地区经济总量水平整体提升。

2. 政府投资有助于带来资本边际改善

政府通过财政投资、财政补助、政策性贷款等方式扩张支出有利于形成规模经济，产业能够充分利用规模经济优势，降低单位产品生产成本，扩大边际收益，从而带来经济水平增量提高。其发生的机制可以从两个方面论述，其一，微观经济个体生产规模扩大，规模的变化引起微观企业外在生产条件和内部生产方式发生变化，在尚未超过临界点前，生产规模优化的指向是单位产品生产成本降低，从而平均收益扩大使经济总水平得以提高。对于微观企业而言，投资扩张带来的生产规模扩张可能伴随着生产专业化的优化调整，或者更新先进设备使生产更加高效。其二，行业生产规模扩大使外部条件发生变化，行业的发展为单个企业创造了各种便利条件，包括技术性和金融性便利条件，即使单个企业生产方式没有改变，外部便利性得以改善也可以降低企业的平均生产成本，从而带来边际产出的改善和效益的提高。

从东北地区的情况来看，政府投资在助力形成规模经济方面还存在诸多问题。自东北振兴战略实施以来，东北经济水平虽然有了一定提升，但对全国 GDP 增长的贡献却在减小。2003～2012 年东北地区对全国经济增长的贡献率为 5.9%，第二产业贡献率为 4.9%，而 1978～2000 年分别为 9.6%、10.3%[1]，虽然以此说明投资驱动力失效不充分也不客观，但至少能够说明投资存在问题。在东北振兴期间，各区域均在不同程度上扩张投资，动员各经济增长要素发展本地区经济，地

---

① 蔡昉. 从比较优势到规模经济——重新认识东北经济 [J]. 经济研究参考，2019 (20)：100 - 109.

区要素流动加快，东北地区在相对比较优势已然丧失的情况下，没有明显科技支撑、凝聚重工业要素强度的产品缺乏相对优势，在市场交换中很难获益。在低水平重复投资下，强化要素集聚是违背规模经济要求的，中低端产能持续投资只会降低资本边际产出水平导致距离规模经济越来越远，显然在这一点上地方政府投资论证不足。

在投资强调补短板的语境中，所谓的短板并不是欠发达地区的同质短板。不可否认，欠发达地区本身是同类项，但这个同类项仅是基于经济发展水平的定性，不代表其技术形态的同类项，对于短板产业，各个地方是不同质的。政府投资要找到地区的独特性，中央政府的专项资金转移支付也要科学规划进行差异化的重点投资，真正做到强化优势补短板，提升企业内部规模经济和行业规模经济。然而从中央政府转移支付资金的实际运用看，用于"创造性破坏"的差异化投资论证不足，资本运用效果呈现差异性。就地区异质性而言，东北地区国有企业云集，2000 年以前地区经济增长主要依靠国有企业推动，随着经济体制改革深化，计划经济体制成本凸显，同时东北地区还集中了大量的资源型城市，资源型城市转型同样凸显了历史遗产成本和转型成本。无论是国有企业改革还是资源型城市转型都需要弥补改革成本，虽然这不是东北地区区别于其他地区的根本不同点，但这是东北地区有别于其他地区的典型特点。中央转移支付的资金在西部地区可以充分调动劳动力要素，而在东北地区却是用于安置从生产性劳动中转移出来的非生产性劳动力，尽管部分解决了国有企业人员冗余的问题，但巨大的安置成本也不能说不是效率的损失。

东北振兴战略实施以来，尽管政府主导投资不尽如预期，但现阶段东北地区处于转型的关键时期，稳住东北地区经济增长使其踏上长期稳定增长的路径，政府投资不但不能减少，还应该扩大规模。扩张并不是低水平的数量扩张，而应该是遵循经济规律、科学筹划、重点发力的扩张，不仅能使微观企业扩大生产规模，降低成本，还能促使全行业形成规模经济，改变其粗放的生产方式进行集约高效生产。利用后发优势引进发达地区的高级经济形态及创新成果，提高产业专业化，以市场均衡为基础实现与发达地区趋同①，是现阶段东北地区政府主导投资的根本要务所在。

3. 政府利用投资工具调节总需求

政府投资是总需求的重要组成部分，政府投资规模扩张，在政府支出乘数的作用下，伴随总需求多倍扩张带来就业的边际改善，从而提高劳动力的收入水平，进而促进消费水平提高，最终提升经济活动水平。其前置条件是经济体中有闲置资源，生产要素尚未实现充分利用，显然无论是基于全国角度、区域角度还是基于城市角度，经济资源的配置都存在帕累托改进空间，生产要素也谈不上实现了真正意义上的充分利用。根据凯恩斯的理论，经济实现稳定增长的充要条件是充分就业下实现市场出清。总供给与总需求处于失衡的状态就一定意味着经济波动，政府可以通过财政政策，利用政府投资工具对经济进行调节。由于中央银行缺乏独立性，政府还可以通过中央银行利用货币政策工具对供需水平进行调节。根据凯恩斯的理论，当经济体处于凯恩斯陷阱中时，货币政策失效，只有财政政策才能真正发挥作用，所以在市场处于总需求不足的状态下，政府通过扩张政府消费和政府投资拉动经济增长实现市场均衡。政府既可以依靠直接投资也可以通过间接投资实现调控的目的，通过投资拨款、资本金注入的方式支持国有企业，以此提供产品和服务，虽然都是扩张投资，但不同之处在于资本金注入的方式可以为政府获得持续的现金流。间接投资的对象为社会资本，通过财政补助、政策性贷款及税务杠杆扩张社会资本，从而达到扩张投资，增加总需求的目的。

目前来看东北地区获益较多的投资方式为政府直接投资。其作用较为显著的阶段可以东北振兴初期为例，伴随政府直接投资扩张，东北地区三次产业产值均有较大幅度增长，后伴随政府投资的萎缩，东北地区经济增速下滑，不但佐证了政府投资的经济增长效应，同时也

---

① 蔡昉. 全球化、趋同与中国经济发展 [J]. 世界经济与政治, 2019 (3)：4－18.

说明了在民间资本不活跃的情况下东北地区经济增长对政府投资的依赖。政府投资在面对经济受到外在因素冲击时也同样显示出了其稳增长的关键作用，如应对 1997 年亚洲金融危机、2008 年国际金融危机。东北地区虽然远离震中，但全球化下仍然难以独善其身，经济不能形成内循环，依赖外界需求，特殊时期政府扩张投资有效对冲了随机因素对东北经济的冲击。扩张性财政政策发力的主要领域为基础产业，在此期间东北地区基础设施建设推进较快，为跨时期发展奠定了坚实的基础。2004 年中央财政安排国债筹集资金布局"三农"及西部大开发，同时向东北老工业基地倾斜，与地方财政合力使东北地区取得了较高的投资增速。

尽管如此，政府投资取得的成绩也不尽如人意。从财政数据上来看，用于交通基础设施的支出占有较大比重，但农业基金补助相对占比较小，对集体所有单位支持力度不足，用于普惠金融的财政补助份额不大，科研投入相对发达地区仍存在较大差距。对于资源型城市转型，虽然基金有所覆盖，但比重仍过小。加速折旧、税收减免以及税前扣除研发费用等税收优惠政策在东北地区的作用似乎并不能让人满意，比如在推进东北振兴方面，加速工业企业设备折旧的办法并未取得预期的效果，东北地区工业企业长期缺乏积累，设备更新不足，诸多资产超期服役，折旧办法虽好但实践空间有限。

5.2.2　政府投资对经济增长的负向影响

1. 政府扩张投资形成体制转型障碍掣肘经济增长

政府与市场的关系是衡量地区市场化水平高低的重要一环，东北地区行政体制中政府的权力较大，政府在地方经济增长中居于主导地位。伴随国有企业改革的深化，东北地区的市场化水平提高，但与发达地区相比依然存在较大的差距。地区市场化水平的衡量虽然是多指标的综合评价，但目前来看，掣肘东北地区市场化水平提升的重要因素依然是政府与市场的关系，二者之间的矛盾制衡关系又影响了其关系的根本性改变。东北地区由于非均衡地区发展战略、资源枯竭等，市场发育程度不高，政府主导性投资成为其保持经济增长的底线。在地区经济发展的竞速中，以经济增长为绩效评价的官员考核使政府投资不但成为地区经济增长的底线，而且成为地区间博弈的筹码，进一步扭曲了政府与市场的关系。政府权力过大，对市场干预过多，应该交给市场解决的问题依然存在政府力量介入，强政府、弱市场的格局依然在运动中维持着。在政府的强力干预下，遵循价格机制、优胜劣汰法则的市场机制较难运转，依靠市场化水平提升的经济增长难以推进，同时又进一步强化了政府的干预力量，政府与市场陷入了胶着的消耗战，市场化水平提升缓慢。

当然，对于政府的干预依然要从辩证法的角度去看待，政府的职能是多样的，不但要考虑通过"有形之手"保持地区经济稳定增长，还要考虑社会及经济系统秩序的稳定，不但要考虑效率还要顾及公平。东北地区国有经济比重大有其特定的历史原因，其在市场经济蓬勃发展的浪潮中背负着过重的历史遗留包袱，企业优胜劣汰固然是市场的生存法则，可是优胜劣汰的背后是民生，是数以万计的国企员工的生计，为此不得不说东北地区已然付出了巨大的代价。事实证明，断臂求生如果失血过多，在不危及生命的情况下就应该徐徐图之，东北经济艰难缓慢的转型如果都归因于地方政府显然是有失公允的。

尽管如此，实事求是看待政府投资扩张行为，其背后的确存在一系列弊病，而这些弊病都或多或少地固化了东北地区的行政体制，延长了市场化的调整时间。比如官员的行政管理方式，如果把一个城市甚至一个区域比作一个公司，政府官员比作决策者，那么对于一个公司而言，信息传递的有效性取决于公司的治理结构和体系架构。事实证明扁平化的组织架构更加有利于信息的传递，现代投资机会的把握依靠的就是有效信息的传递和整合，对于政府投资而言，显然治理结构尤为重要。然而地方政府基于主导地位显现出更多的官僚作风，体制下的管理层级较多，部分领域存在职能交叉，信息传递缓慢，信息处理反馈同样缓慢。不仅如此，对于风险溢价低的项目或者存在不确定因素的时候部分政府更倾向于选择不作为，表现出了唯上不唯实的作风，而这些都是政府权力放大的弊病。

地方政府投资扩张凸显的另一个弊端是限制了外部竞争，从而造成一定程度上的市场分割。其表征为地方政府以其制度供给者的地位进行行政垄断，利用自身的公权力设置限制，干扰有序的市场竞争，避免地区外的经济单位分享成果。行政壁垒增加了交易成本，驱逐了外部竞争，虽然在一定程度上保护了当地的财政收入，但从阻碍要素流动的长期影响来看，如果没有持续性的经济增长作为支撑，本身并不增加地方政府效用的行政垄断及地方保护行为并不会使就业和财政收入保持稳定。行政垄断本身是一种制度设计，拥有公权力的政府利用该制度设计影响了市场结构，扭曲了市场资源配置，降低了市场经济运行效率。

此外，政府投资扩张的短期行为对经济长期增长也产生了不利的影响，这种短期行为的动因和表现体现在多个方面。根据经济学原理，在收入水平不变的情况下，通过消费拉动地区经济增长要改变居民的消费倾向，使收入中更大的比例用于消费。然而，在经济转型的过程中，不确定性增加，居民的消费倾向短时间难以改变，基于边际消费倾向和平均消费倾向的相对稳定性，通过投资拉动经济增长显然更加快速和有效。另外，这种短期行为的动因还来自投资更容易形成看得见的绩效。诸多学者在研究中发现，投资周期具有明显的政治周期特点，微观投资主体负债投资扩张路径与政府投资扩张路径具有一致的变化规律。[①] 在地方政府博弈中，官员追求政绩具有内生性，政府投资的短期行为如果缺乏体制调整及监督约束是难以规避的，尤其在通货紧缩的预期下，持续性扩张的政府投资在很大程度上被政府官员异化为与消费近似的刚性需求。基于以上动因产生的政府短期行为对经济增长的影响却是长期的，一方面，政府投资资金很大一部分来源于国债及政府债，对债务资金的依赖使政府债务规模扩张，产生了诱发金融系统性风险的隐患；另一方面，由于国家资本的软约束，官员追求政绩的短

---

① 陈艳艳，罗党论. 政治周期、地方官员变更与资源配置［J］. 上海财经大学学报，2016，18（5）：40－52＋103.

期行为使其在项目选择上不是以项目的盈利和社会效益为根本着眼点，而是将短期需求放在首位，其后果就是寻租出现，致使大量项目缺乏论证而投资效益低下，这样的情况不是个例，也不基于特定的历史时期，区别仅在于伴随政府治理情况的改善，负面效应得以弱化。

政府的短期行为还表现在过度注重招商引资，依赖招商引资扩大地区投资体量上。尽管招商引资是资源整合的有效方式，但在实际运作中往往落于荒腔走板，投资不过山海关的演绎版本虽有不同，但都指向了同一结果。为了援引技术及资本，东北地区格外重视资本跨过山海关，尤其是资本体量大、有配套资源、有实体有技术的资本。实践证明招商引资确实对地区发展经济大有裨益，然而过度依赖招商引资不但不能解决经济增长的根本问题，还会因过度注重区外资本而忽视对本地企业的培育，从而制约本地企业的升级转型。不仅如此，政府通过招商引资注入生产要素，往往忽视援引的资本是否能和本地产业耦合，是否能够提供援引资本继续发挥优势的外部环境，"橘生淮南则为橘，生于淮北则为枳"的常识性错误偶有发生，不但损失了政府资源，还挤压了本地企业的生存空间。在这个过程中，政府还凸显了治标不治本的浮躁心态，欲取先予，欲引凤凰，先要有扎根于土壤的梧桐树，只有拥有良好的营商环境，投资才会纷至沓来，而这恰恰就是东北地区所缺乏的，也应该是地方政府今后工作的重点。

2. 政府扩张投资形成经济结构调整障碍制约经济增长

中央与地方政府分权赋予了地方政府更多的项目审批权限，也使地方政府有了更强的投资冲动，城市化与工业化程度提高，但也造成城市与城市、城市与农村的差距拉大，收入畸高群体与收入畸低群体逆向分离，进一步扭曲了经济结构。尽管在工业发展初期服务于重工业的传统二元结构体制弱化，但体制转轨下地方政府的投资冲动使城市与城市之间、城市与农村之间产生了新的二元结构。尤其在地区非均衡发展阶段，在法制不健全、运作缺乏规范性、监督缺位、体制性资源缺乏管理而滥用的环境下，战略性资源倾斜，部分地区借助政策红利与相对良好的市场环境快速积累财富，城市财富得以重新洗牌，既有财富格局进一步分化而产生收入分化的差异性积累，由于缺乏政府间的利益协调机制，城市之间的博弈进一步加剧。研究发现，地方政府主导下的投资存在明显的省界效应，在省与省交界处的县域，其经济产出水平显著低于其他县域，交通基础设施投资表现得更为明显[1]，这种表现其根本原因就在于分权体制下投资扩张导致的市场分割。类似的研究还可见于国外利用夜间灯光数据所分析的国界线成为增长断点的问题[2]，同样，一国内部也会出现经济边界与行政边界不一致的情况，造成经济资源配置效率损失[3]。

伴随政府投资扩张，经济结构调整的另一个障碍就是加深了投资与消费的结构性失衡。在经济体制改革时期乃至市场经济体制确立的十年里，东北地区的消费率始终高于投资率，显然这并不符合通常意义上一个经济体经济发展水平越高消费率越高的语境。对于东北地区而言，这恰恰反映出了市场不能发挥基础性配置作用的问题所在。钱纳里和赛尔昆[4]利用 100 多个经济体的经济增长和工业化的经验数据，得到经济结构随人均 GDP 增长而变化的逻辑曲线，结合发展中国家发展过程中的资源配置情况，综合分析需求、贸易、产出、制造业类型、人口规模及收入增长相关要素，得出可资参考的投资率与消费率标准量值表。以 1964 年美元计算，当人均 GNP 小于 100 美元时消费率最高，其值为 89.8%，属于贫困性高消费；人均 GNP 从 100 美元上升到 1000 美元的过程中，消费率逐渐降低，投资率逐渐升高；在人均 GNP 达到 1000 美元时，消费率为 76.5%，投资率为 24%；当人均 GNP 超过 1000 美元

---

① 唐为. 分权、外部性与边界效应 [J]. 经济研究，2019 (3)：103 – 115.

② Maxim L. Pinkovskiy. Growth Discontinuities at Borders [J]. Journal of Economic Growth，2017，22 (2)：145 – 192.

③ Carl Gaigné, Stéphane Riou, and Jacques-François Thisse. How to Make the Metropolitan Area Work? Neither Big Government, nor Laissez-faire [J]. Journal of Public Economics，2016，134：100 – 113.

④ Hollis Chenery, Moshe Syrquin. Patterns of Development, 1950 – 1970 [M]. New York：Oxford University Press, 1975；Moshe Syrquin, Hollis Chenery. Three Decades of Industrialization [J]. The World Bank Economic Review, 1989, 3 (2)：145 – 181.

时，投资率微降为 23.4%，消费率中用于享受的消费比重上升从而私人消费率上升，政府消费率下降，消费率从总量上保持不变。① 根据这个标准来衡量，聚焦东北地区消费率与投资率的消长趋势，按照 1964 年美元兑人民币的比价，剔除美元的通货膨胀率，计算并比较人均 GDP 为 1000 美元时的投资率和增长率，显然东北地区存在较高程度的投资与消费结构性失衡。

由于黑龙江省缺少政府投资的明细数据，仅从辽宁省和吉林省的投资率、消费率来看，1985～2013 年，吉林省的消费率从 72.4% 降到 39.4%，投资率从 40.5% 增长到 69.6%；辽宁省的消费率从 53.3% 降到 41.1%，投资率从 33.6% 增长到 63.3%；大体上看黑龙江也有同样的投资率与消费率消长趋势。根据各省投资率与消费率的消长趋势可以发现，2003 年以后随着政府投资的扩张，各省投资率显著上升并超过消费率，投资与消费结构性失衡进一步加剧，消费被明显抑制。政府为弥补消费不足引起的经济增长损失，进一步通过财政扩张拉动内需，然而政府投资扩张带来投资加速的同时也带来了效率损失，使投资与消费的结构性失衡进一步恶化。剔除价格因素，近三十年储蓄规模以年均 18% 的速度增长同样可以证明。

东北地区投资与消费结构性失衡有其内在机理。第一，从分权来看，地方政府长期存在职能错位，在经济增长与公共服务上失去平衡，公共服务水平低甚至诸多领域存在公共服务缺失，这就使得市场条件下本应该由公共财政承担的成本转嫁到居民身上，比如教育、住房、医疗等成本。这些成本随着资源的拥挤不但没有降低，反而有升高的趋势，消费者收入的增长幅度小于成本升高的幅度，加之经济转型期存在较多的不确定性，消费者会选择延迟消费。从长期来看，这不但改变了消费者的预期，而且改变了消费者的消费倾向，进而在经济体的消费环节中产生市场机制的传导障碍，形成了抑制消费的体制性障

---

① 在钱纳里与赛尔昆的著作《发展的模式：1950—1970》中，消费率等于私人消费率与政府消费率之和。

碍①，而且在外贸依存度不高的东北地区，内需不足、政府扩张投资、消费抑制形成难以拆解的循环，而此种循环不利于长期经济增长。

第二，近年来东北地区经济增长对房地产业有较大的依赖，经济水平的提高与房地产投资有较大关联。由于资产价格上升，政府依靠土地财政提升了地方财政收入水平，尽管东北地区与发达地区相比，房地产的溢价相去甚远，但房地产业带来的资本收益仍使资本源源不断地流入房地产业。同时，房地产业国有经济占有较高比重，由此形成了权力与资本结盟的投资倾向。然而房地产业并不属于生产率高的行业，依靠土地财政发展房地产业所形成的现金流也不具有持续性，投资的快速增长与投资低效率同时存在。基于高利润的行业属性及追求租金的动机，房地产业在利润追逐的过程中吸引了大量资本，这不但偏离了生产要素优化配置的基本原则，同时推高了资金成本和居住成本。投资结构与利润结构的双重失衡导致其他行业出现效率损失，产值增长有限使劳动力收入增长缓慢，资本报酬远高于劳动要素报酬，使实际劳动力要素收入比重降低，收入分化更为严重，资本和劳动要素价格进一步扭曲。尤其对低收入者而言，在社会保障尚待完善的情况下，收入提高的速度和幅度无法覆盖成本提高的速度和幅度，消费受到抑制，从而经济体存在内需不足的情况。② 需要说明的是，政府主导的投资扩张虽然对消费存在挤压，但其最终效果并不是绝对的，在这里仅就其负面影响做出评价。

5.2.3　理论模型及估计方法

1. 理论模型

依据 Barro 的研究③，假定政府支出总额为 G，且均为投资性支出，

---

① 吕炜，王伟同. 发展失衡、公共服务与政府责任——基于政府偏好和政府效率视角的分析 [J]. 中国社会科学，2008 (4)：52 - 64 + 206.

② 邹卫星，房林. 为什么中国会发生投资消费失衡？[J]. 管理世界，2008 (12)：32 - 42 + 50.

③ Robert J. Barro. Government Spending in a Simple Model of Economic Growth [J]. Journal of Political Economy, 1990, 98 (S5): 103 - 125.

政府通过其支出行为向私人部门提供服务，市场中任何企业都能利用公共产品，同时并不影响其他企业使用。假定经济体规模报酬不变，资本在生产中的比重为 α，$0 < \alpha < 1$，企业的生产函数为：

$$Y_i = AL_i^{1-\alpha} K_i^{\alpha} G^{1-\alpha} \tag{5.1}$$

假设政府平衡预算以税率 τ 对总产出征税，则政府投资性支出为：

$$G = \tau Y \tag{5.2}$$

假定税率恒定，政府投资性支出占总产出的比重始终不变，企业税后利润为：

$$L_i \left[(1-\tau)AK_i^{\alpha} G^{1-\alpha} - \omega - (r+\delta)K_i \right] \tag{5.3}$$

其中，ω 表示工资率，$r+\delta$ 为租金率，基于企业追求利润最大化的目标，工资率为劳动力税后边际产品价值，租金率等于资本税后边际产品价值，如果令 $K_i = K$，则租金价格为：

$$r+\delta = (1-\tau)\frac{\partial Y_i}{\partial K_i} = (1-\tau)\alpha AK^{-(1-\alpha)} \left[(\tau AL)^{\frac{1}{\alpha}} K \right]^{1-\alpha} \tag{5.4}$$

设定 r 为市场均衡状态下的消费、资本、产出增长率，且在均衡状态下变量增长率相同，ρ 为主观时间偏好率，$\theta > 0$，设定为常量，使消费边际效用具有恒定弹性。AK 模型在家庭效用最大化的前提下，得出消费增长率的最优化条件：

$$r_c = \frac{1}{\theta}(r-\rho) \tag{5.5}$$

将（5.4）式代入（5.5）式，消除利率 r，可以得到：

$$\gamma = \frac{1}{\theta}\left[\alpha A^{\frac{1}{\alpha}}(\tau L)^{\frac{1-\alpha}{\alpha}}(1-\tau) - \delta - \rho \right] \tag{5.6}$$

由（5.6）式可知，政府主要通过两个方面来影响经济增长：$1-\tau$ 代表了税收对资本边际产品的负效应，而 $\tau^{(1-\alpha)/\alpha}$ 则代表政府支出 G 对资本税后边际产品的正效应。进一步对 τ 进行一阶函数求导得到：

$$\frac{\partial \gamma}{\partial \tau} = \frac{1}{\theta}\alpha A^{1-\alpha} L^{\frac{1-\alpha}{\alpha}-1}(1-\alpha-\tau) \tag{5.7}$$

由（5.7）式可发现，当政府支出比例 $\tau = G/Y$ 较小时，随着政府支出规模扩大，经济增长率升高，政府支出对经济增长具有推动作用，当政府支出超过临界值后，政府支出对经济增长开始表现为负向影响。

2. 估计方法及变量设定

基于经济理论中对政府投资与经济增长的关系描述，进一步通过经验证据进行验证，在充分考虑时间因素的前提下考察政府投资与经济增长的关系，考虑到模型中可能存在内生性问题，采用非结构性方法进行分析。在考虑变量动态关系的基础上选择向量自回归模型，将所有当期变量作为所有变量若干滞后变量的函数，并将所有函数构成一个系统建立各变量之间的关系，根据最大似然法得到与最小二乘法一致的估计。假设有两个时间序列变量 $\{y_{1t}, y_{2t}\}$，分别将其作为两个回归方程的被解释变量，解释变量为这两个变量的 p 阶滞后值，构成二元 VAR（p）系统：

$$
\begin{aligned}
y_{1t} &= \beta_{10} + \beta_{11} y_{1,t-1} + \cdots + \beta_{1p} y_{1,t-p} + \gamma_{11} y_{2,t-1} + \cdots + \gamma_{1p} y_{2,t-p} + \varepsilon_{1t} \\
y_{2t} &= \beta_{20} + \beta_{21} y_{1,t-1} + \cdots + \beta_{2p} y_{1,t-p} + \gamma_{21} y_{2,t-1} + \cdots + \gamma_{2p} y_{2,t-p} + \varepsilon_{2t}
\end{aligned}
\tag{5.8}
$$

其中，ε_{1t} 与 ε_{2t} 不存在自相关，但允许两个方程扰动项存在同期相关，将两个方程写为：

$$
\begin{pmatrix} y_{1t} \\ y_{2t} \end{pmatrix} = \begin{pmatrix} \beta_{10} \\ \beta_{20} \end{pmatrix} + \begin{pmatrix} \beta_{11} \\ \beta_{21} \end{pmatrix} y_{1,t-1} + \cdots + \begin{pmatrix} \beta_{1p} \\ \beta_{2p} \end{pmatrix} y_{1,t-p} + \begin{pmatrix} \gamma_{11} \\ \lambda_{21} \end{pmatrix} y_{2,t-1} + \cdots +
$$

$$
\begin{pmatrix} \gamma_{1p} \\ \lambda_{2p} \end{pmatrix} y_{2,t-p} + \begin{pmatrix} \varepsilon_{1t} \\ \varepsilon_{2t} \end{pmatrix}
\tag{5.9}
$$

将同期变量写成列向量，相应系数合并为矩阵：

$$
\begin{pmatrix} y_{1t} \\ y_{2t} \end{pmatrix} = \begin{pmatrix} \beta_{10} \\ \beta_{20} \end{pmatrix} + \begin{pmatrix} \beta_{11} & \gamma_{11} \\ \beta_{21} & \gamma_{21} \end{pmatrix} \begin{pmatrix} y_{1,t-1} \\ y_{2,t-1} \end{pmatrix} + \cdots + \begin{pmatrix} \beta_{1p} & \gamma_{1p} \\ \beta_{2p} & \gamma_{2p} \end{pmatrix} \begin{pmatrix} y_{1,t-p} \\ y_{2,t-p} \end{pmatrix} + \begin{pmatrix} \varepsilon_{1t} \\ \varepsilon_{2t} \end{pmatrix}
\tag{5.10}
$$

记 $y_t \equiv \begin{pmatrix} y_{1t} \\ y_{2t} \end{pmatrix}$，$\varepsilon_t \equiv \begin{pmatrix} \varepsilon_{1t} \\ \varepsilon_{2t} \end{pmatrix}$

$$\text{则有 } y_t = \underbrace{\begin{pmatrix} \beta_{10} \\ \beta_{20} \end{pmatrix}}_{\Gamma_0} + \underbrace{\begin{pmatrix} \beta_{11} & \gamma_{11} \\ \beta_{21} & \gamma_{21} \end{pmatrix}}_{\Gamma_1} y_{t-1} + \cdots + \underbrace{\begin{pmatrix} \beta_{1p} & \gamma_{1p} \\ \beta_{2p} & \gamma_{2p} \end{pmatrix}}_{\Gamma_p} y_{t-p} + \varepsilon_t \quad (5.11)$$

定义相应系数矩阵为 Γ_0，Γ_1，$\cdots$，Γ_p，可得 $y_t = \Gamma_0 + \Gamma_1 y_{t-1} + \cdots + \Gamma_p y_{t-p} + \varepsilon_t$。根据 VAR 模型建立经济增长与政府投资两个变量的 VAR 系统。以东北地区时间序列为观测样本，观测区间选择 1985～2018 年，为剔除价格因素的影响，以 1985 年为基期，以 GDP 平减指数对变量做定基处理。

5.3 政府投资对民间投资的影响

5.3.1 政府投资对民间投资的挤出效应

以西方经济理论阐释，政府支出增加，产品市场竞争加剧引起产品价格上涨，实际货币供应量减少，用于投机目的的货币量减少，债券价格降低，利率升高，从而投资成本增加。短期内由于存在货币幻觉，产出还会有所增加，但长期来看货币幻觉消失，而民间资本对投资成本更为敏感，民间投资减少，形成了政府投资对民间投资的"挤出效应"。根据 IS-LM 模型，如果货币政策无变化，在 LM 曲线不发生移动的情况下扩张政府支出，会使 IS 曲线右移，当货币市场与产品市场同时实现均衡时，必然会使利率和产出同时增加。如果不考虑财政支出变动引起实际货币供给量的变化，则产出的增量会更多，利率上升抵消了部分不考虑实际利率变化的国民收入增量，抵消的这部分便是可以量化的挤出效应。挤出效应是否明显取决于经济体中闲置资源的数量，如果经济体已然实现充分就业，则挤出效应是完全的；如果经济体尚未实现充分就业，则挤出效应不显著。

从经济体运行机制看，挤出效应可以从多方面进行阐释。从资金来源看，政府的基础设施建设资金主要来源于财政预算拨款和行政性贷款，财政预算拨款的前提是财政收入，财政收入基于税收。政府扩张基础设施建设投资必然会增加财政预算拨款，难以避免会加重民间资本的财税负担，从而降低民间投资的预期收益率，抑制民间投资的积极性，由此对民间投资产生挤出效应。行政性贷款则是以政府债务扩张为基础，尽管政府债务扩张有助于改善基础设施建设，一定程度上降低了民间资本的投资成本从而存在挤入效应，但随着政府债务投资增加，政府主导性投资对金融机构信贷形成倒逼，扭曲金融机构的资源配置，必然会使信贷溢价上升，导致市场利率升高，迫使民间投资减少。从金融机构角度看，金融机构对私人贷款的风险敞口较大，加之行政性指令和窗口指导，私人资本的货币需求同样会被挤出。① 从政府行政性贷款净效应来看，政府用于改善民生的项目投资通过政府融资平台所获得的资源支持更多地挤出了民间投资，尤其政府非公开发行的债务挤出效应更强。②

从近年的东北地区债务规模数据来看，吉林省 2015 年末地方政府债务余额为 2751.72 亿元，2019 年末该余额为 4344.83 亿元，年均增长 12.1%；辽宁省 2016 年末地方政府债务余额为 8526.2 亿元，2019 年末债务余额为 8884.36 亿元，年均增长 1.4%；黑龙江省 2016 年末地方政府债务余额为 3422 亿元，2018 年末为 4293 亿元，年均增长 12.0%。③ 基于前述分析不难得出这样的结论，东北地区债务规模的快速扩张虽然为经济建设提供了资金，但在一定程度上也压缩了民营企业利用金融资源的空间，影响了民营企业的经济活力。

东北地区政府投资过多涉及竞争性行业同样是政府投资挤出民间投资的原因，比如制药行业、食品饮料加工业、房地产行业等，国有资本多有布局且占有较大比重。东北地区国有资本布局行业的广泛性有其历史原因，虽然随着体制改革的不断深化，东北地区经历了国有资产到国有资本的根本性转变，但由于市场化进程缓慢，国有资本尚未形成有效的退出机制，在利益格局并未深入调整的情况下，其触角

---

① 毛锐，刘楠楠，刘蓉. 地方债务融资对政府投资有效性的影响研究 [J]. 世界经济，2018 (10)：51-74.
② 余海跃，康书隆. 地方政府债务扩张、企业融资成本与投资挤出效应 [J]. 世界经济，2020 (7)：49-72.
③ 数据来源于辽宁省、吉林省与黑龙江省的政府年度决算报告。

仍然深入各个领域。同时，缺乏约束的短期行为又强化了从竞争行业中获取利益的动机，挤占了民间企业的获利空间和发展空间。不仅如此，东北地区政府财政收入能力远不及发达地区，有限资源分布过散，导致关键技术创新领域和关乎民生领域投资不足，电力、石化、铁路行业长期处于高度垄断的状态，尽管国家已颁布有关垄断性行业放开竞争性业务的政令，但其进入门槛高，民间资本进入依然存在很大难度。

5.3.2　政府投资对民间投资的挤入效应

政府投资对民间投资不仅具有挤出效应，而且具有挤入效应。其作用机制可以从政府投资方式的综合运用角度说明。政府通过资本金注入的方式将资源投入项目，对具有较强外部性的项目，尤其是资本密集型的项目，比如电力供应、通信、水利、能源等投资，不但可以为公共及私人部门提供生产资料，还可以起到改善财务结构的作用，降低投资成本和风险，有效引导民间资本。政府政策性融资的方式是政府投资方式的革新，通过财政贴息、财政担保和政策性贷款支持民间投资，降低社会资本投资成本和投资风险，提高民间投资边际生产力，激发民间投资活力，引导民间资本进入基础产业领域，并放大竞争性领域的投资效益。税收杠杆调节也是政府投资的有效方式，通过税收优惠的方式实现产业政策目标。比如在私人物品领域和高技术产业领域灵活运用特别折旧政策、进口设备税收减免、研发费用抵扣等手段放大投资效益，提升产出水平。政府在公益性项目和准公益性项目中注入资本，采取投资补助的方式，对企业进行补偿，不但弥补了市场失灵，还因其较强的正外部性提高了社会效益。与此同时，营造良好的环境可有效降低社会资本的商务成本，增加企业获利机会，鼓励私人部门增加投资形成资本。

随着政府投资方式的革新，以及政府与民间资本合作方式的创新，政府的公权力与市场交换机制相结合，在公共领域通过代建、承包、定购、特许经营等方式，以较少的政府资源撬动社会资本，吸引民间资本参与项目投资，提高经济体的供给能力。另外，对于大型基础设施建设项目，在政府控股投资、产业投资基金注入的基础上广泛引进民间资本参与基础设施建设及运营，增加社会投资。如果对挤入效应做一个注脚，可以引用迈克尔·帕金在其著作《经济学》中对挤入效应的诠释，即所谓的挤入效应就是政府采用扩张性财政政策诱导民间投资和民间消费增加，从而带动就业增长和产出水平提升的效应。①

5.3.3 估计方法

在实证研究中，多数计量模型的设计与应用架构在变量之间相对静态的关系上，或是设置滞后期强调样本区间内变量之间的滞后影响上。改革开放后，投资体制变革剔除可见的几次颠覆性变化，仍然在时间范畴内发生着量变，且各种影响变量关系的外界冲击都以较高的频率发生着变化。考察政府投资对民间投资的影响显然应基于动态的角度，在时间的广角中分析政府投资与民间资本的相对变化。固定参数模型在表现变量时变关系上缺乏说服力，而状态空间模型可以反映各变量在不同时点上的动态关系，能够说明变量之间的结构变化。由此，在以实证分析方法为本章论述提供经验证据的过程中，采用状态空间模型解析政府投资与民间投资之间的动态关系。

状态空间模型可以将不可观测的因素以状态变量的形式融入观测模型得到相应的估计结构，并基于卡尔曼滤波迭代算法对变量参数进行估计，在偏差的修正上表现得更为出色，从而使计算更为精准。该模型最早由 Kalman 提出，主要应用于工程控制的处理过程，考察难以观测的成分在系统中的作用。状态空间模型由状态方程和量测方程两部分构成，状态方程描述的是状态变量之间的动态关系，量测方程则描述可观测变量与状态变量之间的关系。现代经济中状态空间模型得到了较为广泛的应用，比如应用较多的 ARMA 模型就是该模型的特例。

---

① 崔到陵，杨鹏程．谈财政政策的"挤进效应"和"挤出效应"[J]．新疆财经，2005
(1)：40-42.

卡尔曼滤波的作用机理主要是通过计算似然函数得到模型中未知参数的估计量值，进一步基于可得到的新观测值连续修正状态向量的估计参数。卡尔曼滤波的构成包括预测、更新、平滑三个部分，所以可以总结为在 t 时刻基于所有可获得信息连续修正状态向量的递推和迭代过程。

5.4　政府投资经济效应实证检验

5.4.1　政府投资与经济增长的动态关系

1. 平稳性检验

为了规避伪回归、伪相关和异方差的问题，使数据更加平滑，本节对政府投资和经济增长的代理变量进行取对数处理，应用 ADF 单位根检验方法对政府投资（LnGT）和经济增长（LnG）进行平稳性检验，并分别对变量时间序列的水平形式和一阶差分形式进行检验（见表5.1）。LnGT 和 LnG 在 1% 和 5% 的水平下均不能拒绝非平稳序列的原假设，说明两个变量的水平序列均不平稳，但其一阶差分序列的 ADF 统计量均在 95% 的置信区间小于临界值，拒绝序列存在单位根的原假设，因此 LnGT 与 LnG 均为一阶单整序列，在具体检验过程中，均包含常数项，但不包含时间趋势项。

表 5.1　政府投资与经济增长的 ADF 检验报告

变量	检验形式 (c, t, L)	ADF 统计量	1% 临界值	5% 临界值
LnG	(1, 0, 0)	−2.290	−3.696	−2.978
LnGT	(1, 0, 0)	−0.361	−3.696	−2.978
D. LnG	(1, 0, 0)	−3.691	−3.702	−2.622
D. LnGT	(1, 0, 0)	−4.137	−3.702	−2.980

2. 协整检验

考虑到模型估计参数与滞后期的选择有关系，模型估计参数增加会令模型的自由度降低，因此滞后期的选择要通过筛选条件确定，在准则筛选结果不一致的情况下，结合多数原则取统计量最小值。根据表 5.2，变量滞后期的选择具有一致性，滞后期选择为 $p=1$。据此建立 VAR（1）模型考察政府投资与经济增长的关系。由于两个变量为一阶单整序列，可能存在协整关系，进一步对其进行协整检验。根据报告显示，最大特征值和迹统计量均无法拒绝有 0 个协整向量的原假设，因此经济增长与政府投资之间并不具有长期稳定的均衡关系（见表 5.3）。

表 5.2　政府投资与经济增长滞后期选择报告

滞后期	Prob	LR	FPE	AIC	HQIC	SBIC
1	0.000	195.810*	0.000*	− 2.064*	− 1.974*	− 1.784*
2	0.338	4.535	0.000	− 1.948	− 1.799	− 1.481
3	0.372	4.260	0.001	− 1.824	− 1.614	− 1.170
4	0.286	5.011	0.001	− 1.724	− 1.455	− 0.883

注：*代表在 10% 的水平下显著。

表 5.3　政府投资与经济增长协整检验报告

原假设	最大特征值	5% 临界值	迹统计量	5% 临界值
0 个协整向量	7.9174	14.07	10.6722	15.41
至多 1 个协整向量	2.7548	3.76	2.7548	3.76

建立一阶向量自回归模型，进行全样本参数估计并检验变量各阶系数联合显著性，经验证无论是单一方程还是两个方程，整体检验均在 1% 的水平下显著，继而检验残差是否存在自相关，其结果接受扰动项为白噪声。对于 VAR 系统，确定其稳定性是判断模型有效性的关键条件，根据图 5.1，模型所有根模的倒数值全部小于 1，即所有的特征根均落在单位圆内，因此可判断 VAR 系统是稳定的。但同时需要注意

的是，有一个根十分接近单位圆，在一定程度上意味着有些冲击有较强的持续性。

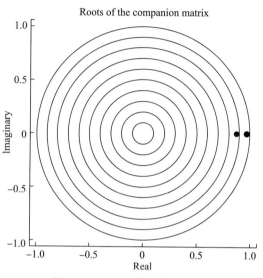

图 5.1　VAR 系统稳定性判别

资料来源：基础数据来源于历年东北地区各省统计年鉴，由笔者进行数据处理，利用 Stata 得到 VAR 系统稳定性判别图。

3. 脉冲响应分析

脉冲响应函数用于度量随机扰动项的一个标准差冲击对内生变量即期和未来取值的影响，依赖于变量的排序。正交脉冲响应图刻画了经济增长作为响应变量对脉冲变量政府投资的动态反应，即政府投资对经济增长的动态影响。如图 5.2 所示，给予内生变量一个标准差的冲击，经济增长即期反应明显，随即经济增长正反馈以较快的速度下降，直到第 10 期，边际增量趋近于零，曲线也愈加平滑，保持在基本稳定的水平上。通过政府投资与经济增长的动态变化过程可以看到，尽管随着时间递延，经济增长的反馈强度降低，但始终大于零，即经济增长给予政府投资正反馈。由此可知，政府投资对经济增长有正向影响，但其对经济增长的拉动作用有限，短期内可见经济系统的活跃，但长期缺乏稳定性，说明政府投资释放需求效应使经济水平短期得以提高，但投资的供给效应并不显著。

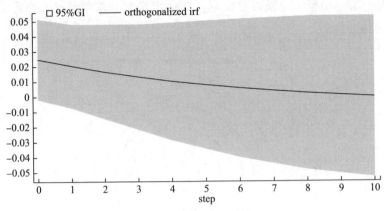

图5.2 经济增长对政府投资的正交脉冲响应

资料来源：基础数据来源于历年东北地区各省统计年鉴，由笔者进行数据处理，利用Stata得到正交脉冲响应图。

4. 方差分解

根据研究需要，运用方差分解的方法判别政府投资对经济增长的贡献度，方差分解方法给出了对VAR系统产生影响的每个随机扰动项的重要信息，由此可进一步对引起系统变量波动的因素进行归因，即系统变量波动在多大程度上由自身的扰动项或其他因素引起。如表5.4所报告，对VAR（1）模型进行方差分解，其滞后1期方差90.3%来自经济增长扰动本身，政府投资对经济增长的贡献度占9.7%。随着时间的递延，由自身扰动所引起的经济增长比重逐渐增大，同时政府投资所引起的经济增长比重逐渐下降，第10期经济增长对政府投资的冲击反应趋近于零，经济增长方差96.8%来自自身扰动，由此可见政府投资对经济增长的拉动作用有限，并且呈现近似匀速的下降趋势，只有在滞后1期时最大。

表5.4 经济增长方差分解

单位：%

滞后期	经济增长	
	政府投资	经济增长扰动项
1	9.7040	90.2960

续表

滞后期	经济增长	
	政府投资	经济增长扰动项
2	8. 2765	91. 7235
3	7. 1099	92. 8901
4	6. 1580	93. 8420
5	5. 3817	94. 6183
6	4. 7488	95. 2512
7	4. 2328	95. 7672
8	3. 8118	96. 1882
9	3. 4683	96. 5317
10	3. 1877	96. 8123

5.4.2　政府投资与民间投资时变参数分析

基于数据的可得性，样本数据为 1985 ~ 2018 年东北地区时间序列，由辽宁省、吉林省和黑龙江省变量数据加总而得，以地区生产总值、国家预算内资金、各项税收收入、金融机构年底存款余额分别作为经济增长（G）、政府投资（GT）、税收（SH）、储蓄（CH）的代理变量，民间投资（MT）为各地区固定资产形成总额与政府投资的差额。数据来源于 1986 ~ 2019 年各省统计年鉴，为了保证数据的可比性，分别对变量做定基处理，即以 1985 年为基期，以国内生产总值平减指数对经济增长、民间投资和政府投资作平减处理，以居民消费价格指数对储蓄和税收进行平减。为了使数据更加平滑，规避异方差问题，对各变量分别作对数处理。

1. 政府投资与民间投资时间趋势及数据描述

从民间投资与政府投资时间趋势图可以看到（见图 5.3），东北地区政府投资与民间投资总量趋势基本一致，均在 2013 ~ 2015 年达到阶段性高点，2015 年呈现陡然下降的趋势。从各自的增长率来看，政府投资增长率呈现阶段性波动趋势，其曲线斜率总体来看相对民间投资增长率更为陡峭，振幅也更大一些。根据增长率的震荡空间，1985～2003 年大致可以分为两个阶段，第一阶段为 1985～1996 年，第二阶段为 1997～2003 年。第一阶段政府投资增长率振幅较小，自 1988 年出现第一轮政府投资负增长之后小幅震荡，直到 1995 年再次实现 20.64% 的增长率。相比 1988 年政府投资 -25.15% 的增长率，民间投资于次年出现负增长，此后一路上扬于 1993 年达到阶段性高点 48.93%。第二阶段政府投资出现较大幅度上升于 1999 年实现 89.39% 的增长率，之后维持高位震荡，同一时期民间投资也呈现快速增长，2003 年其增长率为 20.18%。2004～2010 年只有 2010 年政府投资增长速度为 -2.18%，其余年份均实现两位数以上的增长，其中 2009 年达到阶段性高点 66.09%，同年民间投资增速为 36.26%。2011～2018 年政府投资仅 2011 年、2012 年、2013 年和 2015 年为正增长，其余年份均为负增长，其中 2017 年增长率更是达到最低点 -30.82%，同一时期民间投资增长率为 -27.47%。从各变量描述性统计结果可以看到，政府投资规模的平均值要小于民间投资规模的平均值（见表 5.5）。

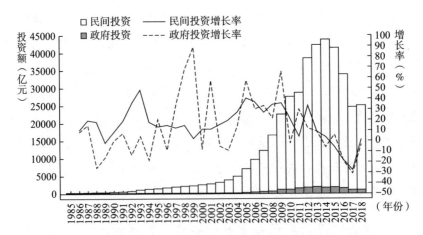

图 5.3 1985～2018 年民间投资与政府投资

资料来源：历年东北各省统计年鉴，由笔者整理计算而得。

表 5.5　各变量描述性统计

变量	平均值	中位数	标准差	最小值	最大值
$\mathrm{Ln}G$	9.2533	9.3012	1.2992	6.9792	11.0317
$\mathrm{Ln}MT$	8.2841	8.0149	1.7090	5.5904	10.6915
$\mathrm{Ln}GT$	5.3408	5.2808	1.5227	3.4394	7.5338
$\mathrm{Ln}SH$	6.6457	6.4373	1.1842	4.9156	8.4199
$\mathrm{Ln}CH$	9.2900	9.5281	1.6636	6.1953	11.5529

2. 变量平稳性检验及协整关系报告

检验各变量之间是否具有长期协整关系的前提是各变量时间序列为同阶单整，所以首先对各变量取对数后进行 ADF 单位根检验，检验形式中的 c、t、l 分别代表是否包含常数、时间趋势和滞后期，1代表包含，0 代表不包含。经检验，原水平变量不能拒绝含有单位根的假设，经过一阶差分后，各变量的统计值均至少在 5% 的水平下拒绝含单位根的假设（见表 5.6）。因此，经济增长、政府投资、民间投资、税收和储蓄的时间序列均为一阶单整序列 I（1）。进一步利用 Johansen 协整检验方法检验各变量之间是否具有长期协整关系，滞后期取 $p=1$，针对是否含有趋势项做分类检验，结果如表 5.7 所示。迹统计量和最大特征值在 5% 的水平下拒绝变量之间有 0 个协整向量，接受变量之间至多含有一个秩的假设，因此民间投资（$\mathrm{Ln}MT$）、政府投资（$\mathrm{Ln}GT$）、经济增长（$\mathrm{Ln}G$）、税收（$\mathrm{Ln}SH$）和储蓄（$\mathrm{Ln}CH$）之间具有长期均衡关系。据此进一步利用误差修正模型刻画变量之间的长期协整关系以及变量偏离均衡状态时的短期调整，根据协整关系可得：

$$ECM = \mathrm{Ln}MT + 0.02\mathrm{Ln}GT - 3.24\mathrm{Ln}G - 0.19\mathrm{Ln}SH + 1.63\mathrm{Ln}CH + 7.9004 \quad (5.12)$$

D. $\mathrm{Ln}MT$、D. $\mathrm{Ln}GT$、D. $\mathrm{Ln}G$、D. $\mathrm{Ln}SH$、D. $\mathrm{Ln}CH$ 的修正系数分别为 0.4557、0.1301、0.2407、0.1377 和 -0.1641，说明民间投资、政府投资、经济增长、税收第 $t-1$ 期的实际值低于均衡值，所以在第 t

期以正的修正项调整到均衡水平，调整空间分别为 45.57%、13.01%、24.07% 和 13.77%，储蓄变量则呈现反向修正机制，说明第 t 期的储蓄变化量负向消除第 $t-1$ 期 16.41% 的非均衡水平。

表 5.6 政府投资与经济增长 ADF 检验报告

变量	检验形式 (c, t, L)	ADF 统计量	1% 临界值	5% 临界值
LnG	(1, 0, 0)	-2.290	-3.696	-2.978
LnGT	(1, 0, 0)	-0.361	-3.696	-2.978
LnMT	(1, 0, 0)	-1.608	-3.696	-2.978
LnSH	(1, 0, 0)	-0.473	-3.696	-2.978
LnCH	(1, 0, 0)	-3.623	-3.696	-2.978
D.LnG	(0, 0, 0)	-3.691	-3.702	-2.622
D.LnGT	(0, 0, 0)	-4.137	-3.702	-2.980
D.LnMT	(0, 0, 0)	-3.619	-3.702	-2.980
D.LnSH	(0, 0, 0)	-5.404	-3.702	-2.980
D.LnCH	(0, 0, 0)	-3.337	-3.702	-2.980

表 5.7 政府投资与经济增长协整检验报告

原假设	最大特征值	5% 临界值	迹统计量	5% 临界值
0 个协整向量	45.5234	36.41	82.5964	77.74
至多 1 个协整向量	17.4701	30.33	37.0730	54.64

3. 模型设定及实证结果分析

（1）模型设定

经检验各变量之间具有长期协整关系，满足建立状态空间模型的条件，建立量测方程为：

$$\text{Ln}MT = C_t + \beta_{1t}\text{Ln}GT + \beta_{2t}\text{Ln}G + \beta_{3t}\text{Ln}SH + \beta_{4t}\text{Ln}CH + \mu_t \qquad (5.13)$$

状态方程为：

$$\beta_{1t} = \delta_1 \beta_{1,t-1} + \varepsilon_{1t}$$

$$\beta_{2t} = \delta_2 \beta_{2,t-1} + \varepsilon_{2t}$$

$$\beta_{3t} = \delta_3 \beta_{3,t-1} + \varepsilon_{3t} \qquad (5.14)$$

$$\beta_{4t} = \delta_4 \beta_{4,t-1} + \varepsilon_{4t}$$

其中，μ_t 与 ε_t 分别是量测方程和状态方程的扰动项，服从均值为 0、方差为 σ^2、协方差矩阵为 Q 的正态分布。随机系数 β_{1t}、β_{2t}、β_{3t}、β_{4t} 为不可观测的状态变量，随时间递延而发生变化，通过可观测变量进行估计，反映民间投资与政府投资、经济增长、税收及储蓄关系的动态变化，即弹性系数为时变系数，其变化服从 AR（1）形式。

（2）实证结果分析

状态空间模型估计结果如表 5.8 所示，系数 β_{1t}、β_{2t}、β_{3t} 分别在 10%、1%、5% 的水平下显著不为 0，民间投资对政府投资、经济增长、税收呈现正反馈。政府投资对民间投资具有"挤入"效应，政府投资规模提高，民间投资力度相应加大。民间投资与税收呈现正相关关系，说明东北地区税收的收入效应大于替代效应。储蓄变量的状态变量 β_{4t} 在 1% 的水平下显著不为 0，且与民间投资呈现负相关关系，说明东北地区储蓄并未有效转为投资，反映出随着储蓄的增加，民间投资负向减少的情况。

表 5.8　状态空间模型估计结果

	回归系数	标准差	z 统计量	p 值
C（1）	−5.004526	0.526917	−9.497743	0.0000
C（2）	−4.105220	0.376345	−10.90813	0.0000
	最终状态系数	均方根误差	z 统计量	p 值
β_{1t}	0.089922	0.054228	1.658235	0.0973
β_{2t}	2.021363	0.094795	21.32352	0.0000
β_{3t}	0.240688	0.122682	1.961879	0.0498
β_{4t}	−0.806840	0.073530	−10.97295	0.0000
对数似然值	−18.50288	AIC		1.206052
参数	2	SC		1.295838
扩散先验	4	HQC		1.236671

卡尔曼滤波是利用已知 t 时期的可获得信息计算不可观测向量的递推过程，能够在扰动项服从正态分布的条件下，计算似然函数生成序列，从而得到观测变量的时变系数运动轨迹。如图5.4所示，民间投资与各变量的动态关系轨迹在20世纪90年代末之前波动幅度较大，世纪之交及之后波动幅度较小，运动轨迹相对平滑。

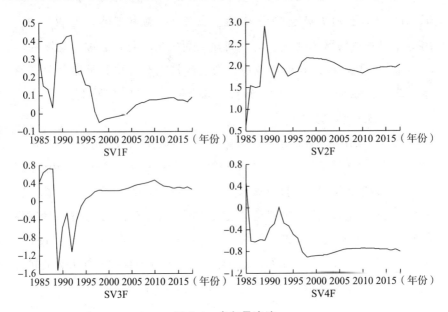

图5.4　卡尔曼滤波

注：SV1F为民间投资的政府投资弹性、SV2F为民间投资的经济增长弹性、SV3F为民间投资的税收弹性、SV4F为民间投资的储蓄弹性。

资料来源：历年东北各省统计年鉴，由笔者进行数据处理，利用Eviews得到卡尔曼滤波图。

如图5.4SV1F所示，1985～2018年民间投资对应的政府投资弹性系数根据符号变化大致可以分为三个阶段，两个节点分别为1997年和2004年。1985～1997年弹性系数为正值，均值为0.23，这一阶段对应的是改革开放后，经济体制改革探讨经济转型问题的关键时期，也是东北地区经济增长初步呈现下行趋势的时期。国家战略重心转移，东北地区出现动力缺失、国有企业改革承担巨额社会成本、生产设备落后产能不足等问题，政府投资兴建基础设施能够大幅削减民营企业成本，其对民间资本的"挤入"效应较强。1998～2003年弹性系数为负值，均值为 -0.03，这一阶段对应的是亚洲金融危机后政府积极财政政策效应持续释放的阶段。这一时期国际原材料价格不断攀升，企业生产成本上升，利润空间受到挤压，亚洲金融危机后，需求收缩，国内经济受到波及，政府扩张投资应对金融危机的冲击，有效缓解了内需不足，但政府投资增长率的快速攀升对民间投资产生了一定的"挤出"效应。2004～2018 年弹性系数均值为 0.06，从区域政策来看，国家调整区域发展战略，针对东北经济下滑，2003 年实施东北振兴战略，政策效应直接反映在投资增长率的变化上，2005 年政府投资和民间投资均出现一波投资高潮。尽管如此，投资规模与发达地区相比仍显不足，也并未解决结构层面上的根本性问题。

时变系数的变化与宏观经济环境、经济政策转变相吻合，说明基于时变系数的变化可以解读东北投资的基本走势，对政府投资效应做出合理解释。从最终状态系数 0.09 这一数值来看，政府投资与民间投资的基本关系是政府投资能够带动民间投资，说明财政政策还有很大操作空间。政府投资形成资本存量可以有效降低民间投资的成本，只有当其高于均衡值的时候或者挤占过多的金融资源时才会对民间投资产生挤出效应。综合三个阶段的系数平均值和最终状态系数可以解读出东北地区投资总量不足这一事实。在政府对冲金融危机而大规模举债刺激经济的情况下，其挤出效应也仅为 0.03 个百分点。

民间投资对应的经济增长弹性系数、税收弹性系数及储蓄弹性系数分别是 β_{2t}、β_{3t}、β_{4t}，由民间投资和经济增长的时间趋势可以看到，二者具有一致性的变化趋势（见图 5.5）。从经济增长弹性系数 β_{2t} 来看，最终状态系数为 2.02，1985～2018 年均值为 1.92，根据其时间趋势可以分为 1985～1994 年、1995～2009 年、2010～2018 年三个区间，平均值分别为 1.75、2.02、1.93。具体来看，1989 年弹性系数达到最大值 2.91，对应 1988～1989 年两年高通货膨胀率，单位 GDP 增量带来更多边际投资增量。1994 年我国进行分税制改革，地方政府拥有更多投资权限，在区域 GDP 竞速中，政府通过投资大幅拉动经济增长，民间投资同步大幅增加。虽然 1995～2009 年这一阶段中政府投资对民投资存在一定程度的挤出，但由于经济在这一阶段中增速较快，民间投资对经济水平变动更加敏感，综合来看并不影响民间投资受益于经济增长。这一时期实施东北振兴战略阶段性拉动经济增长明显，也为民间资本提供了更加宽松的政策环境，民间资本投资领域更加广泛，民间资本存量规模急剧上升，基于此，第二区间平均值与最终状态系数相同。2008 年历经全球性金融危机，政策效应由于式微并未持续为东北地区经济增长蓄力，经济倾向于脱实向虚，经济增长更加依赖于土地财政。在宏观经济下行压力叠加下，东北产出水平积重难返，资本价格上涨、资源配置偏差均增加了民营企业的投资成本致使投资萎靡。β_{2t} 在第三区间的两个相对低点分别为 2010 年和 2017 年，剔除价格因素，2017 年东北地区 GDP 增长率（-23.26%）为 1985~2018 年的最小值。

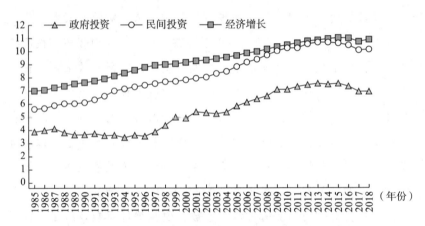

图 5.5 1985~2018 年政府投资、民间投资及经济增长对数
资料来源：历年东北各省统计年鉴，由笔者整理计算而得。

从税收弹性系数来看，最终状态系数为 0.24，得出东北地区税收与民间投资正相关的结论，说明东北地区税收的收入效应大于替代效应。从其动态轨迹可以看到，其弹性系数仅在 1989~1994 年出现较大波动，系数值为负，其他年份弹性系数均为正值。按照税收学基本理论，税收具有收入效应和替代效应，在税收总体水平不高的情况下，政府增加税收主要影响的是私人企业的直接税收水平。直接税收的增加降低了纳税人的投资收益率，减少了私人企业的税后可支配收入，促使私人企业增加投资弥补收入的损失从而维持实际收入水平不变，即直接税收的增加并没有抑制民间投资，反而促进了投资的增长，东北地区 34 年间的数据恰恰符合这样的理论概述。类似的结果依然可以从宏观数据的研究中得到，由于投资本身的惯性作用及投资对税收缺乏敏感性，长期来看税收的收入效应大于其替代效应，政府征税虽然在一定程度上增加了投资成本，但并未抑制投资的增长。[①] 从税制改革角度来看，1994 年我国进行分税制改革，客观上避免了原税制在生产和流通环节的重复征税问题，税改后实质上并未提高企业的税负水平，在某些方面还存在税负减轻的情况。比如适当调低了企业的所得税税负，取消了国有企业调节税，对部分行业税率调整支持基础原料工业的发展等。整体来看，1994 年税制改革对重工业占主导地位的东北企业来说提升了企业的盈利水平。

从时间趋势来看，1985 年深化农村经济体制改革，这一时期依然存在农产品的价格双轨制，1988 年以后才开始进行私营经济登记。可以看到市场经济转轨及经济体制改革时期，民间投资的税收弹性为负值，即民间投资对税收呈现负反馈，这一时间段为 1989 ~ 1994 年，其弹性系数均值为 - 0.67，剔除价格因素，税收占地区 GDP 的比重基本在 10%。从 1995 年开始民间投资与税收之间呈现正相关关系，税收弹性系数均值为 0.29，税收占地区生产总值的比重也呈现下降的趋势，1995 ~ 2018 年其均值为 6.46%。"营改增"后，税基有所变化，从长期来看，企业整体税收水平不高，税收调节作用越来越强，相较于国有企业的税负水平，东北地区民营企业税负水平较低。整体来看，税收的收入效应大于替代效应，未来税收弹性系数长期为正的概率较大。

由 β_{4t} 的运动轨迹可以看到，民间投资的储蓄弹性系数多为负值，最终状态系数水平显著。从运动轨迹上来看，在市场经济转轨期，其弹性系数波动较大，政策调整对弹性系数产生一定影响，这一时期储蓄向投资的转化以政府为主导，指令性计划下金融资源流动具有较强

---

① 江金彦，王晓玲. 我国税收对投资影响的实证分析 [J]. 工业技术经济，2006
（11）：158 - 161.

的约束性。1992～1997年市场经济体制确立初期，金融资源流动性约束减弱，储蓄转化为投资的过程逐渐转为通过商业银行完成，民营企业在这一时期获得快速发展，对金融资源的利用情况也得到了改善。反映在弹性系数上可以看到，这一阶段数据的绝对值相对而言是较小的。1997年以后，该系数运动轨迹趋于平滑。

综合来看，东北地区的储蓄并未有效转化为民间投资，这种现象有三种情况。第一种情况是，东北地区金融市场发育不健全，多数企业无法从直接融资市场获得金融资源，间接融资市场是主要的融资渠道，地区金融资源具有稀缺性，投资主体对有限金融资源的争夺具有强竞争性。东北地区国有企业占据主导地位，无论是国有企业融资还是政府通过发债占用居民储蓄都会大规模占用信贷资源，从而挤占民营企业可利用的信贷规模。对于金融机构而言，由于我国长期以来的金融压抑，利率市场化时间较晚，利率传导机制的作用受限，贷款利率尚无法有效引导资源优化配置。同时，商业银行具有合意信贷规模的约束，由于市场存在信息不对称，国有企业与民营企业面对不同的融资约束，民营企业资源可获得性较差，储蓄增加虽然使信贷规模增加，但政府与国有企业占用信贷规模也随之攀升，存在对民间投资的净挤出。

第二种情况是，针对东北经济断崖式下跌，东北地区为支撑经济过多依赖土地财政，大规模的财政刺激政策带来了一波房地产红利，资本价格上升，资本的逐利性使金融资源更多流向房地产，加剧了民间资本获取资源的难度，经济体存在脱实向虚的情况。2016年，我国实行"营改增"，从税收的替代效应看，不动产抵扣减少了企业涉房投资的税收成本，金融资源更容易流向房地产，从而挤占了包括设备更新在内的实体投资，加剧了经济体脱实向虚的倾向，强化了投资结构偏差。

第三种情况是，储蓄不能有效转化为投资，直接融资市场不发达，储蓄投资转化机制难以在直接融资市场发挥作用。东北地区企业融资渠道较为单一，对商业银行高度依赖，长期以来政府与国有银行之间有隐形契约关系造成金融体系风险集聚，在商业银行风险偏好降低或对企业去杠杆的情况下，银行信贷规模紧缩，市场流动性偏紧，储蓄规模增加的同时民间投资在减少。

东北地区相关变量的时变参数见表 5.9。

表 5.9　东北地区相关变量的时变参数

年份	SV1F	SV2F	SV3F	SV4F
	政府投资	经济增长	税收	储蓄
1985	0.3253	0.5855	0.4124	0.5197
1986	0.1536	1.5312	0.6329	− 0.6131
1987	0.1332	1.4924	0.7196	− 0.6255
1988	0.0310	1.5203	0.7134	− 0.5879
1989	0.3821	2.9120	− 1.5232	− 0.5987
1990	0.3888	2.0498	− 0.5882	− 0.3787
1991	0.4244	1.7160	− 0.2484	− 0.2963
1992	0.4319	2.0505	− 1.1127	0.0019
1993	0.2252	1.9359	− 0.4281	− 0.2808
1994	0.2351	1.7521	− 0.1090	− 0.3322
1995	0.1590	1.8176	0.0587	− 0.4889
1996	0.1503	1.8572	0.1146	− 0.5695
1997	0.0138	2.0885	0.2116	− 0.8173
1998	− 0.0488	2.1816	0.2452	− 0.9087
1999	− 0.0341	2.1640	0.2365	− 0.8912
2000	− 0.0271	2.1543	0.2327	− 0.8818
2001	− 0.0227	2.1486	0.2315	− 0.8771
2002	− 0.0182	2.1342	0.2370	− 0.8682
2003	− 0.0115	2.0959	0.2551	− 0.8444
2004	− 0.0020	2.0545	0.2746	− 0.8199
2005	0.0218	1.9903	0.3091	− 0.7898
2006	0.0454	1.9255	0.3530	− 0.7657
2007	0.0578	1.8962	0.3783	− 0.7596
2008	0.0622	1.8770	0.3983	− 0.7563

年份	SV1F	SV2F	SV3F	SV4F
	政府投资	经济增长	税收	储蓄
2009	0.0735	1.8458	0.4270	− 0.7503
2010	0.0741	1.8134	0.4626	− 0.7425
2011	0.0760	1.8747	0.3831	− 0.7501
2012	0.0808	1.9152	0.3290	− 0.7558
2013	0.0838	1.9324	0.3074	− 0.7596
2014	0.0865	1.9547	0.2803	− 0.7646
2015	0.0721	1.9509	0.2964	− 0.7648
2016	0.0713	1.9749	0.2861	− 0.7818
2017	0.0628	1.9524	0.3070	− 0.7692
2018	0.0899	2.0214	0.2407	− 0.8068

5.5　本章小结

本章以政府角色界定作为切入点，以投资主体视角观测政府在投资中的作用，一是政府投资在经济增长中发挥的效能，二是政府投资对民间投资的影响。从理论分析的角度，分别论述政府投资带来的资本边际改善、政府投资的溢出效应对经济增长的正面影响；政府扩张投资形成体制转型障碍和经济结构调整障碍制约经济增长的负向因素；以及政府投资通过挤出效应、挤入效应对民间投资施加的影响。从实证分析的角度，引入理论模型及 VAR、误差修正模型、卡尔曼滤波、状态空间模型，分别就政府投资经济增长效应及其对民间投资的影响进行实证检验。在具体的测算中，分别考察了政府投资与经济增长之间的动态关系以及政府投资对民间投资影响的时变参数，得出如下结论。

第一，从协整关系检验来看，经济增长与政府投资之间并无稳定的长期协整关系。政府投资拉动经济增长具有短期性，投资需求效应释放能够活跃经济系统，使经济水平在短期内得以提高，然而影响作用有限。第二，民间投资、政府投资、经济增长、税收及储蓄之间具有长期均衡关系。尽管短期内会出现偏离均衡状态的情况，但经济体将会于下一期根据误差修正系数修正变量的短期偏离。民间投资与经济增长、税收之间呈现正相关关系，民间投资与储蓄之间呈现负相关关系。第三，政府投资与民间投资动态关系的区间分化较为明显，政府投资对民间投资既存在"挤出"效应又存在"挤入"效应。"挤出"效应主要表现在政府对金融资源的挤占上，"挤入"效应主要表现在政府投资客观上降低了民间资本的投资成本上。总体来看，民间投资对政府投资存在正反馈作用。第四，从长期来看，企业整体税收水平不高，税收调节作用越来越强。相较于国有企业的税负水平，民营企业税负水平较低。整体来看，税收的收入效应大于替代效应，未来税收弹性系数长期为正的概率较高。

近年来东北经济频频失速，国家出台了一系列政策，相比于促增长，稳增长是东北地区首先要解决的问题，东北地区应抓住东北全面振兴政策落地的窗口期，理顺经济增长的重要环节。政府作为管理者同时也是投资主体，既要在宏观调控上发挥作用，也要在经济增长中有所作为，政府投资要保持适度规模使经济增长保持在合理区间，发挥引导作用，优化资源配置，拓宽未来经济增长空间。

第6章 东北地区固定资产投资经济
效益影响因素分析

考察并测算投资与产出水平的数量关系其根本在于找到影响产出水平的投资因素，从而优化投入与产出的关系，实现投资经济效益的提升。前述章节通过计量模型测算了经济变量的弹性系数，基于不同维度量化了固定资产投资对经济增长的影响。本章在此基础上通过测算亿元投资新增地区生产总值、固定资产交付使用率、投资效果系数等指标对固定资产投资效益做出综合评价，并进一步结合东北地区现实经济情况分析影响投资效果的因素，通过实证分析方法量化投资规模、投资结构以及投资效率偏差对投资效果的影响，为提出有针对性的解决办法提供参考方向和现实依据。

6.1 固定资产投资经济效益综合评价

6.1.1 东北地区固定资产投资效果指标测算

宏观层面固定资产投资经济效益衡量的是投入与产出的关系，其综合反映了投资规模和投资结构的合理性。前文通过定量与定性分析判断固定资产投资与经济增长的相关性和资本产出弹性，为了进一步验证结论，本节运用指标测算的方法论证投资的相对有效性，对固定资产投资经济效益做出综合评价。本节使用亿元投资新增地区生产总值、固定资产交付使用率、投资效果系数等作为固定资产投资经济效益的评价指标，数据来源于历年东北各省统计年鉴。亿元投资新增地区生产总值表示的是上年固化的投资形成的生产能力，测算单位新增固定资产的产出量。固定资产交付使用率表示当年投资能够形成的生产能力，从资金运用角度反映建造和购置固定资产所形成的工程价值。投资效果系数概略地反映固定资产投资的总体效果，测算单位固定资产投资的产出增量水平，等于核算期地区生产总值增加额与固定资产投资总额的比值。东北三省是一个整体的经济区域，从投资效果指标看，东北地区固定资产投资经济效益并不理想，一定程度上影响了东北地区的财富积累及长期发展。从根本上挽救东北经济断崖式下跌的颓势，保障经济稳定增长，当切实提高固定资产投资经济效益。

东北地区投资效果指标见表 6.1。

表 6.1　东北地区投资效果指标

年份	新增固定资产（亿元）	固定资产投资总额（亿元）	国内生产总值增加额（亿元）	亿元投资新增地区生产总值（亿元）	固定资产交付使用率（%）	投资效果系数
1985	220.91	316.16	143.15	—	69.87	0.45
1986	252.18	365.21	159.21	0.72	69.05	0.44
1987	270.97	437.40	237.94	0.94	61.95	0.54
1988	328.45	523.43	330.48	1.22	62.75	0.63
1989	333.25	491.60	224.38	0.68	67.79	0.46
1990	448.57	519.31	177.13	0.53	86.38	0.34
1991	496.02	621.57	282.69	0.63	79.80	0.45
1992	584.00	832.08	504.89	1.02	70.19	0.61
1993	877.51	1300.49	936.92	1.60	67.48	0.72
1994	1042.27	1595.77	1076.75	1.23	65.31	0.67
1995	1216.75	1714.35	917.60	0.88	70.97	0.54
1996	1556.82	1839.27	952.96	0.78	84.64	0.52
1997	1555.73	1988.11	839.35	0.54	78.25	0.42
1998	1912.05	2259.53	518.81	0.33	84.62	0.23
1999	1723.98	2371.15	486.92	0.25	72.71	0.21
2000	1979.99	2703.83	1051.94	0.61	73.23	0.39
2001	2126.20	3086.47	771.54	0.39	68.89	0.25

年份	新增固定资产（亿元）	固定资产投资总额（亿元）	国内生产总值增加额（亿元）	亿元投资新增地区生产总值（亿元）	固定资产交付使用率（％）	投资效果系数
2002	2440.56	3485.95	900.39	0.42	70.01	0.26
2003	2733.09	4211.57	1278.04	0.52	64.89	0.30
2004	3736.47	5579.51	1886.73	0.69	66.97	0.34
2005	5159.65	7678.81	2677.45	0.72	67.19	0.35
2006	6610.37	10519.98	2624.31	0.51	62.84	0.25
2007	8658.67	13920.09	3767.55	0.57	62.20	0.27
2008	11924.03	18713.96	4860.92	0.56	63.72	0.26
2009	15456.90	23732.92	2682.03	0.22	65.13	0.11
2010	20224.22	30726.00	6417.45	0.42	65.82	0.21
2011	20199.45	32686.80	7892.51	0.39	61.80	0.24
2012	26414.21	41042.57	5069.69	0.25	64.36	0.12
2013	30246.90	46540.00	4238.23	0.16	64.99	0.09
2014	34180.69	46095.54	2708.82	0.09	74.15	0.06
2015	34915.14	40805.17	245.51	0.01	85.57	0.01
2016	21607.60	31263.80	-5734.09	-0.16	69.11	-0.18
2017	22385.25	31252.61	2197.34	0.10	71.63	0.07
2018	—	27241.11	2495.19	0.11	—	0.09

注：2018 年新增固定资产数据缺失，暂用上年数据替代。亿元投资新增地区生产总值 = 当年地区生产总值增加额/上年新增固定资产；固定资产交付使用率 = （新增固定资产/固定资产投资总额）×100％；投资效果系数 = 地区生产总值增加额/固定资产投资总额。

6.1.2 东北地区固定资产投资效果指标数据分析

从亿元投资新增地区生产总值指标看，根据波峰波谷的整体波动趋势，依照谷 - 谷的基本标志可以将区间分为四个部分。1990 年、1999 年、2009 年对应三个波谷，整体呈现波动下降的趋势，与全国水平一致，但整体水平低于同期全国水平。2010 ~ 2018 年东北地区该指标数值相比全国水平差距较大，2016 年出现负值，全国水平于 1994 年达到高点随后跌落，1999 年达到阶段性低点。1985 ~ 2018 年细分的四个区间，东北地区均值依次为 0.82 亿元、0.81 亿元、0.52 亿元和 0.15 亿元，同期全国水平分别为 1.30 亿元、1.57 亿元、0.64 亿元和 0.29 亿元。2009 年后东北地区该数值与全国水平相差近 1 倍，与同一时期上海相差 3.4 倍。从这个结果可以判断随着经济体量的增大，投资带来的边际产出增量是减少的，投资的供给效应降低。东北地区经济增长长期低于全国水平，更与发达地区相差较大，近年来表现出的陡降趋势充分说明了固定资产投资效果差，存在低效投资和无效投资，这或与结构性失衡、市场发育程度低、缺乏市场调节的投资体制和机制安排有密切关系。

从固定资产交付使用率指标看，东北地区整体高于全国水平，反映了东北地区投资转化为现实生产能力的速度较快，也反映了东北地区工业基础较好的特点。根据 1985～2018 年的数据，全国平均值为 51%，东北地区平均值为 70%，即东北地区固定资产投资在 70% 的均值水平上转化为资本存量。1990 年、1996 年、1998 年和 2015 年该数值均超过了 80%，而相应年份每亿元固定资产投资带来的产出水平较低，说明投资结构与需求结构不匹配，产生结构性产能过剩，当年投资转化的生产能力产生较高库存或未能充分利用产能。

从投资效果系数的变动趋势看，该指标波动趋势与亿元投资新增地区生产总值波动趋势表现出了高度协同性。20 世纪 90 年代中期以前，东北地区投资效果较好，两个波峰分别对应 20 世纪 80 年代末期和 90 年代中期，恰逢 1988 年我国出现通货膨胀，1994～1996 年市场经济体制确立后掀起了一波投资高潮。2000 年后整体呈现小幅波动、缓慢下降的趋势，由此可见各指标对东北地区投资与产出关系的评价具有一致性。吉林、黑龙江和辽宁三省 1985～2018 年均值水平为 0.33，其中 2015 年、2016 年辽宁省经济出现负增长导致投资效果系数为负，随后于 2017 年反弹，2018 年投资效果系数达到 1.18，显著高于吉林省 0.01 和黑龙江省 0.04 的水平，且表现同样优于全国水平。

2003～2013 年东北振兴政策为全区带来了十年经济增长黄金期，即便如此，东北振兴期间投资效果系数仅接近全国 0.25 的平均水平，低于同期上海 0.35 的水平。2013 年后东北地区再次陷入经济增长困境，东北各省投资效果系数均呈现明显的下降趋势，与同期上海差距更大。虽然地区经济增长不完全取决于固定资产投资，几十年来产业结构调整、全要素生产率提高、项目投资资金周转速度加快以及经济增长结构中其他要素发挥作用均能有效提高产出水平，但毋庸置疑的是，基于我国和各经济区长期经济增长轨迹，固定资产投资均占有绝对比重，所以通过投资效果系数估计投入的产出水平并进行横向与纵向比较仍是可以采用的有效方法。

全国与东北地区投资效果指标对比见表 6.2。

表 6.2　投资效果指标对比

年份	亿元投资新增地区生产总值（亿元）		固定资产交付使用率（%）		投资效果系数	
	东北	全国	东北	全国	东北	全国
1985	—	—	69.87	41.29	0.45	—
1986	0.72	1.22	69.05	44.81	0.44	0.41
1987	0.94	1.29	61.95	40.66	0.54	0.47
1988	1.22	1.95	62.75	37.92	0.63	0.63
1989	0.68	1.11	67.79	41.18	0.46	0.45
1990	0.53	0.93	86.38	46.17	0.34	0.37
1991	0.63	1.50	79.80	42.13	0.45	0.56
1992	1.02	2.20	70.19	38.12	0.61	0.64
1993	1.60	2.75	67.48	32.82	0.72	0.65
1994	1.23	3.02	65.31	34.75	0.67	0.76
1995	0.88	2.14	70.97	50.68	0.54	0.63
1996	0.78	1.03	84.64	57.34	0.52	0.46
1997	0.54	0.60	78.25	59.98	0.42	0.32
1998	0.33	0.37	84.62	60.13	0.23	0.19
1999	0.25	0.31	72.71	62.58	0.21	0.18
2000	0.61	0.52	73.23	62.93	0.39	0.30
2001	0.39	0.51	68.89	58.22	0.25	0.28
2002	0.42	0.50	70.01	56.99	0.26	0.25
2003	0.52	0.63	64.89	51.58	0.30	0.28

续表

年份	亿元投资新增地区生产总值（亿元）		固定资产交付使用率（%）		投资效果系数	
	东北	全国	东北	全国	东北	全国
2004	0.69	0.85	66.97	49.31	0.34	0.35
2005	0.72	0.73	67.19	50.92	0.35	0.29
2006	0.51	0.71	62.84	51.17	0.25	0.29
2007	0.57	0.90	62.20	49.06	0.27	0.37
2008	0.56	0.73	63.72	48.92	0.26	0.28
2009	0.22	0.35	65.13	50.73	0.11	0.13
2010	0.42	0.56	65.82	46.48	0.21	0.25
2011	0.39	0.65	61.80	59.19	0.24	0.24
2012	0.25	0.27	64.36	59.35	0.12	0.14
2013	0.16	0.24	64.99	60.45	0.09	0.12
2014	0.09	0.18	74.15	65.10	0.06	0.09
2015	0.01	0.13	85.57	68.72	0.01	0.08
2016	-0.16	0.14	69.11	50.29	-0.18	0.09
2017	0.10	0.23	71.63	59.61	0.07	0.13
2018	0.11	0.21	—	—	0.09	0.12

基于上述分析，进一步重点考察东北振兴期间以及近十年的固定资产投资效果。从数据分析中已知 2000 年是具有标志性的分界点，自此测算 2001～2018 年东北地区三次产业的投资效果系数。[①] 根据测算结果绘制东北地区三次产业投资效果系数时间趋势图可以直观地看到该指标的演变趋势（见图 6.1）。测算区间内三次产业投资效果系数平均值分别为 0.53、0.17、0.2，第二产业与第三产业投资效果相近，但第二产业投资效果略差，第一产业投资效果较好。以较为明显的时间标志 2009 年为界限，大致可以分为两个区间。受 2008 年全球金融危机影响，2009 年三次产业投资效果系数明显下降，自此第一次东北振兴

[①] 黑龙江省 2000～2010 年三次产业结构固定资产投资数据根据《国民经济行业分类》（GB/T 4754—2002）标准计算而得。三次产业划分范围：第一产业指农、林、牧、渔业；第二产业指采掘业，制造业，电力、燃气及水的生产和供应业，建筑业；第三产业指除第一产业与第二产业以外的其他行业。

告一段落。在国家政策支持下，2010~2011 年三次产业投资效果系数出现短暂回升。短时政策失效后，东北经济再一次陷入失速的下行通道，2014 年之后第二产业投资效果系数跌幅加大，2016 年三次产业投资效果系数均达到最低点，尤其第二产业下降幅度加大。

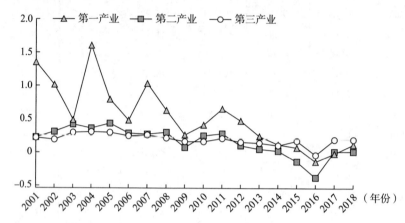

图 6.1　2001~2018 年东北地区三次产业投资效果系数
资料来源：历年各省统计年鉴，由笔者整理计算而得。

具体来看，东北地区第一产业投资效果系数波动较大，其区间波动幅度远大于第二产业与第三产业，主要是由于第一产业涉及农业和资源型行业，更容易受到外部环境冲击的影响及自然条件的约束。投资效果系数较大充分说明了东北地区是祖国的粮仓，农业生产条件改善、农业作业方式调整以及政策支持使东北地区的优势产业得到发展。更为重要的是东北地区农业长期被工业绑架未得到有效发展，基于东北地区第一产业的资源禀赋和基础，增加第一产业的固定资产投资带来的边际产出更大。中央聚焦"三农"问题，在 1982~1986 年连续发布关于农村改革和农业发展的一号文件，2004 年起连续多年出台有关提高农业综合生产能力、加强农业基础建设、保障农产品供给、提高农民收入、加快农业现代化建设及增强农村发展活力等的一系列文件，国家的战略部署为农业资本边际产出增加提供了政策支持。2003 年东北振兴拉开序幕，涉农区域政策如农机具购置补贴、免征农业税试点改革等直接影响了农业固定资产投资的经济效益。基于资源禀赋，第一产业作为东北地区相对优势产业，在城市化进程中被过度挤压，要素配置结构不均衡，非农产业比重过高，在城市化"抢跑"后，再一次聚焦第一产业尤其是农业无疑会带来边际产出改善。尤其在东北振兴初期，传统农业向现代集约农业转化，农业产业化发展推进农业机械化，使第一产业要素配置得以优化，投资于第一产业的资本边际产出较高，但 2011 年以后未能稳固良好势头，投资效果下降明显。

第二产业投资效果系数在 2009 年以前虽然低于第一产业投资效果系数，但始终高于第三产业投资效果系数。表现相对较好的年份集中在东北振兴初期，2012 年开始出现显著下降趋势，单位投资带来的产出水平低于第三产业。第二产业属于资本密集型产业，东北地区工业布局建立在资源型重化工业的基础之上，尤其装备制造业是东北地区的支柱产业，但长期以来其未能完成高端装备制造业的升级，不能有效满足东北地区重工业升级的需求，部分高端产品滞留于军工业未能市场化，无法从根本上解决东北地区产业结构性矛盾。在东北地区产业结构偏重的情况下，东北振兴期间轻工业发展带来的边际改善效果明显，大批调整改造项目取得一定进展，高新技术产业发展势头较好。资源型城市转型初显成效，通过产业转型升级使以采掘业为主的单一产业结构得到一定程度的调整，资源开采沉陷地区及棚户区改造投资取得进展。豁免工业企业历史欠税并制定税收优惠政策、制定企业资产折旧及摊销的执行办法等均使第二产业投资效果得到一定程度改善。2008 年后随着外部环境的改变，政策优势缺乏持续性，部分政策具有时效性且对东北地区而言缺乏比较优势，政策效果并不突出，对科技进步缺乏有力支撑。随着经济进入新常态，东北地区工业仍旧缺乏造血功能，工业产业结构与需求结构出现偏离。生产资料需求降低，创新水平裹足不前，过于依赖要素投入而缺少技术进步，工业低水平重复性投资严重，第二产业投资效果表现较差，对地区产出的贡献率下降。2016 年以后工业投资边际产出有所回升，尤其辽宁省反弹较快，辽宁省是东北地区装备制造业的重地，近年来推进服务型制造加快产业升级取得初步成效。

第三产业投资效果系数波动幅度较小且相对稳定，同样在东北振兴初期表现较好。改革开放后,早期的第三产业以劳动密集型为主,劳动投入所占份额较大,随着第三产业的发展,资本投入所占份额增加,获得了更多的资本报酬。基于东北振兴政策的支撑,国家鼓励东北地区进一步扩大对外开放,并在绥芬河口岸设立综合保税区,黑龙江省第三产业发展势头尤为迅猛,对经济增长的贡献较高。国家战略层面布局辽宁沿海经济带的经济发展,扩大企业增值税抵扣范围并实行企业所得税优惠,政策惠及区域开放和区域投资布局,为辽宁省第三产业稳步发展提供了政策保证。国家通过财税金融政策保障投资资金来源,东北地区在结构调整中增加了第三产业的投资比重,投资结构得以改善,从而带来动态结构调整的经济效益。2009 年受金融危机影响,第一产业、第二产业投资效果系数均呈现明显下降趋势,但第三产业并未受到显著影响。2016 年虽然协同第一产业、第二产业进入下降通道,但其投资效果系数始终高于第一产业与第二产业,说明第三产业在资本深化的过程中持续优化结构,科技成果在第三产业中转化速度更快。

6.2 影响投资经济效益的投资效率因素

6.2.1 东北地区国有企业投资效率低下的表征及机理分析

东北老工业基地云集了众多国有企业,其自身存在资本利用效率不高的痼疾。经过几十年工业领域的高速增长,重工业领域部分过度投资导致产能过剩,企业利润摊薄,行业景气度下降。2016 年东北地区除吉林省表现差强人意外,黑龙江省与辽宁省国有控股工业企业资产总额占规模以上工业企业资产总额比重分别为 60.2% 与 51.0%,而主营业务收入仅占 40.3% 与 33.9%,两省国有控股企业利润更是出现负值。① 从宏观经济情况看,在经济增长对外贸依赖程度逐渐提高的情况下,几次波及国家层面的经济危机致使外部环境恶化,外部市场需

---

① 安树伟,李瑞鹏. 高质量发展背景下东北振兴的战略选择 [J]. 改革,2018 (7):64－74.

求低迷，生产的最终产品短时间内难以通过外需消化而存在过剩产能。另外，在经济高速增长的几十年里，在很大程度上形成了通过投资促进经济增长的惯性且并未戛然而止，形成了更大规模的过剩产能。为抑制过剩产能而出台的政策虽然可以在短时间内产生政策效果，但从根本上消除国有企业过度投资的体制性障碍收效甚微。

过剩产能的效率损失直接影响企业的经济效益。企业开工不足，机器设备闲置，生产要素难以充分利用，企业生产效率降低，全行业生产萎靡，导致就业机会减少，有效产出下降，劳动力收入减少，消费缩减。存在过剩产能的企业会对非过剩产能企业形成负的外部性，影响企业上下游产业链的发展，更会对营商环境产生不利影响，外商很难被吸引参与生产，而外资的引入往往意味着技术外溢，显然营商环境的不利影响不仅仅局限于经济利益损失。不仅如此，波及金融体系还会给金融机构带来损失，工业行业利润率下降增加了银行呆账坏账增加的风险，信用质量下降破坏了资本的良性循环，对经济发展的影响更为深远。

国有企业过度投资有深刻的体制根源。分税制改革改变了中央和地方政府财政收支的利益格局和制度框架，地方政府在经济增长和官员考核的指标下有强烈的动机通过国有企业加大投资力度，显示出了较强的投资倾向。财政分权赋予了地方政府干预地方经济增长的权力，比如通过资源价格扭曲鼓励相关产业投资、为国有企业背书扭曲金融资源配置等影响企业投资的行为。另外，分税制改革后，地方政府对于地方固定资产投资有更多的自主权和财权，导致了一定程度的过度投资，使全要素生产率增长速度放缓，固定资产投资回报率下降，经济持续高速增长的潜力受到抑制。①

微观层面，国有企业的过度投资源于委托代理问题。国有资产实

---

① 黄健柏，徐震，徐珊. 土地价格扭曲、企业属性与过度投资——基于中国工业企业数据和城市地价数据的实证研究 [J]. 中国工业经济，2015（3）：57－69；A. Young. The Razor's Eege：Distortions and Incremental Reform in the People's Republic of China [R]. National Bureau of Economic Research，2000.

际出资人为国资委，国有企业管理者由国资委任命，国有企业的经营业绩由国资委考核。根据产权经济学的假设，代理人是理性经济人，在既定的制度框架下，代理人的行为目标是借助委托人提供的条件，最大限度地满足自身利益。也就是说，代理人的行为模式在很大程度上根植于制度，有效的制度至少在一定程度上可以保证代理人与委托人的利益一致。从国有企业存在的共性问题看，代理人的权利与责任是不对称的，缺少一定的激励和惩戒机制。代理人苦心经营无法得到剩余收入，相反，企业出现损失，代理人关联责任小，代理人的收入与企业利益相关性较弱，其缺乏足够的动力与企业所有者保持一致性目标。另外，代理人的行为缺乏有效的约束机制，所有者难以对代理人的主观努力程度进行考察和监督。资本市场不发达，难以通过资本价格对代理人绩效进行评价，政府对产品市场的干预使经营绩效难以通过微观财务指标有效评估。

在体现国家意志的企业治理结构下，国有企业管理者缺少长期激励必然存在短期行为，过度追求资本收益，关注投资规模而忽视投资效益，具有过度投资的冲动①，也有国有企业管理者以职位之便投资净现值为负的项目②，以损失长期利益为代价谋求短期利益。从已有的经验研究来看，孙晓华和李明珊通过工业企业数据分析及经验证据，构建国有企业过度投资、经济增长与效率损失之间的数量模型，实证检验分省国有工业企业投资情况，发现绝大多数省份存在国有企业投资过度而损失效率的问题。③ 需要特别指出的是，这里所说的投资过度并不简单地等同于宏观投资总量扩张的偏差，更多指的是存在投资结构上的失衡。基于此，在经济转型过程中经济高速增长和过度投资引发

---

① Michael C. Jensen. Agency Costs of Free Cash Flow, Corporate Finance, and Takeovers [J]. American Economic Review, 1986, 76 (2): 32 – 329; John S. Strong, John R. Meyer. Sustaining Investment, Discretionary Investment, and Valuation: A Residual Funds Study of the Paper Industry [M]. Chicago: University of Chicago Press, 1990.

② Michael C. Jensen. The Modern Industrial Revolution, Exit, and the Failure of Internal Control Systems [J]. The Journal of Finance, 1993, 48 (3): 831 – 880.

③ 孙晓华，李明珊. 国有企业的过度投资及其效率损失 [J]. 中国工业经济，2016 (10): 109 – 125.

产能过剩问题互相作用，构成矛盾运动，追求经济增长引发过度投资，过度投资引发产能过剩损失投资效率又在一定程度上制约经济增长。

　　东北地区国有企业并不能摆脱国有企业本身存在的痼疾和共性问题，只是在东北地区，国有企业放大了经济转型过程中经济高速增长和过度投资引发产能过剩问题之间的矛盾。东北地区是退出计划经济体制最晚的地区，长期遵循国家行政指令配置资源，依托国有企业进行资本配置和产业布局，计划经济体制遗留的政策性和体制性障碍抑制了民间企业的发展。市场机制发育程度不高，政府对市场的干预意愿较强，由于政府与不同所有制企业主体之间的紧密关系不同，非国有企业与国有企业享受的待遇存在差别，在东北地区国有经济占绝对主导地位的现实情况下，国有经济与非国有经济固定资产投资存在较大差异。尽管在税负上国有企业要高于其他所有制类型的企业，对地区经济贡献尤其是税收贡献较大，但不可否认的是国有企业存在重复性投资，损失了投资效率，投资效益相对较低。另外，伴随国有企业改革和市场化改革的不断推进，政府干预非国有企业的难度也越来越大，民营企业在东北地区的发展错过了最佳的时间窗口。地方政府向社会提供公共产品内化于国有企业的经营中，既具有主动性又有一定的被动性，导致市场化改革迟缓，强政府、弱市场的格局调整具有黏性，因此东北地区国有企业的投资失衡具有很强的体制背景。

　　计划经济体制遗留下来的体制性痕迹还体现在东北地区地方政府过度行政化缺少服务意识上，僵化的政绩考核引发的晋升博弈使投资项目的相对位次具有政治色彩，加剧了地方政府的行为异化。政府不但在投资总量上具有较强的话语权，在投资方向上同样能够左右企业的投资行为，致使资本投向存在偏差，产生体制性产能过剩，投资效率低下。① 在经济学中预期是内生的，在政府政策引导下，投资者形成

---

　　① 周黎安. 晋升博弈中政府官员的激励与合作——兼论我国地方保护主义和重复建设问题长期存在的原因 [J]. 经济研究，2004（6）：33 - 40；范林凯，李晓萍，应珊珊. 渐进式改革背景下产能过剩的现实基础与形成机理 [J]. 中国工业经济，2015（1）：19 - 31.

了一定的产业投资预期及投资共识，导致投资集中涌入某行业而产生投资潮涌现象，从而产生结构性产能过剩。尽管宏观经济学理论中暗含的基本假设是经济体下一个有前景的产业何时何地出现是不可知的，但在政府干预市场的情形下，必然要放松这一假设条件。[①] 另外，东北地区有较多的资源型城市，其产业结构单一且处于上游行业，非终端的产品构成受限于下游的需求，过剩产能集中在上游产业，如果不能有效调节下游需求，就会直接影响企业的投资效益，因此资源型工业受到资源枯竭和需求不足的双重挤压。

6.2.2 东北地区国有企业投资效率测算及分析

东北地区国有企业占主导地位，长期以来挤占较多资源；民营企业不发达，未能充分发展的同时缺少资源支持。基于这样的现实情况和已有的经验研究，本节做出东北地区投资效率低的先验性假设，针对东北地区的区域经济绩效，分别测算辽宁省、吉林省、黑龙江省的国有企业投资效率，并将其与全国水平做对比分析，找到东北地区国有企业的坐标。

投资效率的测算有以下几种方法：其一，根据索洛模型核算方程分解产出率，求出资本产出比，利用其倒数衡量单位资本对应的产出；其二，根据资本边际生产率定义，其表示的是资本存量的边际产量，而资本边际生产率的倒数即边际资本产出率，这是测算投资效率的另一种方法[②]；其三，利用资本收益率测算宏观经济效率。综合比较三种方法，使用增量资本产出比（ICOR）测算投资效率最为方便简洁，其表示单位产出水平变动所需的投资增量，公式为 $ICOR_t = (K_t - K_{t-1}) / (GDP_t - GDP_{t-1}) = I_t / \Delta GDP$，其中，$K$ 表示资本存量，GDP 表示产出水平。因相邻两期资本存量的差额近似等于当期投资流量，

① 林毅夫. 潮涌现象与发展中国家宏观经济理论的重新构建 [J]. 经济研究，2007 (1)：126 - 131；林毅夫，巫和懋，邢亦青. "潮涌现象"与产能过剩的形成机制 [J]. 经济研究，2010 (10)：4 - 19.
② 张军. 资本形成、投资效率与中国的经济增长——实证研究 [M]. 北京：清华大学出版社，2005.

所以在取值的时候选取投资完成额（I）为测算变量。根据公式，$ICOR$ 的值越大意味着增加单位产出水平所需投入的资本增量越大，投资效率越低。$ICOR$ 的值越小则说明增加单位产出水平所需的资本增量越小，意味着投资效率越高。

根据国有企业增量资本产出比的数据（见表 6.3），受 1997 年东南亚经济危机、2008 年全球金融危机以及 2013 年后世界经济降温的外部因素及内部因素影响，1998 年、2009 年和 2014 年整体投资效率较低。与全国水平相比，2013 年后东北地区国有企业投资效率呈现较为明显的颓势，远低于同期的全国水平（除 2016 年外），尤其是 2015 年，其 $ICOR$ 数值达到了 1985～2018 年的最大值。从东北地区各省的情况来看，黑龙江省表现欠佳，其投资效率与吉林、辽宁两省相差较大。国有企业增量资本产出比全国水平最大值为 3.12，对应 2015 年，最小值为 0.72，对应 1994 年，均值为 1.55。东北地区最大值为 37.59，对应 2015 年，最小值为 1.04，对应 1993 年，均值为 2.84。由此可以判断，东北地区国有企业投资效率相对较低，与全国水平尚存一定差距。

表 6.3 1985～2018 年国有企业增量资本产出化（$ICOR$）

年份	辽宁省国有企业增量资本产出比	吉林省国有企业增量资本产出比	黑龙江省国有企业增量资本产出比	东北地区国有企业增量资本产出比	全国国有企业增量资本产出比
1985	1.77	1.44	2.43	1.88	0.92
1986	1.98	1.58	2.22	1.98	1.55
1987	1.92	0.77	2.15	1.63	1.28
1988	1.31	0.95	1.36	1.25	0.92
1989	1.64	2.53	1.64	1.73	1.27
1990	3.70	1.99	1.59	2.37	1.72
1991	1.90	2.24	1.52	1.80	1.16
1992	1.33	1.29	1.57	1.39	1.02
1993	0.89	1.29	1.22	1.04	0.90
1994	1.31	1.14	0.82	1.09	0.72
1995	1.76	1.40	0.98	1.36	0.86
1996	1.51	1.54	1.13	1.36	1.15

年份	辽宁省国有企业增量资本产出比	吉林省国有企业增量资本产出比	黑龙江省国有企业增量资本产出比	东北地区国有企业增量资本产出比	全国国有企业增量资本产出比
1997	1.42	2.51	1.79	1.70	1.66
1998	2.18	3.11	5.67	3.10	2.80
1999	2.29	3.95	6.13	3.37	2.97
2000	1.31	1.14	1.58	1.34	1.70
2001	1.90	2.21	2.20	2.06	1.66
2002	1.53	1.53	2.15	1.70	1.74
2003	1.31	1.33	1.34	1.32	1.38
2004	1.27	0.98	0.88	1.06	1.02
2005	0.90	1.79	0.95	1.08	1.16
2006	1.34	1.80	1.29	1.44	1.03
2007	1.10	1.12	1.31	1.16	0.76
2008	1.00	1.58	1.24	1.20	0.99
2009	1.84	2.26	7.23	2.55	2.38
2010	1.20	2.03	1.49	1.46	1.31
2011	0.99	0.92	1.28	1.05	1.09
2012	1.74	1.60	2.79	1.93	1.90
2013	2.18	2.24	4.44	2.61	2.02
2014	3.62	3.46	5.12	3.90	2.59
2015	58.55	11.66	68.15	37.59	3.12
2016	0.16	3.99	11.85	1.12	2.39
2017	0.83	16.07	4.43	2.84	1.72
2018	0.58	20.55	4.03	2.25	1.78

结合东北地区与全国水平相对数值来看，国有经济固定资产投资占比总体呈现下降趋势（见图6.2）。2000年前东北地区国有经济固定资产投资占比相比全国水平占有明显优势，2000年后逐渐与全国水平接近，2008年后始终低于全国水平。从国有经济固定资产投资增长率来看（见图6.3），2003～2012年东北地区表现较好，东北振兴的黄金十年与此吻合度较高。2012年以后呈现明显下降趋势，其平均值明显低于同期全国水平，同样与东北经济增长失速有较高的吻合度。分析

东北国有经济的投资数据，可以发现国有企业依然占据主导地位，但投资规模萎缩，投资增长率较低，且总体投资效率不高。总体来看，东北地区 GDP 名义增长率、国有经济固定资产投资名义增长率和全社会固定资产名义增长率趋势一致，具有强相关性（见图 6.4）。1985～2018 年东北地区全社会固定资产年均增长率为 15.7%，高于同期 GDP 年均 13% 的名义增长水平，国有经济固定资产投资年均增长率为 11%，体现了国有企业投资对地区经济增长的贡献度较高，东北地区经济增长对国有企业固定资产投资较为依赖。

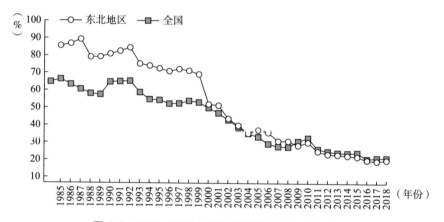

图 6.2　1985～2018 年国有经济固定资产投资占比
资料来源：历年《中国统计年鉴》及东北各省统计年鉴，由笔者整理计算而得。

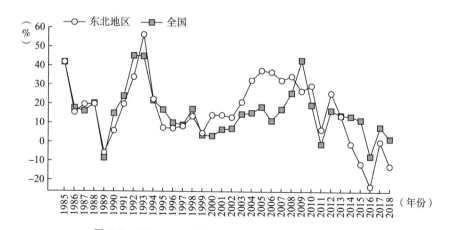

图 6.3　1985～2018 年国有经济固定资产投资增长率
资料来源：历年《中国统计年鉴》及东北各省统计年鉴，由笔者整理计算而得。

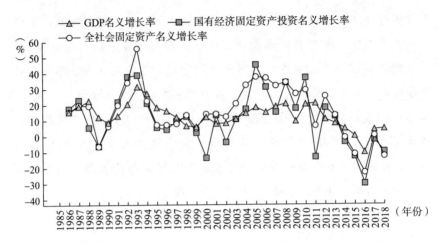

**图 6.4　1985～2018 年东北地区国有经济固定资产投资、全社会
固定资产与 GDP 名义增长率**

资料来源：历年东北各省统计年鉴，由笔者整理计算而得。

　　需要说明的是，从整体看国有企业存在效率不高的问题，并不等同于任一单一个体都存在低效率投资。从当前的现实情况出发，根据林毅夫的比较优势理论可将国有企业分为三类：第一类为不符合比较优势但关乎国家发展命脉的战略性国有企业，其特点是资本密集；第二类是自然垄断的国有企业，这类企业主要集中在关乎国计民生的行业；第三类是集中在竞争性行业中的国有企业，这类企业符合比较优势的准则。① 具体来说，第一类企业的资本密集程度超过目前的发展阶段，涉及航空、航天、舰艇等军工产业和战略性新兴产业，辽宁、吉林和黑龙江三省均有分布。这类企业费用高、自生能力弱，需要国家补贴才能生存，但其关乎国家安全和参与世界事务的话语权，是占领技术高地、谋求人民福祉和长久利益的保障。在计划经济时期，国家补贴的方式往往扭曲了要素和产品价格，现阶段虽然国家直接补贴，但国有企业所有者和经营者激励不相容易引发寻租套利行为。市场化程度越低的地区，政府官员基于权力设租的现象越普遍，国有企业投资效率提高越难。② 第二类国有

　　① 林毅夫. 新结构经济学视角下的国有企业改革 [J]. 社会科学战线, 2019 (1)：41 - 48.
　　② 李刚，侯青川，张瑾. 政府补助与公司投资效率——基于中国制度背景的实证分析 [J]. 审计与经济研究, 2017 (4)：74 - 82.

企业仍然不属于竞争性行业，主要集中在关乎国计民生的自然垄断行业，如资源、能源类行业，由于缺少竞争，市场信息不对称容易引发道德风险。东北地区资源型城市相对密集，且这类国有企业往往承担着战略性和社会性双重负担，国有企业存在难以根除的痼疾，投资效率同样难以与民营企业相比。第三类竞争性的国有企业本身不存在战略性负担，往往只要剥离社会性负担就可以轻装前行，比如汽车产业、装备制造业等，所以这类企业的投资效率并不比民营企业低。在东北地区，第一类与第二类国有企业占比较大，这也从另一个维度解释了东北国有企业投资效率低的原因。

东北地区重工业体系是国家在发展经济初期赶超战略影响下推行的重工业优先发展战略的历史产物。其微观基础是以国有经济为主体的生产性企业，其不但承担着发展经济的职能，还承担着就业和社会保障的政策性负担。东北地区的重工业体系决定了其采用的是资本密集型的资源配置方式而不是劳动密集型的资源配置方式。在生产力不发达的当时，我国具有劳动力优势，而发挥劳动力的优势自然不符合资本密集型的产业配置，由此吸纳劳动力成为国有企业的政治任务。对于企业而言，人员冗余会使生产效率低下，增加企业生产成本，并不符合企业最优生产选择，政府对国有企业因承担政策性负担而遭遇的生存危机负有责任，而正是基于此种政策性负担，国有企业即使业绩下降甚至出现亏损，政府也会给予帮扶和补贴。

从国有企业改革的实践层面上看，经历阵痛在所难免，消化阵痛也需要时间。20世纪90年代末期亚洲金融危机爆发，时值改革开放高潮，不同所有制经济崛起对国有企业形成冲击。加之金融危机对贸易的影响，在人民币不贬值的战略定位下，国内市场受到严重冲击，国有企业负担愈加沉重，国有企业改革一触即发。改革必然承受巨大成本，东北地区作为国有企业最为集中的区域，受到的冲击相对更为严重。作为计划经济时期国家经济发展的火车头，东北地区一时间成为下岗工人相对规模较大的地区，对东北经济产生了深远影响，这种改革成本并不是短时间可以消化的。另外，资源型城市的国有企业布局越来越受产业发展及资源的约束，加之下游需求端的萎缩，过剩产能和亏损的困境难以化解，诸多国有企业面临生存危机。基于历史性经验，休克式疗法不仅会对民生产生巨大冲击，对经济活动水平的稳定性同样会产生巨大冲击。在无法充分转移劳动力的情况下，企业的优胜劣汰对于东北来说是一个两难选择，不得不说维持亏损企业的低效运转是权宜之计也是不得已的选择，而这种经济选择的后果是边际成本远高于边际收益，投资效益低下是投资低效率的必然结果。

6.3 投资规模扩张的制约因素

6.3.1 制约投资规模扩张的成本因素

1. 资源型城市转型中沉淀的投资成本

东北经济转型中，资源型城市转型是难以忽略的重要维度。资源区根据生命周期相继进入成熟期和衰退期，有些资源型城市抓住战略先机成功转型，但更多的资源型城市还在寻找转型之路，甚至陷入了转型困境。转型意味着资本存量结构调整和增量资本投资方向的重新选择，必然要求资本的退出和跟进，然而投资产生的沉淀成本既形成资本退出壁垒制约了资本存量的结构调整，也提高了调整成本，从而直接影响东北全区的投资效益。

基于前文描述，在价格结构调整前，资源型城市工业产品比价关系极不合理，改革开放后，国家对价格结构的调整使资源型城市的工业产品价格得以提高，工业产品的比价关系合理变动引导投资进一步向资源型城市采掘业与原材料工业流动，投资效益好转。但伴随工业化进程的推进，资源型城市问题凸显，表现为环境恶化、资源粗放式开采后的枯竭以及投资结构与需求结构失衡。长期以来资源型城市大企业小政府形成的企业办社会模式使企业包袱沉重、自我积累少、更新能力变弱，掣肘企业更新改造，资源型城市比较优势丧失，逐渐陷入了不转型就难以为继的生存危机中。然而自 20 世纪 90 年代后期探讨资源型城市的转型之路，鲜见成功转型的案例，更多的资源型城市仍在探索中。在如腾笼换鸟休克式转型、渐进式产业接续、资本注入式产业升级等诸多方案下，为何实现资源型城市转型如此之难，这就要从资源型城市投资强化带来的另一个经济结果，即固化路径下的巨量投资成本难以回收这一因素来寻找答案。

新古典经济学基于完全竞争市场信息完全且对称的假设，认为市场主体在交易的过程中无摩擦，活劳动和物化劳动均可以在再生产的过程中得到补充。微观角度下，企业处在最优的生产阶段，生产成本的提高会增加总产出。注重静态分析和比较静态分析，着眼于投资的事前分析，将预期投资成本纳入最优生产的框架之中，市场主体事前决策的理性行为同样在经济人完全理性的框架下。市场依靠自身力量总能向资源最优的状态收敛，短期由于固定要素的原因会形成沉淀成本，但长期所有的要素都可以变动，以至于市场最终可实现要素最优配置而不会产生沉淀成本。现代经济理论在阐释投资沉淀成本时通常将其外生化，认为经济决策与沉淀成本无关，或者基于理性预期认为经济主体在决策前已经充分考虑了投资可能出现的潜在损失，经济主体的行为都是理性预期的最优选择，不会影响投资后的决策。

然而真实世界的经济条件并不完全符合理想的假设条件，经济体也不会收敛于无摩擦的均衡状态，要素的投入始终要考虑空间和时间的影响，具有历时性的动态分析才是符合经济现实的。现实中的投资主体在有限理性下通常要面临路径的调整和重新选择，即使在投资前已经形成对投资成本的理性预期，潜在的投资损失也应考虑客观环境的不确定性。尤其在引入时间维度的空间里，基于生产投资持续性，更不能排除投资成本不能完全收回的可能性。由于市场信息并不完全，调整成本和交易成本始终存在，这本身就构成了市场投资的一部分，而这部分注定是投资损失的一部分。基于投资主体的有限理性，结果往往是形成固有行业的退出壁垒，从而对固有路径形成黏性，投资沉淀成本越大，越难以脱离原投资路径进入新的路径。

基于资源型城市转型中的投资因素分析，其转型困境的落脚点在于投资中产生了巨量沉淀成本而又缺少对投资成本相应的补偿机制，导致增量资本补充不足，存量资本难以调整，失衡的投资结构始终难以纠正。资源型城市形成巨量沉淀成本的条件因素是多方面的，剔除社会性和生态性的沉淀成本，仅从经济性角度分析同样不一而足。

第一，从区位来说，资源型城市因资源聚集而兴，由资源分布的客观条件所决定，各区域投资活动的质量存在差异，生产企业位置具有专用性，重工业产业结构决定了固定资产投资中设备的专用性。[①] 专用性往往意味着将资本品转换他领域使用机会成本极小，且资本市场不完备，信息不对称致使资本品即使能够在资本市场交易也无法有效补偿资产的全部成本。[②] 围绕产业而建的基础设施一旦投入使用很难迁移，转为他用往往同样意味着部分成本损失。

第二，资源型城市重工业领域诸多，企业多年来按照固定资产原值作为计提折旧的基数，折旧年限长，存在折旧率低的问题，降低了摊销在产品中的成本，影响了企业利润，降低了企业技术更新及产业调整的积极性。2014 年我国出台新的生产企业折旧政策，然而诸多企业由于设备陈旧，使用年限太久，对于更新设备积极性不高，固定资产加速计提折旧意愿不强，有些老企业甚至早已不存在继续计提折旧的问题。但问题在于资本品使用期间，由于技术进步使生产商品的社会必要劳动时间减少从而使原固定资产价值减少以及无法避免的价格因素，基于折旧期间产生现金流的折现值往往无法覆盖重置成本，会计期间内资本损耗同样无法像原材料那样通过物理形态的变化直接转为成本。

第三，资源型城市的历史特性决定了其经济成分多为国有经济，资源型城市因其资本存量结构失衡，需要后续投资持续注入以保持低效运转，资本长期的过度投资造成国有企业生产效率低下，形成了一

---

① 汤吉军. 沉淀成本视角下资源型产业转型与发展绩效 [J]. 黑龙江社会科学，2013 (3)：53 – 57.

② George A. Akerlof. The Market for Lemons：Quality Uncertainty and the Market Mechanism [J]. Quarterly Journal of Economics，1970，84 (3)：488 – 500.

定规模的沉淀成本。与其他企业相比,国有企业承担了更多的社会责任和政策性负担,国有企业公共产权无法调动生产者提高生产效率的积极性,不能形成机制创新、生产创新的经营氛围,同时投资于国有企业的资本边际产出较低,形成双重资本投资效率损失。根据生产领域的规模报酬递减理论,当资本投入增加有效刺激产出达到临界值后,边际产出是递减的,资本投入超过了最优规模就会使资本投入的效率降低。资源型城市国有企业经过长年投资积累,多数形成了尾大不掉的规模休量,对已超过最优规模的企业继续追加投资扩大再生产只会降低投资效率,在资本低效运转情况下形成更多的沉淀成本,而沉淀成本增多又会增加市场主体的生产成本,企业就会倾向于少生产。① 另外,国有企业的存在很大程度上挤占了民营企业的生存空间,影响了地方资本的活力,减少了地方有效产出。国有企业因其属性占有政府大量行政性补贴,金融机构资源倾斜为国有企业带来流动性的同时,使国有企业形成巨额债务累积,压缩了产业调整的腾挪空间,提高了产业转型的脆弱性,无形中也增加了资源型城市转型的沉淀成本。

综上所述,沉淀成本形成了对既有路径的锁定效应,对固有产业形成了退出壁垒,使资本难以进入新的产业形成新的业态。既有投资主体更愿意采取观望的态度维持现状,部分主体保护既得利益缺少调整的积极性,国有企业因承担更多社会责任而难以支付转型中的调整成本。资本存量结构难以调整就意味着既有产业难以转型,产业接续与替代因资本存量结构难以调整而不易形成规模,增量资本更愿意向非资源型城市的新兴产业和新业态流动,毕竟在旧有结构上更新的成本更高,依存于原有路径的产业所获增量资本相对变少,其结果就是资源型城市产业升级资金有限,支持产业技术升级的资本流量不足,资源型城市深陷转型困境。

---

① 陈俊龙,汤吉军,杨然. 沉淀成本、国有股最优比例与产能过剩分析 [J]. 软科学,2017 (1): 10 – 14.

2. 融资约束增加民营企业融资成本限制其规模扩张

从国内不同经济区域的经济发展来看，一个毋庸置疑的事实是，在经济发展初期依靠国有企业集聚资源并分配资源是符合当时积贫积弱时代背景和经济规律的，但基于不同历史时期的要素禀赋和特点，显然投资体制要做适应时代发展的战略性调整。东南沿海经济区腾飞的重要经验借鉴就是国有经济占主导的同时尽一切可能活跃民间资本，使民间资本成为经济增长的强大助力。民营经济之所以能成为改革开放后经济持续增长的永动机，在于民间资本相较于政府主导投资的几点优越性。

第一，政府投资资源有限，民间投资与政府投资呈现一定的互补性，尤其在竞争领域，民间投资的活力更具有适应性，能从需求的角度做出适应性调整，其投资效率更高。第二，民间资本的活跃更加有利于激发地区消费能力，促进消费增长。民营经济的发展可以吸纳更多的劳动力，不仅可以提升城市化水平，而且可以有效提高劳动力收入水平，从而创造更多的消费需求。第三，民间资本的充分发展有利于调整地区产业布局，促进市场化竞争机制的完善，从而使市场能够更加接近于完全竞争市场，使市场机制自发进行资源整合，而不是依靠行政指令整合资源，比如缺乏竞争能力的企业通过市场化调整逐步退出，进而从整体上提高生产效率。产业结构优化调整归根结底是在新的结构层次上进行新一轮的周期生产。第四，民间资本的发展是经济转型的抓手，是规避经济体产生巨大波动的平滑器。无论是经济增长方式转型还是体制转型均需要以改革为手段，而改革的推进就是利益格局再调整的过程，必然伴随着既有利益格局的对抗，在空间和时间上都要承担改革成本。民营经济的有效发展可以在一定程度上平抑经济波动。

基于以上理由，民间资本的充分发展对地区经济增长的作用无须付诸更多的笔墨。从目前的平均水平来看，民营经济占据中国经济半壁江山的形容并不为过，而东北地区民营经济显然被其他经济区域影响，从而被平均化，仅从单体区域来看，东北地区民营经济对经济增长的贡献远不如发达经济区域民营经济的贡献。当然其中原因诸多，在本书的研究中也多有涉及，本节仅从资本成本的角度解析民间资本投资水平受到抑制从而限制了地区总投资水平。

目前，资本配置扭曲不仅存在于行业之间，更存在于不同的所有制经济行为主体之间，这种扭曲意味着资本配置缺乏效率，资本的配置与流动对行业盈利的敏感度不高。Wurgler 曾在其研究中这样表述，资本配置效率提高的表现是资本对行业盈利能力的敏感性提高，资本会适时从资本回报率低的行业退出，流向资本回报率高的行业。同时，他指出国有经济比重与资本配置效率呈现负相关关系，资本市场信息完备程度与资本配置效率正相关，所以资本配置效率不仅仅关乎行业盈利的识别问题，更关乎资本成本问题。[①] 资本成本是投资成本的重要组成部分，与投资过程中的资本品价值构成和考虑调整成本的投资成本不同，资本成本与金融要素关系更为密切。融资是投资的基础和前提，内源融资考虑的是自有资金使用的机会成本，外源融资更多考虑的是资金供给方的供给价格。在新古典经济市场完全的假定下，资本价格是市场出清所形成的均衡价格，但显然在真实的交易市场中，资本的取得还有一定的约束条件，即融资的约束条件。在微观研究的层面，针对不同股权性质的企业投资主体所面对的融资约束差异研究已经基本取得共识，相对于非国有企业，国有企业在得到银行贷款、股权融资和政府的支持上具有明显优势[②]，而这不仅仅是出于经济方面的考量，还有政治上的考量。虽然这是各地区不同股权性质的企业所具有的共性问题，但东北地区的情况更为复杂，其影响也更为深刻。

在融资约束条件下资本成本提高，资本边际效率降低，企业合意资本存量水平降低，与企业现有资本存量水平的差额减少，从而投资

---

① Jeffrey Wurgler. Financial Markets and the Allocation of Capital [J]. Journal of Financial Economics, 2000, 58: 187-214.

② 林毅夫，李志赟. 政策性负担、道德风险与预算软约束 [J]. 经济研究, 2004 (2): 17-27.

水平降低。融资约束产生的现实基础与条件主要来自两个方面。第一，金融服务实体的功能缺失，比如融资方式、融资工具、融资渠道等涉及金融环境整体建设的要件有待完善，在金融资源不足、金融环境不佳的条件下存在较高的信贷配给，比如体制倾斜和政策倾斜，资本配置并不均等。传统经济理论忽略资本成本的问题，假定以一定的资本成本可以对资源无限获取，但真实的经济环境中融资约束下的信贷配给还表现为，即使付出高于市场均衡价格的成本仍不能获得资本的均等配给。

第二，市场的非完全性表现为市场信息的非对称性。资金的提供者和融资方信息不对称意味着双方承担的风险并不相同，二者的利益指向也并非完全一致，资金提供者的风险并不仅仅是融资方的经营风险，所以现实中资本价格存在一定程度的溢价。从资金提供者的角度，其需要获得风险报酬以进行风险补偿，所以资金提供者在供求竞争形成的资金价格基础上还要设置资金门槛，从而提高了融资方的资本成本。另外，市场的非完全性意味着资本获取还包含一定的信息成本和交易成本。从民间资本的角度看，民间资本之间的竞争更接近于完全市场竞争，融资的获得需要以净财富水平作为要件和前提，对投资成本更为敏感。在收益空间收窄的情况下，风险和收益的匹配关系会发生变化，依靠外源融资的民间资本显然存在更多风险，从而抑制了民营企业投资，但这对国有企业的影响则相对有限。国有企业与政府存在千丝万缕的联系，国有企业的预算软约束使其对融资成本具有低敏感性，所以融资约束产生的资本成本效应在国有企业和民营企业之间存在较大的差异。

从金融环境看，2017 年的金融运行报告显示，东部五省占有全国近 40% 的金融资源，其多元的融资方式也能较好地服务于实体经济，而东北地区金融资源贫瘠，金融体系不健全，股权融资受到抑制，单一融资方式难以降低融资成本。从资金来源看，东北地区通过间接融资市场获取的资金占比不高，但自筹资金的占比较高，从侧面说明了东北地区依靠外源资金的有限性，而依靠自筹资金进行扩大再生产至少说明了东北地区企业投资对自身现金流更为敏感，一定程度上验证了融资约束下资本成本效应对东北地区固定资产投资的抑制。在近年来的研究工作中，宗喆基于中国 8 个经济区域、13 个产业测算融资约束程度，发现东北地区的融资约束程度除与西北六省接近外，远高于其他 6 个经济区域。[①]

6.3.2　环境不确定性制约投资扩张

从前述分析可以判断出这样一个事实，2010 年以后东北地区投资萎靡，2014 年达到投资的冰点，即使在 2017 年全国投资回暖的情况下，东北地区的投资依然难言乐观，分析诸多因素，不能忽略的还有投资对经济环境不确定性的反馈。东北地区工业支撑经济的属性决定了工业投资走势势必会影响地区经济走向，工业投资在去产能周期、去库存周期及上中下游价格浮动中沉浮，其影响因素是多方面的，而无论哪一方面的不确定性增加，都会影响投资扩张的意愿。有研究表明，国有企业与民营企业的投资偏离度对环境不确定性的反馈并不一致，在面对环境不确定性的时候，对投资机会的把握存在差异，民营企业投资对不确定性增加更为敏感，归根结底，投资决策是"经济人"做出的选择。

2014 年开始我国进入新一轮去产能周期，2015 年末习近平总书记在中央财经领导小组第十一次会议上提出"三去一补"供给侧结构性改革主要任务。在对世界形势的科学研判和国内需求萎缩的背景下，无疑上游行业是去产能的重点领域，石油加工、钢铁、化工、煤炭等行业在东北地区均占有一定比重，上游行业去产能将在很长一段时间内影响东北地区投资预期并抑制投资扩张。尽管去产能周期使供需发生相对变化，2017 年大宗商品价格上涨，带来了上游工业行业的边际改善，但实际需求并无实质改善，缺乏实际有效需求支撑下的价格上涨所产生的利润空间改善缺乏持续性，不足以提高扩张投

---

① 宗喆．融资约束对中国分区域嵌入全球价值链的影响研究［D］．北京工业大学，2018.

资的意愿。中游和下游行业因上游价格上涨和供需面的相对变化，提高了其平均成本。2017 年，部分学者认为到了与设备更新有密切关系的朱格拉周期上行阶段，设备更新的需求增加或能推动设备制造业投资明显好转，但从全国范围来看，通用和专用设备制造业并未实现市场出清，在去产能存压的情况下难言部分地区产业投资复苏，即使中游产业设备更新需求有所增加，产能承压同样不能改变投资者的预期。

随着经济进入新常态，投资主体对各项政策持观望态度，既等待相关政策的落地，又对政策的持续性存疑。尤其是直接影响基准利率的货币政策，2010 年以前，为了对冲美国金融风暴对中国经济的冲击，通货膨胀压力剧增，2010 年 10 月至 2011 年 7 月，央行 4 次加息，9 次上调准备金率。后在欧洲债务危机及国内投资减速下，2011 年底再一次修正政策，降息以及下调准备金率，2012 年在经济维稳的基调下进行了两次降息降准，2013 年后基本是稳健中性货币政策，实体中的流动性在去杠杆后初现疲态。从实体经济增长的角度看，市场流动性不足，尽管 2016 年实际贷款利率有降低的倾向，但上中下游产品提价空间存在差异，下游产品提价空间明显小于上游产品，在去产能的压力下，融资成本小幅下行对提振投资的作用并不明显，对于中小企业而言更是难言融资成本出现实质性降低。从经济环境看，国内外需求未明显恢复且国内并未出现新的增长点，不仅如此，国内外政治经济出现诸多变局，经济环境受到冲击，不确定因素进一步增加，投资时机并不理想，补库存的增速上升空间不大，"经济人"更愿意持观望态度，投资在动能不能提振的情况下持续萎缩，投资增速下降。

6.3.3 影响投资规模的体制及机制因素

1. 金融市场发育程度低，制度性因素导致资源错配

高度发展的金融市场使市场信息披露更加充分，减少了因信息不对称而产生的额外交易成本等，监管者也可根据反馈的信息做出政策调整，提高宏观调控水平。金融机构的重要职能是为市场提供流动性，

流动性是企业的生命线，是企业应对危机的安全阀，也是企业扩大再生产的前提条件，金融资源不足必然会使市场行为主体通过市场溢价对有限资源进行掠夺。金融效率体现在金融机构中沉淀的储蓄能有效转化为投资为实体经济提供资本驰援。金融发展在一定程度上可以解决企业非效率投资问题，其中对非国有企业的调整作用更为明显。[1] 东北地区金融市场不发达，资金来源渠道受限，无法实现资本有效供给，资源争夺、流动性不足与结构性问题并存。中小企业受金融市场发育程度低与自身规模限制往往有较高的融资约束敏感性，融资约束程度越高，企业越倾向于投资不足。[2] 地方政府财政不富裕，相较于东部发达地区政府的支持，东北地区政府的财政支持略显不足，依靠向中央政府"化缘"终究不能解决资金来源的问题，资本不足对于规模经济形成掣肘。

东北地区金融市场发育程度低的直接表征就是资本市场的局限性，直接融资市场规模较小。从宏观水平看，经过近 30 年的发展中国已经形成了规模化的多层次金融运行系统，债券市场与股票市场等直接融资市场体量较大，沪市股票总市值超过 36 万亿元，深市超过 26 万亿元，沪深上市公司超过 3800 家，但东北地区上市公司总数量不足 200家，通过直接融资市场获得资本的能力较差。对东北地区资本市场的考验远不止于此，在存量上市公司本就不多的情况下，企业自身存在竞争力不足的劣势，部分上市公司基本面每况愈下，存在因面值退市的风险，股价低于 4 元的上市公司数量近 60 家，占比接近东北上市公司总数的 1/3。另外，东北上市公司还面临因财务原因暂停上市的问题，上市公司后备资源严重匮乏，这无疑给东北资本市场增添了新的压力。自 2016 年，全国范围内 IPO 始终以相对较快的速度发行，但东北地区因上市企业少，在资本市场上撬动的资金十分有限。三板市场

---

① 李红，谢娟娟. 金融发展、企业融资约束与投资效率——基于 2002—2013 年上市企业面板数据的经验研究 [J]. 南开经济研究，2018（4）：36 - 52.

② 连玉君，程建. 投资—现金流敏感性：融资约束还是代理成本？ [J]. 财经研究，2007（2）：37 - 46.

虽然可以为未上市的公司融通资金，但仍满足不了大规模资金的需要。产业基金、风险投资基金、投资银行等机构投资者在东北地区分布较少，不能充分给予产业发展金融支持，这些均成为制约东北地区工业投资的瓶颈。地区经济增长的主战场和基础是工业，东北地区产业结构偏重，资本密集型产业的发展更加需要资本的驰援。东北地区长期依靠债务型融资，囿于长期股权资金的可获得性，难以摆脱债务式发展路径，而且东北地区的股权交易市场严格意义上来说并不具备诸如证券交易所的流动性。大连虽有期货交易所，却也不能称之为区域性金融中心，在金融业态上，东北地区缺少核心环节。

东北地区间接融资市场的金融供给与需求存在一定程度的错配，主要体现在大量的中小企业难以从金融机构获得融资上。受限于金融开放程度，无法有效利用外源融资，外币存款规模小，外币融资规模极其有限。由于市场机制发育不健全，金融体系发展滞后，金融体系改革与市场化进程较发达地区仍有不小的差距，具有主导地位的银行系统对东北地区金融体系的影响是显性的。东北地区外资银行、地方性银行、小型股份制银行市场份额较小，国有银行一家独大，缺少市场竞争，以至于银行信贷资金的投向具有较强的制度偏向，违背了市场化遵循的优胜劣汰的生存法则和机制。政府主导下的银行体系与政府之间的关系并不独立，与政府有千丝万缕联系的国有企业获得了更多的信贷资源，而东北地区国有企业普遍存在效率低下的问题，这样做的结果就是信贷配置出现偏差难以调整。在资本配置不能遵循市场化原则的情况下，制度性因素加剧了资本配置的扭曲，在此基础上，信贷规模越大，资源错配越严重，其对经济效益的影响越深远。

另外，金融市场扁平化在很大程度上限制了资本扩张以及投融资渠道拓展，客观上导致资金运用成本相对较高。工业领域融资成本高，限制了工业发展中的资本扩张，不利于多种经济成分参与工业发展建设。东北地区实体投资的金融创新亟待发展，风险投资、多方主体参与的金融租赁、私募基金、产业专项基金等尚未在工业投资领域发挥其应有作用。在工业发展的过程中，畅通的多元化投融资渠道是工业企业得以生存发展的动力支撑，东北地区在重视间接融资市场的同时，应尽快完善直接融资市场的运行机制，规范金融市场运行为企业提供低成本的长期资金来源，通过金融市场机制创新为企业提供多种融资手段和融资方式，提高工业企业资本运作效率及工业投资效率。

2. 投资软环境差、风险控制机制不健全难以撬动非国有资本

财富在民间，未能很好撬动民间资本为工业资本所用，是资本效率的又一大损失。尽管民间资本尚未与产业资本充分融合的原因是多方面的，但投资软环境差这一因素是不容置喙的。财税的优惠政策多将民营企业排除在外，比如对外资的所得税减免。民间资本投资在承担高风险的同时承担着高成本。除此之外，投资准入也有较高门槛，政府主导的项目通常资本额度较高并且需要高标准的资质条件，这将诸多中小企业挡在了工业投资的门外。良好的投资软环境还基于有法可依的信用环境，东北地区在这方面还有诸多薄弱之处。2017 年全国七大区域信用环境排名，东北地区位列第七。在一级指标的排名中，信用投放、政府信用监管和重点领域诚信状况指标均排在靠后的位次。2016 年和 2017 年重点领域诚信状况指标分别排在第六位和第七位。[①] 缺乏具有约束力的信用机制，违约、债务拖欠的情况屡见不鲜，信用评价机制不健全，社会范围内尚未形成既有外部监督又有自我约束的信用环境，缺乏能够量化个人与企业信用的系统化标准。信用意识淡薄不仅破坏了区域的营商环境，同时制约了资金链的正常流转。

东北地区由于项目主体长期来源于政府，投融资渠道多依赖政府主导的投融资体系，风险控制、利益分配等机制难免出现先天不足、后天发育不良的情况。银行作为主要的授信主体，在政府主导的项目

---

① 陈贵，林钧跃，尚伟龙 . 2017 中国城市商业信用环境指数（CEI）蓝皮书 ［M］. 北京：北京燕山出版社，2018.

融资中地位被动，融资方承担了较大风险，尽管一般政府会做担保，但风险的损失多由银行来承担，金融机构不良贷款成为呆账后又可以由政府授意做坏账核销。在此过程中，政府更多是利益的共享者却不是风险的共担者，企业法人在项目中承担了更多的风险，虽然这样的情况随着全国 PPP 项目模式的开展有所好转，但是并没有从根本上合理确定风险分摊机制。风险控制机制不健全，在长期的投融资过程中易出现风险节点，引入风险投资主体相对困难，难以从源头上解决资金效率低下的问题。另外，东北地区投融资渠道缺少风险隔离载体。投资中介组织可以规避工业投资领域出现的问题及更好地提高工业投资效率，以其专业性、全面性、审慎性和独立性助力工业领域的长足发展，能够为融资企业和投资方架起一座桥梁，充分发挥其风险隔离、财务咨询、项目调研、产权估值、标准认证的作用。由于东北地区缺少利于发展投资中介组织的配套政策，投资中介组织还处于发展的起步阶段。

基于上述因素，资本的趋利性难以引导资本注入，资本的避险性又会使资金更多流入富庶地区，进而形成了金融资源的马太效应。在溢价较低的地区很难形成规模，难以实现有效供给，而且东北地区"金融虹吸"问题尚未解决，也使东北地区成为金融"高地"。① 金融服务在南北方差异明显，东北地区金融发展远未达到促进经济增长的阈值。尽管近年来央行调控政策相继出台，但并未从根本上解决融资需求问题，普惠金融虽然在一定程度上对民营企业有帮扶作用，但资金流向似乎并未产生实质性的改变，国有企业依然是资本的集散地。民营企业受到抑制难以扩张，竞争力不足，经济基本面未见明显好转，面对较多不确定性，出于风险规避的角度，即使金融扩张也很难使民间资本真正获益。民营企业是市场机制下最为活跃的市场主体，在市场机制不完善的环境下，民营企业生存空间有限，民间资本受到抑制无法激发民营企业的活力，难以从宏观上提高投资效率。

---

① 王庆龙，史桂芬. 金融支持东北地区产业转型升级的若干问题研究 [J]. 经济纵横，2018（12）：119 - 123.

6.4　影响投资经济效益的投资结构因素

6.4.1　投资结构的分类

在影响产出水平的投资规模、投资结构以及体制等诸多因素中，结构因素可以说对投资效益影响最为深远。投资结构合理可以从长期提高投资效率，直接反映在投资效益的提升上，即投资结构与行业结构适配度较高，有效投资比例提高的同时会降低无效投资，有效资本存量的增加同样会带动经济体对劳动力的需求，从而使经济总供给潜力得到有效释放。[①] 反之，在经济结构的不断优化调整中，如果投资结构缺乏合理优化，资源配置会偏离优化路径，经济结构失衡会使投资效益低下，陷入资本投入高、产出水平相对低的低效益投资循环中。固定资产投资结构是经济结构的重要组成部分，优化固定资产投资结构，协调资源配置，可以有效提高投资经济效益，从而产生投资结构效益。投资结构包括产业投资结构、投资技术构成结构、资金来源结构、行业结构等，体现的是投资各组成部分之间的关联方式和构成比例。[②] 投资结构效益体现在各要素关联方式和构成比例的合理程度上，各要素关联方式与构成比例发生变化，会直接作用于资源配置结构，由于经济体中各部门产出弹性不尽相同，调整资源配置就会直接影响地区经济效益。

经济增长不是各产业或行业产出水平的简单加总，而是各产业以及产业内部各行业协调配合的结果。不同时期受产业技术水平、市场需求以及地区资源禀赋的制约，各产业乃至产业内各行业的生产率存在很大差异，所以行业之间的链接与依赖关系从整体上影响投资效能。产业乃至行业之间的耦合程度反映了投资结构的合理程度，产业耦合

---

① 刘倩．投资效率、长期增长与投资结构调整政策 ［J］．上海经济研究，2018（5）：42 - 51.

② 侯荣华，汲凤翔．中国固定资产投资效益研究——理论、实证、案例 ［M］．北京：中国计划出版社，2002.

程度越高，即投资结构的关联度越高，说明产业之间供需越协调，投资形成的部门之间的比例关系越协调，资源越能够得到充分利用，其投资效益就越高。反之，则会产生大量闲置的生产资源或者存在瓶颈产业，影响投资效益从而制约产出水平的有效提升。投资结构的变动要与需求结构相一致，经济水平的提高，必然伴随着需求结构的变动，需求收入弹性高的产品比重会相对提高，这就要求资源配置结构随之变化以保持产业结构协调。供给结构与需求结构相适应，会使实际产出全部转化为有效产出，而不会产生过剩产能，或者资源的供应紧张。当然这只是理想状态，真实的市场环境很难实现帕累托最优，虽然生产是均匀的，但是市场需求的变化是非均匀的，同时投资所带来的结构变化存在一定的时滞，能够做的只是尽量缩小帕累托改进的空间，降低供给结构偏离需求结构的程度。

投资的技术构成主要包括建筑安装工程、设备工器具购置和其他费用三个部分。建筑安装工程核算的是项目建设中机械、管道设备、装备材料及土建涉及的费用，是最终形成生产能力的基础，不直接体现技术水平；设备工器具购置核算的是购置或自制达到固定资产标准的设备、工具和器具的费用，直接体现生产的技术水平，是发挥生产能力的基础；其他费用核算的是建筑安装项目和设备工器具购置活动所产生的有关必要支出，不体现生产技术水平，但同样是形成生产能力的重要组成部分。由此，在固定资产投资实际完成额中，设备工器具购置费用所占的比例越高，往往意味着生产技术水平越高，越能够发挥生产能力，进而提高投资的经济效益。

资金来源按照 2018 年版《固定资产投资统计报表制度》规定，包括国家预算资金、国内贷款、债券、利用外资、自筹资金以及其他资金。由于统计年鉴中并未公布债券资金规模，分析应纳入自筹资金项。本书为便于分析，将自筹资金及其他资金合并统计。国家预算资金包括一般预算、政府性基金预算、国有资本经营预算、社保基金预算和各级政府债券，是国家为实现其职能通过预算形式形成并集中使用的资金，是政府投资资金的主体。自筹资金的来源包括各类企事业

单位的自有资金及企业从其他单位筹集到的资金。其他资金包括投资
单位通过各种方式从社会筹集到的资金、个人资金和接受的无偿捐
赠，一般区域经济发展水平越高，这部分资金的比重越大。国内贷款
包括国家专项贷款、地方财政安排的专项贷款、上级部门拨付的国内
贷款及投资单位从银行或非银行金融机构处得到的间接融资。间接融
资规模越大，在一定程度上说明金融机构将储蓄转化为投资的能力越
强，投资主体越能够充分利用金融市场，宏观经济效益的改善将直接
受益于微观主体投资经营的改善。利用外资包括政府通过与外国政
府、团体或金融组织签订贷款协议取得的国外贷款、中外合资项目中
的外资以及收到的国外无偿捐赠。外资具有一定的扩散效应和技术溢
出效应，利用外资的比重越大，外资的扩散效应[①]和技术外溢效应越
强。Kokko 充分肯定"外溢效应"，他认为利用外资会迫使企业提高
技术效率，通过市场竞争使企业增加技术投入。[②] 另外，外资还通过
提供技术或培训人员直接提高国内企业的技术水平，所以"促进关联"
在技术创新具有战略地位的今天显得格外重要。

6.4.2　固定资产投资结构优化一般原则

在比较静态分析中，以市场机制为配置资源的手段要求经济活动
中各个部门的边际生产率相等，即当经济体处于均衡状态时，各部门
追加投资所产生的边际收益应该是相同的。如果经济体处于非市场出
清状态，边际产出较高的部门应该获得更多的投资。按照要素边际报
酬递减规律，随着投资要素的增加，部门边际生产率会下降，由此在
对各部门非均衡追加投资的过程中，会使相应部门的边际生产率发生
变化，最终趋向于一致的资本边际生产率，从而逐渐由非均衡状态向
均衡状态演变。只要各部门资本要素边际生产率不同，演变过程就不

---

① G. D. A. MacDougall. The Benefits and Costs of Private Investment from Abroad: A Theoretical Approach [J]. Economic Record, 1960, 36: 13 – 35.

② Ari Kokko. Technology, Market, Characteristics and Spillover [J]. Journal of Development Economics, 1994, 43: 279 – 293.

会停止，就一定会伴随资本从边际生产率低的部门向边际生产率高的部门流动，而资本流动的过程本身就是提高整体经济效益的过程。在动态分析中，需要进一步引入影子价格，即能够反映真实市场供求状况、资源禀赋特点、资源稀缺程度、投入与产出关系的经济价值。要求各部门边际生产率与其影子价格的乘积是相等的，反映出影子价格与其所属部门在经济活动中的重要程度相一致，即影子价格高的部门在经济活动中处于相对重要的位置。追加投资应该向影子价格高的部门倾斜，相应该部门资本边际产出趋向向下移动，影子价格较低的部门获得的追加投资相对较少，相应部门的资本边际产出曲线向上移动。总之，各部门追加投资的比重应与经济活动目标相适应，从而实现某种动态的均衡。

针对不同发展阶段的经济体，显然这样的原则并没有普适性。尤其是正在发展中的经济体，不同阶段的发展目标是动态调整的，甚至是以非均衡发展为阶段性目标，这样的原则显然并不能教条地遵循，当然更多的时候应该是一致的。对于不同的情况要综合考虑工业化阶段、市场化进程、技术革命的推进以及不可预测的随机要素冲击，选择不同的投资策略，同时还要考虑长期和短期投资结构的选择。从长期来看，投资实现产能，产能要与需求相适应，投资结构就要与需求结构相适应。需求是动态升级的，随着国民收入水平的变化，需求结构会发生变化，所以投资结构与需求结构需要在动态调整中相适应。恩格尔定律指出，随着居民收入水平的提高，食物消费所占的比重是不断降低的，需求收入弹性大的消费支出所占的比例会增大，由此投资结构也要发生适应性的变化，以促进经济效益的提高。短期来看，就是在资源禀赋、资本稀缺和技术水平等条件约束下，根据既有的投资结构和短期技术发展要求，采取非均衡投资的策略，使追加的投资向主导产业部门倾斜。

向生产率高的或者向主导产业部门进行投资倾斜的非均衡投资分配标准所依据的理论主要是赫希曼准则和筱原准则。赫希曼准则是根据实践经验提出的经济发展战略选择准则，实质是根据产业关联度来

选择重点投资的产业，关联系数较大的产业将获得较多的投资。筱原
准则则是收入弹性标准和生产率上升标准的产业结构成长准则。随着
人均产出水平提升，提高收入弹性高的产业的投资比重将有效增加产
出，提高生产率上升速度快的部门的投资比重将会使部门获得更快的
发展，从而带动其他产业的发展。

6.4.3 投资效益与投资结构关系实证分析

1. 研究方法

本节投资效益与投资结构的关系分析中，配合皮尔逊（Pearson）
积矩相关系数检验和 Spearman 秩相关检验共同验证变量之间的关系及
其显著性，结论显示两种方法的检验具有一致性，在这里不再赘述，
仅报告 Spearman 秩相关检验结果。Spearman 秩相关检验更具有一般
性，不但可以度量线性关系变量之间的相关系数，而且可以考察非线
性关系变量的相关性，通常认为其绝对值越接近于 1，变量之间的相关
程度越高。在此基础上，运用灰色关联度模型计算投资效益与相应投
资结构的关联系数，针对固定资产投资不同的分类标准，分项验证其
与投资效益的关联性，并进行关联系数排序，以此分析各种结构因素
对投资效益的影响程度，以便更有针对性地进行政策安排。灰色关联
度分析作为衡量要素之间关联程度的一种分析方法，描述系统要素相
对变化的情况。要素变化的相对一致性与关联程度正相关，针对信息
不完备的情况，通过已知信息研究未知领域以达到了解整个系统运行
规律的目的。这种方法能够解决周期短或数据不足造成的有偏估计问
题，同时具有在多变的系统中寻求因素变化从而发现现实规律的良好
特性。该理论认为，微分方程能够较为准确地描述具有时间趋势的状
态变量的变化规律，其系统反应模型本质在于弱化任何信息不完备序
列的随机性而使之呈现本来的运动规律。

其具体的分析方法分为以下四个步骤。第一，保证因素之间具有
可比性。对数据进行无量纲化处理，惯用初值化和均值化的处理方
法，本节采用均值化方法处理初始数据，即相应定序序列除以该序列

的平均值得到无量纲序列。第二，求差异信息序列。取无量纲参考序列与无量纲比较序列差值的绝对值，并找到差异信息序列的最大值与最小值，即无量纲参考序列与无量纲比较序列的最大绝对差与最小绝对差，$\Delta_{0i}(k) = |y_0(k) - x_i(k)|$，$\min_k = |y_0(k) - x_i(k)|$，$\max_k = |y_0(k) - x_i(k)|$，记 $\Delta_{\min} = \min_i \min_k |y_0(k) - x_i(k)|$，$\Delta_{\max} = \max_i \max_k = |y_0(k) - x_i(k)|$，$k$ 表示时间。第三，计算关联系数 γ，即计算无量纲参考序列与无量纲比较序列的关联系数，$\gamma = (\Delta_{\min} + \rho \cdot \Delta_{\max}) / [\Delta_{0i}(k) + \rho \cdot \Delta_{\max}]$，其中 ρ 为分辨率，取 $\rho = 0.5$。分辨率的具体数值并不影响变量排序结果，仅影响相对数值的大小。第四，计算灰色关联度并进行排序。比较各比较序列对参考序列的影响程度，即计算关联系数的时间平均值并按大小排序。在具体的研究过程中，本节按照不同的投资结构分类分析其与投资效益的相关性和关联度，主要包括产业投资结构、行业结构、技术构成结构和资金来源结构，并将东北地区数据与全国数据进行比较分析，判断东北地区固定资产投资结构效益与全国平均水平的差异性。

2. 实证结果分析

本节以产业投资结构为例分解计算投资结构与投资效益关联度的具体步骤，按照其他的分类方式测算投资结构与投资效益关联度，仅报告相关系数及关联度计算结果，基础数据来源于历年《中国统计年鉴》及各省统计年鉴。首先对产业投资结构相关数据进行无量纲均值化处理，结果如表 6.4 所示。然后计算差异信息序列，结果如表 6.5 所示。最后计算产业投资结构与投资效益的关联度，并进行排序，结果如表 6.6、表 6.7 和表 6.8 所示。

表 6.4　东北地区无量纲均值化处理结果

年份	投资效益特征序列	第一产业特征序列	第二产业特征序列	第三产业特征序列
2003	1.8533	1.1124	0.9034	1.1025
2004	2.1004	0.9063	0.9355	1.0884

续表

年份	投资效益特征序列	第一产业特征序列	第二产业特征序列	第三产业特征序列
2005	2. 1622	0. 8456	1. 0202	0. 9940
2006	1. 5444	0. 7298	1. 0133	1. 0160
2007	1. 6680	0. 6812	1. 0379	0. 9923
2008	1. 6062	0. 8158	1. 0560	0. 9547
2009	0. 6795	0. 7353	1. 0487	0. 9729
2010	1. 2973	0. 6647	1. 0708	0. 9548
2011	1. 4826	0. 8873	0. 9855	1. 0307
2012	0. 7413	0. 8261	1. 0089	1. 0099
2013	0. 5560	0. 8469	0. 9776	1. 0450
2014	0. 3707	0. 8974	0. 9754	1. 0416
2015	0. 0618	1. 0931	0. 9999	0. 9891
2016	− 1. 1120	1. 5664	1. 0077	0. 9237
2017	0. 4324	1. 8852	0. 9687	0. 9328
2018	0. 5560	1. 5066	0. 9904	0. 9516

表 6.5   东北地区差异信息空间计算结果

年份	一产差值绝对值	二产差值绝对值	三产差值绝对值	年份	一产差值绝对值	二产差值绝对值	三产差值绝对值
2003	0. 7408	0. 9499	0. 7508	2011	0. 5953	0. 4971	0. 4519
2004	1. 1941	1. 1649	1. 0120	2012	0. 0848	0. 2676	0. 2686
2005	1. 3166	1. 1419	1. 1681	2013	0. 2909	0. 4216	0. 4890
2006	0. 8146	0. 5311	0. 5284	2014	0. 5268	0. 6048	0. 6709
2007	0. 9868	0. 6300	0. 6757	2015	1. 0313	0. 9381	0. 9273
2008	0. 7903	0. 5502	0. 6515	2016	2. 6784	2. 1197	2. 0357
2009	0. 0558	0. 3692	0. 2933	2017	1. 4527	0. 5363	0. 5003
2010	0. 6326	0. 2265	0. 3425	2018	0. 9506	0. 4344	0. 3956

表 6.6   东北地区产业投资结构与投资效益关联度计算结果

年份	第一产业	第二产业	第三产业
2003	0. 6728	0. 6418	0. 7285
2004	0. 5525	0. 5798	0. 6349
2005	0. 5270	0. 5858	0. 5895

续表

年份	第一产业	第二产业	第三产业
2006	0.6498	0.8108	0.8331
2007	0.6017	0.7633	0.7608
2008	0.6572	0.8011	0.7718
2009	1.0030	0.9026	0.9822
2010	0.7097	1.0027	0.9468
2011	0.7234	0.8284	0.8764
2012	0.9826	0.9717	1.0011
2013	0.8584	0.8707	0.8548
2014	0.7500	0.7749	0.7629
2015	0.5904	0.6456	0.6624
2016	0.3484	0.4057	0.4222
2017	0.5013	0.8081	0.8485
2018	0.6112	0.8632	0.9113
关联度	0.6712	0.7660	0.7867

表 6.7　投资效益与产业投资结构相关性及关联度排序

固定资产产业 投资结构	全国固定资产 投资效益	东北固定资产 投资效益	关联度排序 （全国）	关联度排序 （东北）
第一产业	− 0.894 ***	− 0.515 **	1	3
第二产业	0.379	− 0.143	2	2
第三产业	0.228	0.531 **	3	1

注：*** 、** 分别表示在 1% 、5% 的水平下显著。

表 6.8　全国产业投资结构与投资效益关联度计算结果

年份	第一产业	第二产业	第三产业
2003	0.8176	0.6538	0.8272
2004	0.7543	0.5006	0.5454
2005	0.8017	0.7481	0.7074
2006	0.7935	0.7315	0.6831
2007	0.7316	0.4916	0.4657
2008	0.8145	0.7817	0.7005
2009	0.9910	0.7240	0.7165

续表

年份	第一产业	第二产业	第三产业
2010	0.8414	0.9209	0.9261
2011	0.8492	1.0000	1.0000
2012	0.9779	0.7626	0.7251
2013	1.0000	0.7131	0.6608
2014	0.9773	0.6211	0.5635
2015	0.9350	0.5840	0.5238
2016	0.3377	0.5399	0.9726
2017	0.9732	0.8610	0.6257
2018	0.9578	0.8335	0.6245
关联度	0.8471	0.7167	0.7042

东北地区 2003～2018 年产业投资结构与投资效益的关联系数中，第三产业固定资产投资份额与投资效益的关联度最高，按照关联度排序，第三产业 ＞ 第二产业 ＞ 第一产业。针对产业投资结构与投资效益的秩相关检验，第一产业投资份额与投资效益在 5% 的显著水平下负相关，第二产业投资份额与投资效益相关性不显著，可能与第二产业尤其是制造业萎靡有关，第三产业投资份额与投资效益在 5% 的显著水平下正相关。

同期从全国产业投资结构与投资效益的关联度看，第一产业投资份额对投资效益影响较大，二者呈现负相关，三次产业关联度排序为第一产业 ＞ 第二产业 ＞ 第三产业。从结构变化看，第一产业投资比重整体变化不大，仅在 2016 年陡然升高，随后恢复到平均水平，这或与国家 2015 年一号文件农业补贴政策有关。《关于加大改革创新力度加快农业现代化建设的若干意见》强调，要从建设现代化农业、加快转变农业发展方式、城乡发展一体化、增强农村发展活力、加强农村法治建设等方面开展工作，推动金融资源向"三农"倾斜，保证农业信贷规模持续增加。在政策的引导下，2016 年全国第一产业投资比重明显升高，基于同样的原因，东北地区 2016 年第一产业投资比重也明显升高。

东北地区三次产业投资份额与全国水平比较，第一产业投资比重略高，第二产业投资比重明显高于全国水平，第三产业投资比重显著低于全国水平。在投资率波动较小的情况下，东北地区第二产业投资比重与第三产业投资比重呈现此消彼长的态势。从固定资产投资比重时间趋势、投资结构与投资效益相关系数以及关联度来看，第一产业投资份额与投资效益负相关，东北地区近年来第一产业投资比重整体呈现上升趋势，对经济效益提高并无益处。东北地区是粮食的主产区，长期以来，第一产业未形成集约化的生产方式，在不改变第一产业生产方式的情况下追加投资显然有悖于固定资产投资优化方向。第二产业长期以来是东北地区经济发展的有效支撑，但近年来第二产业投资比重呈现持续下降的趋势。尽管全国范围内出现了"过度去工业化"的特征，这或与生产要素价格上涨、产能阶段性过剩直接相关①，但对于工业重地东北地区而言，显然工业早衰对稳定经济增长并无益处。第三产业投资比重自 2014 年以后呈现下降趋势，从投资结构与投资效益关联度看，第三产业投资份额与投资效益关联度最高，第三产业对东北经济增长贡献较大，降低投资比重显然与优化投资结构的初衷并不相符，揭失投资效率的同时影响边际效益的提高。综合来看，近年来东北地区投资结构的变化并未呈现优化的趋势，反而背离了结构优化的轨道，当然这或与投资规模萎缩，增量投资不足有关。

按照行业投资结构分类的方式计算行业投资比重与投资效益的关联度（见表 6.9 ~ 表 6.11）。从 19 个行业类别看，按照关联度从高到低排序，东北地区与投资效益关联度较高的行业前 10 位分别为教育，制造业，采矿业，房地产业，住宿和餐饮业，交通运输、仓储和邮政业，批发和零售业，水利、环境和公共设施管理业，信息传输、计算机服务和软件业，公共管理和社会组织。排名前十的行业中，制造业，批发和零售业，住宿和餐饮业，水利、环境和公共设施管理业所占投资份额与投资效益呈现负相关，结合近年来投资比重的变化趋势，呈现负相关的行业投资比重在 2015 年之前始终呈现缓慢上升的趋势，与

---

① 魏后凯，王颂吉. 中国"过度去工业化"现象剖析与理论反思［J］. 中国工业经济，2019（1）：5 - 22.

表 6.9　投资效益与行业投资结构相关性及关联度排序

行业	全国固定资产投资效益	东北固定资产投资效益	关联度排序（全国）	关联度排序（东北）
农、林、牧、渔业	-0.894***	-0.535**	1	12
采矿业	0.726***	0.828***	12	3
制造业	-0.285	-0.490*	11	2
电力、燃气及水的生产和供应业	0.738***	0.548***	10	11
建筑业	0.456*	0.209	2	18
交通运输、仓储和邮政业	0.676***	0.149	5	6
信息传输、计算机服务和软件业	0.662***	0.468*	9	9
批发和零售业	-0.794***	-0.835***	3	7
住宿和餐饮业	-0.329	-0.716***	18	5
金融业	-0.668***	-0.639***	15	17
房地产业	-0.288	0.423	16	4
租赁和商务服务业	-0.871***	-0.801***	17	14
科学研究、技术服务和地质勘查业	-0.900***	-0.666***	19	19
水利、环境和公共设施管理业	-0.859***	-0.693***	6	8
居民服务和其他服务业	-0.541**	-0.528**	14	16
教育	0.535**	0.620**	13	1
卫生、社会保障和社会福利业	-0.682***	-0.571**	7	13

续表

行业	全国固定资产投资效益	东北固定资产投资效益	关联度排序（全国）	关联度排序（东北）
文化、体育和娱乐业	-0.806***	-0.19	4	15
公共管理和社会组织	0.826***	0.547**	8	10

注：***、**、*分别表示在1%、5%、10%的水平下显著。

表6.10 全国各行业投资结构与投资效益关联度计算结果

年份	农、林、牧、渔业	采矿业	制造业	电力、燃气及水的生产和供应业	建筑业	交通运输、仓储和邮政业	信息传输、计算机服务和软件业	批发和零售业	住宿和餐饮业	金融业
2003	0.82	0.48	0.58	0.75	0.93	0.84	0.35	0.78	0.43	0.62
2004	0.75	0.36	0.45	0.60	0.78	0.53	0.82	0.74	0.35	0.55
2005	0.80	0.71	0.64	1.00	0.83	0.76	1.00	0.79	0.48	0.51
2006	0.79	0.78	0.64	0.88	0.78	0.75	0.85	0.79	0.51	0.48
2007	0.73	0.43	0.46	0.38	0.69	0.45	0.40	0.73	0.40	0.38
2008	0.81	1.00	0.73	0.58	0.77	0.67	0.55	0.80	0.61	0.58
2009	0.99	0.37	0.71	0.47	1.00	0.59	3.68	0.98	0.54	0.83
2010	0.84	1.00	0.87	0.61	0.83	1.00	0.48	0.84	0.83	0.77
2011	0.85	0.97	1.00	0.52	0.86	0.80	0.44	0.86	1.00	1.00
2012	0.98	0.47	0.68	0.88	0.98	0.91	0.86	1.00	0.46	0.54
2013	1.00	0.48	0.63	0.77	1.00	0.83	0.93	0.98	0.44	0.46

续表

年份	农、林、牧、渔业	采矿业	制造业	电力、燃气及水的生产和供应业	建筑业	交通运输、仓储和邮政业	信息传输、计算机服务和软件业	批发和零售业	住宿和餐饮业	金融业
2014	0.98	0.48	0.55	0.59	0.96	0.67	0.78	0.93	0.44	0.44
2015	0.93	0.54	0.53	0.49	0.91	0.59	0.58	0.89	0.43	0.45
2016	0.34	0.85	0.57	0.51	0.33	0.61	0.58	0.34	0.53	0.52
2017	0.97	0.70	0.73	0.74	0.93	0.70	0.70	1.00	0.67	0.74
2018	0.96	0.71	0.68	0.88	0.91	0.71	0.71	0.97	0.73	0.90
关联度	0.85	0.64	0.65	0.67	0.84	0.71	0.67	0.84	0.55	0.61

年份	房地产业	租赁和商务服务业	科学研究、技术服务和地质勘查业	水利、环境和公共设施管理业	居民服务和其他服务业	教育	卫生、社会保障和社会福利业	文化、体育和娱乐业	公共管理和社会组织	投资效果系数
2003	0.63	0.52	0.42	0.72	0.70	0.57	0.70	0.76	0.44	0.28
2004	0.45	0.41	0.27	0.52	0.52	0.89	0.54	0.64	0.98	0.35
2005	0.57	0.49	0.39	0.65	0.64	1.00	0.70	0.75	0.69	0.29
2006	0.56	0.49	0.35	0.66	0.55	0.63	0.65	0.68	0.79	0.29
2007	0.41	0.40	0.22	0.49	0.38	0.34	0.46	0.52	0.35	0.37
2008	0.61	0.55	0.37	0.71	0.51	0.43	0.65	0.73	0.53	0.28
2009	0.74	1.00	1.00	0.85	0.81	0.63	0.79	0.96	0.51	0.13
2010	0.75	0.70	0.51	0.98	0.75	0.51	0.87	1.00	0.61	0.25

续表

年份	房地产业	租赁和商务服务业	科学研究、技术服务和地质勘查业	水利、环境和公共设施管理业	居民服务和其他服务业	教育	卫生、社会保障和社会福利业	文化、体育和娱乐业	公共管理和社会组织	投资效果系数
2011	1.00	0.81	0.65	0.89	1.00	0.47	0.90	1.00	0.55	0.24
2012	0.60	0.74	0.62	1.00	0.56	0.94	1.00	0.91	0.79	0.14
2013	0.55	0.66	0.48	0.85	0.57	0.83	0.91	0.82	0.95	0.12
2014	0.50	0.51	0.31	0.69	0.51	0.61	0.70	0.70	0.65	0.09
2015	0.50	0.46	0.28	0.59	0.46	0.52	0.56	0.66	0.58	0.08
2016	0.53	0.40	0.26	0.54	0.51	0.50	0.52	0.64	0.65	0.09
2017	0.68	0.43	0.31	0.55	0.64	0.54	0.54	0.71	1.00	0.13
2018	0.65	0.39	0.27	0.55	0.80	0.52	0.52	0.60	0.75	0.12
关联度	0.61	0.56	0.42	0.70	0.62	0.62	0.69	0.75	0.68	—

表 6.11 东北地区各行业投资结构与投资效益关联度计算结果

年份	农、林、牧、渔业	采矿业	制造业	电力、燃气及水的生产和供应业	建筑业	交通运输、仓储和邮政业	信息传输、计算机服务和软件业	批发和零售业	住宿和餐饮业	金融业
2003	0.59	0.79	0.62	0.65	0.89	0.77	1.00	0.71	0.57	0.62
2004	0.58	0.55	0.56	0.50	0.56	0.58	0.72	0.57	0.61	0.49
2005	0.55	0.54	0.58	0.47	0.46	0.55	0.55	0.56	0.54	0.55

续表

年份	农、林、牧、渔业	采矿业	制造业	电力、燃气及水的生产和供应业	建筑业	交通运输、仓储和邮政业	信息传输、计算机服务和软件业	批发和零售业	住宿和餐饮业	金融业
2006	0.69	0.87	0.79	0.68	0.62	0.84	0.92	0.70	0.72	0.57
2007	0.64	0.77	0.76	0.68	0.47	0.69	0.67	0.69	0.72	0.61
2008	0.69	0.78	0.80	0.76	0.50	0.71	0.68	0.71	0.79	0.75
2009	0.99	0.70	0.91	0.67	1.00	0.88	0.87	1.00	0.95	0.91
2010	0.74	0.88	1.00	1.00	0.72	0.85	0.60	0.80	0.93	0.68
2011	0.75	0.65	0.85	0.67	0.77	0.66	0.52	0.79	0.95	0.67
2012	1.00	0.91	0.94	0.93	0.68	1.00	0.84	0.95	0.85	0.88
2013	0.88	0.88	0.84	0.86	0.62	0.95	0.92	0.75	0.76	0.58
2014	0.76	0.76	0.74	0.74	0.62	0.75	0.81	0.69	0.69	0.56
2015	0.60	0.62	0.62	0.64	0.56	0.60	0.60	0.57	0.63	0.55
2016	0.36	0.36	0.41	0.35	0.33	0.36	0.34	0.39	0.41	0.34
2017	0.55	0.94	0.83	0.66	0.66	0.65	0.54	0.68	0.69	0.60
2018	0.60	1.00	0.87	0.71	0.78	0.79	0.68	0.88	1.00	1.00
关联度	0.69	0.75	0.76	0.69	0.64	0.73	0.70	0.72	0.74	0.65

续表

年份	房地产业	租赁和商务服务业	科学研究、技术服务和地质勘查业	水利、环境和公共设施管理业	居民服务和其他服务业	教育	卫生、社会保障和社会福利业	文化、体育和娱乐业	公共管理和社会组织	投资效果系数
2003	0.55	0.52	0.57	0.54	0.42	0.83	0.61	0.73	0.38	0.30
2004	0.61	0.47	0.50	0.53	0.53	0.94	0.54	0.52	0.68	0.34
2005	0.55	0.49	0.49	0.54	0.44	0.70	0.54	0.45	0.61	0.35
2006	0.79	0.66	0.63	0.75	0.61	0.87	0.72	0.66	0.74	0.25
2007	0.74	0.63	0.61	0.73	0.60	0.70	0.67	0.58	0.52	0.27
2008	0.75	0.65	0.64	0.74	0.56	0.62	0.73	0.55	0.48	0.26
2009	0.89	1.00	0.84	0.92	1.00	1.00	0.91	1.00	0.80	0.11
2010	0.95	0.91	0.75	1.00	0.70	0.66	0.79	0.78	0.75	0.21
2011	1.00	0.88	0.62	0.82	0.75	0.59	0.68	0.68	0.55	0.24
2012	0.81	0.93	1.00	0.92	0.89	0.98	1.00	0.78	1.00	0.12
2013	0.73	0.78	0.81	0.76	0.83	0.99	0.89	0.76	1.00	0.09
2014	0.73	0.61	0.66	0.66	0.72	0.83	0.78	0.71	0.82	0.06
2015	0.68	0.54	0.53	0.56	0.61	0.67	0.62	0.56	0.58	0.01
2016	0.40	0.36	0.36	0.39	0.38	0.38	0.37	0.35	0.33	−0.18
2017	0.89	0.55	0.59	0.73	0.69	0.79	0.59	0.63	0.99	0.07
2018	0.90	0.69	0.46	0.86	0.82	0.90	0.54	0.83	0.87	0.09
关联度	0.75	0.67	0.63	0.72	0.66	0.78	0.68	0.66	0.69	——

结构优化的方向略有不符。需要说明的是，与住宿和餐饮业，批发和零售业，水利、环境和公共设施管理业投资略显饱和不同，东北地区制造业表现出的更多是结构性问题。制造业兴起较早，门类较为齐全，但整体结构偏重，产成品供给结构与需求结构不匹配。核心技术和高端装备对外依存度较高，高端装备制造业发展滞后，工业内部产业前后向联系不紧密。信息化水平较低，与经济高质量发展未能深度融合。制造业是东北地区的支柱行业，是东北地区工业的基础，也是未来支撑东北经济崛起的主要力量，所以投资不但不能缩减，还应该加大，但投资的方向应该是提高技术水平，而不是基于现有水平进行重复投资，与此同时，要进行存量的盘整，调整制造业内部投资结构，对投资饱和性较高的行业可以适度降低其投资比重。

东北地区关联度最高的行业为教育，但从投资份额看，2003 ~ 2018 年教育行业投资比重平均值为 1.5%，在 19 个行业中排在第 11 位，投资存在较大的偏差。传统制造业关联度排在第 2 位，平均投资比重为 33.9%，从统计数据看，制造业投资比重与投资效益负相关，说明在技术水平没有明显提升及制造业行业内部结构缺乏调整的情况下，持续提高制造业投资比重有损效益的提高。东北地区因其资源禀赋，采矿业投资比重相对较高，对经济增长贡献较大，但近年来在能源转型战略下，采矿行业投资比重呈现持续下降状态，由 2003 年占比 7.7% 下降到 2018 年 2.5% 的水平。虽然符合低碳、降能耗、去污染的要求，但从提高经济效益的角度看，采矿行业投资比重持续下降并不利于投资效益的提高。

投资效益与投资结构关联度数据分析结果显示，东北地区存在资本配置扭曲的问题。东北地区虽然具有较完备的工业基础，但产业组织集中化程度较低，缺乏具备自主创新能力且能与国际强企相抗衡的大企业，不但如此，在制造业中还存在大量尸位素餐的企业。从产业组织上看，东北地区虽然几经产业调整但产业结构仍不合理，依然存在重工业偏重、轻工业偏轻的情况，重工业与轻工业结构失调并不符合经济目标的要求。① 石油炼焦及核燃料加工业、化学产品行业、金属冶炼和压延加工业以及非金属矿物制品等工业份额依然很大，存在低水平重复建设，而这些行业耗能较高且污染严重。尽管为治理环境污染出台的节能减排政策逐渐发挥了作用，重工业领域投资比例逐年下降，但碳减排仍存在很大压力，低碳经济战略目标的实现尚需时日。从逻辑上推演，东北地区工业为支柱产业，且在工业化中期，工业产出与投入正相关才具有合理性，经验数据得到相反的结果恰恰说明了制造业部门存在严重的资本配置扭曲问题。生产率较高的部门并未获得足够的投入，资本更多地流入生产率较低的部门。这种微观层面的资本扭曲引起全要素生产率分布与要素配置的系统性偏离，而这种资本错配直接导致全要素生产率的损失，从而实质影响投资效益。② 近年来通过要素引导，资金逐渐更多地流向高端装备制造业、通用及专用设备制造业，交通运输、电气设备、通信设备、仪表仪器等领域投资比例也在逐年上升。尽管如此，工业领域投资仍然存在结构失衡问题，电子高精仪器、通信装备等高新技术产业的投资比例长年保持较低比重，并没有呈现稳步增长的态势。东北地区制造业有关高端制造、关键材料、高科技的设备投资距离发展高水平制造业的投资规模还相去甚远。

房地产业投资份额与投资效益的关联度排在第 4 位，投资占比约为 19%，与全国水平相比，投资份额略低于全国水平（24%）。不同的是，全国房地产投资份额与投资效益关联度较低，一定程度上说明房地产业的过度发展形成了投资饱和，而东北地区尚有一定的发展空间。住宿和餐饮业投资份额与投资效益关联度排在第 5 位，其投资占比以 1% 的水平排在行业第 14 位，因其投资份额变化与投资效益负相关，在行业饱和的情况下缩减投资规模才符合结构优化方向。水利、环境和公共设施管理业投资份额与投资效益的关联度排在第 8 位，但

① 张欣钰，唐晓华，周帅. 环境、经济、就业多重约束下的制造业产业结构优化调整研究——以东北地区为例 [J]. 经济体制改革，2019 (3)：86-93.

② 简泽，徐扬，吕大国，卢任，李晓萍. 中国跨企业的资本配置扭曲：金融摩擦还是信贷配置的制度偏向 [J]. 中国工业经济，2018 (11)：24-41.

投资占比相对较高，农、林、牧、渔业投资份额与投资效益关联度排
在第 12 位，投资占比为 5%，排在行业第 5 位；建筑业投资份额与投
资效益关联度排在第 18 位，投资占比为 1.4%，居于行业中游。由此
可见，东北地区诸多行业存在投资偏差，其投资比重与结构优化方向
不相协调，一定程度上影响了整体经济效益的提高。

在投资率保持不变且没有明显技术进步的前提下，三次产业投资
额度存在相互挤占的问题，过度倾斜又会造成全行业的投资结构扭曲，
资源配置低效率不利于经济结构的优化调整。从相关性检验的结果可
以判断，未来投资优化需要更加注重内涵式优化，从目前多数行业的
技术情况看，仅从数量上扩张并不能提高经济效益，内嵌技术进步的
增量投资才能形成有效投资，对相关性为正的行业应适度增加其投资
规模，对相关系数为负的行业应适度降低其投资比重。通过调整资本
投向提高资本运行效率，调整的方向应是在三次产业合理配置基础上
向具有技术创新的中高端产业倾斜。

按照固定资产投资技术构成分类方式测算投资结构与投资效益的
关联度（见表 6.12 和表 6.13），东北地区与全国水平差异较大。全国
设备工器具购置投资份额与投资效益关联度最高，体现了经济增长在
很大程度上受益于技术进步，因为建筑安装工程和其他费用并不能体
现技术进步的水平，由此可先验性判断全国固定资产投资技术构成结
构是合理的。相比之下，东北地区固定资产投资技术构成与投资效益
的关联度排序为：其他费用 > 建筑安装工程 > 设备工器具购置。设备
工器具购置排在最后一位，其他费用排在首位，土地购置费是其他费
用的重要组成部分，其中房地产业中土地购置费比重较高。一方面说
明近年来房地产业高速发展带来了投资效益，对经济增长有较大的边
际拉动作用；另一方面也说明固定资产投资中关于技术水平提高的投
资十分有限，内嵌技术进步的新设备更新不足，当然在这里假定企业
获取技术进步的途径仅来源于引进先进设备。[1] 在资本积累中内嵌技术

---

① 赵志耘，吕冰洋，郭庆旺，贾俊雪. 资本积累与技术进步的动态融合：中国经济增
长的一个典型事实［J］. 经济研究，2007（11）：18 – 31.

进步，表现为设备引进活动中的技术引进，设备内嵌的技术水平与边际收益的变化趋势一致。设备资本品技术进步速度越快，投资资本品所获得的边际收益越高，建筑投资品技术水平则相对较为固定。

表 6.12　投资效益与技术构成投资结构相关性及关联度排序

固定资产投资技术构成	全国固定资产投资效益	东北固定资产投资效益	关联度排序（全国）	关联度排序（东北）
建筑安装工程	− 0.838 ***	− 0.809 ***	2	2
设备工器具购置	0.850 ***	− 0.276	1	3
其他费用	0.865 ***	0.944 ***	3	1

注：*** 表示在 1% 的水平下显著。

表 6.13　固定资产投资技术构成结构与投资效益关联度计算结果

年份	东北			全国		
	建筑安装工程	设备工器具购置	其他费用	建筑安装工程	设备工器具购置	其他费用
2003	0.66	0.63	0.74	0.71	0.85	0.76
2004	0.60	0.58	0.64	0.53	0.60	0.44
2005	0.57	0.58	0.63	0.69	0.90	0.64
2006	0.79	0.79	0.96	0.68	0.82	0.63
2007	0.74	0.72	0.81	0.48	0.53	0.41
2008	0.76	0.81	0.78	0.71	0.88	0.65
2009	0.97	0.89	0.90	0.83	0.73	0.54
2010	0.93	1.00	0.94	0.88	0.96	1.00
2011	0.84	0.79	0.84	1.00	1.00	0.82
2012	1.00	0.97	0.94	0.81	0.85	0.63
2013	0.84	0.86	1.00	0.72	0.79	0.67
2014	0.73	0.78	0.91	0.61	0.69	0.59
2015	0.62	0.64	0.74	0.56	0.64	0.58
2016	0.40	0.40	0.40	0.58	0.71	0.60
2017	0.77	0.77	0.97	0.70	0.97	0.76
2018	0.87	0.82	0.86	0.70	0.99	0.62
关联度	0.76	0.75	0.82	0.70	0.81	0.65

　　从实际情况看，中高端产业多在发达地区布局，东北地区中低端产业集聚，设备更新的投资比重比全国水平高，却未能由此获益更多。由此可见，低水平的设备更新无形中提高了投资成本，损失了效率，并不能有效提高经济效益。对比全国与东北地区投资技术构成结构与投资效益的相关系数同样可以看到，东北地区设备工器具购置投资份额与投资效益负相关，说明东北地区设备工器具更新未能带来有效的技术引进，对经济增长贡献相对较小。东北地区建筑安装工程投资份额与投资效益在 1% 的水平下显著负相关，说明近年来建筑安装工程投资饱和，尽管建筑安装工程投资对经济增长的贡献较大，但在技术水平没有明显提高的情况下，适当降低其投资占比才不会有损于效益提高。其他费用投资份额与投资效益正相关，说明出让优质土地对经济增长贡献较大。需要注意的是，工业化与城镇化的推进是其主要推手，占用土地的货币化安置一定程度上刺激了市场需求，但货币化安置带来的需求激增并不能真实反映市场供需关系，也并非市场常态的真实反映，不但容易积累风险而且难以持续。所以未来的增效方式是引进先进产业、先进企业落户东北地区，而不是大力开发房地产业。

　　按照固定资产投资实际到位资金分类方式测算各部分投资比重与投资效益的关联度（见表 6.14 和表 6.15），东北地区自筹及其他资金份额与投资效益关联度最高。2003～2018 年东北地区自筹及其他资金平均占比为 84%，同期全国水平为 79%，发达地区因经济发展水平较高，这部分资金比重普遍较高。东北地区经济发展水平不高却仍有较高的自筹及其他资金份额，可能的原因是其他渠道的资金相对有限，从而自有资金及社会资金相对集中。2003～2018 年全国水平国家预算资金占比为 4.8%，2018 年这部分资金比重为 5.9%，相比 2003 年增长了 28%。东北地区 2003～2018 年国家预算资金平均占比为 4.3%，2018 年这部分资金的份额为 3.7%，相比 2003 年减少了 33%，呈现规模萎缩的特征。东北地区国内贷款 2003 年占比 16%，2018 年该数值为 5.5%，2003～2018 年平均比重为 10%。全国 2003 年国内贷款占比为 20.5%，2018 年该数值为 10.3%，2003～2018 年平均值为 14%。东北地区利用外资 2003 年占比 2.3%，2018 年该比例为 0.8%，2003 ~ 2018 年平均值为 1.5%。全国 2003 年利用外资的比重为 4.4%，2018 年该比重为 0.3%，2003 ~ 2018 年平均值为 2%。从各渠道的时间变化趋势看，2003 ~ 2018 年东北地区的国家预算资金占比平均水平低于全国平均水平，而且下降较快，同期全国国家预算资金占比却呈现缓慢上升趋势。东北地区国内贷款、利用外资的比重也存在不同程度的下降。从时间趋势看，以 2003 年为基点，东北地区各初始值均低于全国水平，其中国内贷款均值比全国水平低约 30%，利用外资是全国平均水平的 73%，进一步佐证了东北地区自筹及其他资金比重高在很大程度上是由于其他渠道资金受限。

表 6.14　投资效益与固定资产投资实际到位资金结构相关性及关联度排序

固定资产投资实际到位资金结构	全国固定资产投资效益	东北固定资产投资效益	关联度排序（全国）	关联度排序（东北）
国家预算资金	− 0.788 ***	0.641 ***	1	3
国内贷款	0.809 ***	0.824 ***	2	4
利用外资	0.844 ***	0.921 ***	4	2
自筹及其他资金	− 0.856 ***	− 0.868 ***	3	1

注：*** 表示在 1% 的水平下显著。

表 6.15　实际到位资金结构与投资效益关联度计算结果

年份	东北				全国			
	国家预算资金	国内贷款	利用外资	自筹及其他资金	国家预算资金	国内贷款	利用外资	自筹及其他资金
2003	0.73	0.80	0.72	0.65	0.85	1.00	0.37	0.64
2004	0.57	0.53	0.56	0.60	0.61	0.56	0.51	0.49
2005	0.57	0.48	0.56	0.59	0.80	0.77	0.42	0.66
2006	0.77	0.69	0.84	0.81	0.71	0.67	0.58	0.66
2007	0.72	0.61	0.86	0.75	0.53	0.39	0.86	0.47
2008	0.73	0.56	0.80	0.79	0.80	0.58	1.00	0.72
2009	0.80	0.71	0.49	0.98	0.86	0.51	0.66	0.78
2010	0.83	0.85	0.77	0.96	1.00	0.82	0.55	0.88
2011	0.80	0.71	0.53	0.84	0.99	0.69	0.52	1.00

续表

年份	东北				全国			
	国家预算资金	国内贷款	利用外资	自筹及其他资金	国家预算资金	国内贷款	利用外资	自筹及其他资金
2012	1.00	0.81	0.90	1.00	0.98	0.72	0.86	0.75
2013	0.86	0.69	1.00	0.87	0.93	0.69	0.80	0.68
2014	0.78	0.62	0.94	0.76	0.74	0.57	0.91	0.59
2015	0.61	0.56	0.80	0.64	0.65	0.60	0.82	0.54
2016	0.38	0.33	0.33	0.41	0.61	0.61	0.69	0.57
2017	0.77	0.83	0.89	0.78	0.69	0.78	0.53	0.70
2018	0.89	1.00	0.98	0.84	0.70	0.88	0.53	0.68
关联度	0.74	0.67	0.75	0.77	0.78	0.68	0.66	0.68

从全国固定资产投资实际到位资金各部分份额与投资效益关联度看，分类排序为国家预算资金 > 国内贷款 > 自筹及其他资金 > 利用外资，固定资产投资效益与国家预算资金关系最为密切。国家预算资金往往能体现中央政府的政策方向，其资金投向具有一定的指导作用，意味着一定程度的投资倾斜。东北地区近年来国家预算资金比重持续降低，说明国家阶段性的投资倾斜政策不利于东北地区增量资金稳定增长。东北地区能够利用的国内贷款规模相对较小，其份额对投资效益贡献不大，说明储蓄大部分沉淀在金融机构并未有效转化为投资，侧面印证了东北地区金融不发达，金融机构运行效率不高，未能充分发挥通过信贷调节经济结构的杠杆作用，限制了产业资本的潜在扩张。东北地区自筹及其他资金比重呈现持续升高趋势且高于全国水平，说明东北地区企业强化了其投资主体地位，民营经济得到发展，但一定程度上出现了融资脱媒现象。在直接融资市场发育不健全，企业难以通过直接融资市场获得充裕资金的情况下，融资脱媒对活跃东北地区民间投资并无益处。发达地区间接融资比重下降的同时，直接融资比重是上升的，所以资本利用效率并未受到影响，但在东北地区银行资金尚未充分利用的情况下，间接融资比重下降会直接影响资金利用效率从而对投资效益产生影响。

深化金融改革，建立金融服务实体经济的长效机制，将储蓄高效转化为产业资本，提高金融机构服务实体经济的效能是东北地区亟待解决的问题。从数据上看，东北地区利用外资相对稳定，但随着世界政治经济环境的变化，随机因素增多，充分利用外资的同时不依赖外资才能够在不确定因素增多的情况下保持资金流和财务水平的稳健，抵御不可测因素所造成的冲击。在居民储蓄为储蓄重心的情况下，银行需合理调整长期和短期贷款结构，既保证长期稳定的储蓄，又将长期储蓄转化为长期投资。对于金融市场发育程度不高、资金相对贫瘠的东北地区，资金来源中保持一定比例的国内贷款份额是有必要的。在经验研究中，诸多研究支持较大的间接融资规模与公司成长性正相关的结论，并认为较大的间接融资规模对资本投资方向调整有较大的引导作用[①]，与此同时融资规模还要发挥资金杠杆的效能，在调整结构、引导产业升级方面起到积极作用。东北地区企业直接融资规模较低，与发达地区差距较大，金融领域的马太效应又强化了金融资源向发达地区的倾斜，扩大了东北地区金融领域的相对劣势。因此，东北地区需要补齐金融领域中的短板，间接融资市场与直接融资市场发展并举，建立金融服务实体经济的长效机制，提高金融效率。

6.5　本章小结

本章综合运用亿元投资新增地区生产总值、固定资产交付使用率、投资效果系数等指标对固定资产投资效益进行综合评价，考察投资对经济增长的相对有效性，并进一步分析影响投资效益的因素。通过对数据的梳理与测算发现东北地区投资效益并不理想，基于此，本章结合东北地区的经济现实，分别从投资效率、投资结构、投资规模、投资体制机制以及投资主体特点等角度，分析其影响投资效益的内在机理，通过理论分析和实证分析找到立论依据，得到如下结论。

---

① 许振明，刘完淳. 制造业结构调整与企业资金来源之变动：台湾在 1991 – 2002 之验证分析 [C]. 北京大学北京论坛办公室会议论文集，2005：133 – 160.

第一，投资效果系数与亿元投资新增地区生产总值在时间趋势上表现出高度协同的联动效应。尽管固定资产交付使用率较高，但亿元投资新增地区生产总值指标较低，可判断东北地区存在较为严重的结构性产能过剩问题。从东北地区三次产业固定资产投资效果系数看，第一产业投资效果较好，第二产业投资效果较差，第三产业投资效果居中。2014 年之后，第二产业投资效果系数跌幅加大，2016 年三次产业投资效果系数均达到最低点，尤其第二产业下降幅度加大。

第二，通过 *ICOR* 测算结果可知，东北地区国有企业投资效率低下，与全国水平相比存在一定差距，主要表现为过度投资产生的结构性偏差。一方面来自投资惯性和路径依赖；另一方面国有企业与政府之间固有的紧密关系，以及政府在市场经济体制改革中对非国有企业的控制力减弱，一定程度上使国有企业产生过度投资倾向从而产生投资结构偏差。东北地区国有企业对经济增长的贡献度较高，投资增长率不低，但边际产出水平相对不高，反映了东北地区国有企业投资效率低下的问题。

第三，东北地区直接融资市场不发达，企业融资依赖间接融资市场，融资约束增加了民营企业的融资成本，经济转型中投资成本偏高导致投资规模不足影响投资效益。东北地区资源型城市转型中的沉淀成本、环境不确定性因素制约、资本供给不足、制度性因素导致的资源错配以及投资软环境差难以撬动民间资本等限制了投资规模的扩张。

第四，综合运用 Spearman 秩相关检验和灰色关联度的方法计算投资效益与相应投资结构的关联系数，针对固定资产投资不同的分类标准，分项验证其与投资效益的关联性并进行关联度排序，以此分析各种结构因素对投资效益的影响。分析发现，东北地区三次产业投资结构并不合理，行业存在明显的资本错配问题，投资结构偏差表现在投资结构变化与优化方向不一致上；东北地区设备工器具购置投资比重高于全国水平，但投资效益与其关联度并不高。资金来源中国内贷款、利用外资、国家预算资金比重均低于全国水平，自筹及其他资金比重高于全国水平。从全国水平看，投资效益与国家预算资金比重关联度较高，但东北地区投资效益与国家预算资金比重关联度较低。

本章通过理论分析与实证分析得到如下启示，投资结构主导产业结构的布局，而产业投资结构出现偏差必然影响投资效率。投资结构缺乏合理优化，同样会导致经济结构失衡，使经济陷入资本投入高、产出水平相对低的低效益投资循环中。根据不同分类标准对东北地区投资结构进行细分均发现不同程度的资源配置偏差，这种偏差影响了结构效益的提高。另外，从各行业在各省所占投资比重的变化趋势中发现，省际有投资结构趋同的现象，反映了投资活动在整个区域空间配置存在效率损失的问题。区域一体化实现区域资源优化配置，首先要优化宏观层次的资源配置，虽然各省份大而全的资源配置方式对充分发挥优胜劣汰的市场竞争机制作用、降低成本以及提高微观企业经营活力不无裨益，但微观企业经济活力的提高很难弥补宏观效率的损失。这种现象的另一个弊端就是加剧了市场分割，所以从东北经济区域建设角度来看，规避同一领域的重复投资及低水平建设将是未来深入研究的课题。

第7章　研究结论及对策建议

现代化经济体系的构建要贯彻新发展理念，着力加快实体经济建设，在探讨动能转换的当下，本书从经济增长动力角度着力研究了东北投资这一重要变量。长期以来东北地区经济增长带有明显的投资拉动特征，投资是否充足、投资结构是否合理、投资效率是否较高、投资效果如何、哪些因素影响了投资效果、投资与经济增长的动态关系是怎样的、政府作为投资主体又发挥了怎样的作用？围绕这些疑问，本书从投资视角构建一个完整的逻辑框架予以解答，通过数据梳理挖掘数字背后反映的经济事实，得到富有启发意义的结论。基于此，东北地区当遵循有效投资导向使经济增长迈上新台阶，在供需动态平衡基础上实现有效增长，在投资效益优先的原则下，构建新旧动能整体发挥效能的新格局，实现经济转型。

7.1　研究结论

本书将东北地区投资与经济增长置于宏观经济分析的框架中，遵循理论联系实际，以从宏观到地区的论述逻辑展开分析，得到以下主要结论。

第一，基于目前东北地区的经济增长阶段及经济发展水平，结合东北地区要素驱动特点，投资依然是振兴东北地区的主要动能。东北地区对外贸易长期处于逆差，对经济增长的贡献率长期为负值。东北地区人均收入不高，人口结构调整缓慢，消费提振困难，通过消费刺激经济增长的动力不足，近年来表现出消费率与投资率趋近的状态，东北地区经济增长对投资有较强的依赖性。从投资规模及投资率来看，东北地区自改革开放初期就存在投资不足、投资率不高的问题，除个别年份外，东北地区投资率长期低于全国水平，随着改革开放的不断深入，投资水平有所上升，但总体依然低于全国水平。尽管2003年实施东北振兴战略后投资率上升较快，吉林省甚至一度接近80%的水平，但自2011年开始东北全区出现投资失速的情况，尤其表现为工业投资萎缩，其中辽宁省工业下滑最为明显。

第二，从地区经济增长和固定资产投资经验数据分析及发展实践来看，东北各省实际GDP增速相对位置为辽宁省>吉林省>黑龙江省，投资比重与资本边际产出呈现一致性变化趋势，具有规模报酬递增的特点。经济增长与固定资产投资有较强的联动性，并且表现出经济增长相对于投资扩张的滞后性。通过测算弹性系数，发现东北地区产出水平对第二产业产出增长率更为敏感，基于第二产业在东北地区的绝对比重，可判断第二产业投资与产出变化对东北地区有深远影响。

第三，基于索洛经济增长模型计算稳态资本存量与产出水平，发现东北地区全要素生产率不高，实际人均产出和资本存量水平较稳态下的数值还存在较大差距，佐证了东北地区投资不足的事实。基于索洛经济增长模型可能对长期增长效应存在低估，进一步对测算模型进行动态调整，同时考察投资作用于经济增长的水平效应与增长效应，发现投资形成的生产能力对产出水平有长期影响，短期需求效应释放同样可以有效增加产出，但其弹性系数相对于东部地区存在一定的差距。考虑到东北地区资源型工业基地的现实情况，能源产业资本及基础设施建设资本等核心资本与其他一般资本对经济增长可能存在差异性影响，将能源工业与基础设施工业归集并与其他行业相区别，分别应用非时变系数与时变系数的测算方法测算弹性系数，发现黑龙江省与其他两省存在较大差异，验证了能源富集地区资本产出弹性更高的结论。

第四，从政府在东北地区经济增长中发挥的作用来看，经济增长与政府投资之间并无稳定的长期协整关系。政府投资短期拉动经济增长是有效的，然而作用有限。政府投资与民间投资的动态关系区间分化较为明显，政府投资对民间投资既存在挤出效应又存在挤入效应。挤出效应主要表现在政府对金融资源的挤占上，挤入效应主要表现在政府投资客观上降低了民间资本的投资成本上。总体来看，民间投资对政府投资存在正反馈。民间投资、政府投资、经济增长、税收及储蓄之间具有长期均衡关系，尽管短期内会出现偏离均衡状态的情况，但经济体会于下一期根据误差修正系数修正变量的短期偏离。民间投资与储蓄之间呈现负相关关系，民间投资与经济增长、税收之间呈现正相关关系，税收的收入效应大于替代效应。

第五，东北地区固定资产投资经济效益并不理想。投资效果系数与亿元投资新增地区生产总值在时间趋势上表现出高度协同的联动效应。尽管固定资产交付使用率较高，但亿元投资新增地区生产总值较低，可判断东北地区存在较为严重的结构性产能过剩问题。从东北地区三次产业投资效果系数看，第一产业投资效果较好，第二产业投资效果较差，第三产业投资效果居中。2014 年以后，第二产业投资效果系数跌幅加大，2016 年三次产业投资效果系数均达到最低点，尤其第二产业下降幅度加大。投资效益受投资规模、投资结构、投资效率等因素影响，通过 ICOR 测算结果可知，东北地区国有企业投资效率低下，与全国水平相比存在一定差距，主要表现为过度投资产生的结构性偏差。东北地区国有企业对经济增长贡献较大，投资增长率较高，但边际产出水平相对不高，一定程度上制约了投资效益的提升。

第六，综合运用 Spearman 秩相关检验和灰色关联度模型计算投资效益与投资结构相应组成部分的关联系数，针对投资结构不同的分类标准，分项验证投资结构相应组成部分与投资效益的关联性并进行关联度排序，以此分析投资结构偏差对投资效益的影响，具体分为以下几个层次。

首先，东北地区三次产业投资结构并不合理。在不改变资源投入方式和生产方式的情况下加大第一产业投资比重缺乏合理性。第二产业与第三产业相对投资比重并未被合理优化，第二产业投资下滑明显不利于第二产业内部行业实现优化升级，第三产业近年来对经济增长的贡献度较高，但第三产业投资比重同样未出现明显上升。

其次，从行业细分角度测算，行业存在明显的资本错配问题。投资结构偏差表现为投资结构变化与优化方向不一致。从 19 个行业类别看，按照关联度从高到低排序，排名前十的行业中，制造业，住宿和餐饮业，批发和零售业，水利、环境和公共设施管理业所占投资份额与投资效益呈现负相关，结合近年来上述行业投资比重的变化趋势，发现其投资比重在 2015 年之前始终呈现缓慢上升的趋势，这与结构优化的方向并不相符。

再次，基于技术构成分类标准考察投资效益与相应投资结构组成部分的关联度，东北地区设备工器具购置投资比重高于全国水平，但投资效益与其关联度并不高。

最后，基于资金来源细分投资结构并测算各部分与投资效益的关联度，发现国内贷款、利用外资、国家预算资金比重均低于全国水平，自筹及其他资金比重高于全国水平。从全国水平来看，投资效益与国家预算资金比重关联度较高，而东北地区投资效益与国家预算资金比重关联度较低。

7.2　对策建议

7.2.1　强化重点领域投资以提升投资规模效益和结构效益

1. 打造先进制造业拓展再制造领域

制造业是强国重器，在国际产业分工重塑格局与我国加快转变经济发展方式的历史交汇期，作为有完备工业基础的东北工业基地，应抓住打造先进制造业的契机，完成区域制造业升级。东北地区制造业基础扎实，但仍存在工业企业效益不高、成本居高不下的问题。提高效益、降低成本就要加强重点产业集群对区域生产的辐射作用，推动重点产业链整合，重点发展科技布控的优势产业，增强产业集群的竞争力。以高新技术支撑产业升级迭代及转型，促进高端制造业及生产性服务业的发展。试行工业用地的二次开发，提高工业用地的使用效率，对征而不用、多征少用的土地进行摸底并重新规范使用，在高端产业和重点领域中打造创新高地，推进再制造业、循环经济和机器人产业的发展。在工业生产中对大量废旧产品进行再加工、修复或改造使之能够发挥原有功用或新的效能，以减轻环境负担，控制污染，减少耗能，节约能源的使用，发展循环经济。

拓展再制造领域要建立与之相适应的促进再制造产业发展的政策及激励机制，修订并完善相应的法律法规及约束企业合规管理的办法。鼓励企业进行技术改造使产品标准化，保证产品质量并延伸制造商责任，使其对进入报废期的产品回收和再制造承担责任。制定行业标准，加强监督，扩大试点，引导投资流向家电、工程机械、化工冶金等再制造领域，使之形成产业并做大做强。另外，东北地区也需结合工业发展需要，大力发展与制造业相匹配的服务业，促进工业和第三产业的共同发展，引导资本要素的流动。

2. 以数字经济为导向，加大新基建投资力度培育新动能

基础设施投资是先行投资，现阶段基础设施的投资方向应更加注重搭建新动能的成长平台，在巩固传统基建项目基础上，发展新业态。信息时代以数字做媒，在发展数字经济上要敢为人先，发挥东北地区国有企业的平台优势，抓住政策支持的时间窗，布局区块链基础设施，打造万物互联的网络高速公路。数字化变革拓宽了商业边界，改变了商业模式，扩展了数字空间，不啻人类社会的第二次航海时代。区块链无疑是数字经济的基础设施，是新基建的重要组成部分，东北地区要充分利用战略机遇，为数字经济更多应用场景做好布局。区块链技术与实体经济的深度融合对东北地区实现产业转型升级、打造全新金融供给链、降低商业运营成本、打破因信息不对称而产生的投资瓶颈具有战略意义。

尽管现阶段数字技术尚在应用探索的初期阶段，但在应对突发事

件过程中显现出了较强的资源整合能力及信息管理能力,大大提升了组织间协同作业的效率,由此投资"新基建"也成为战略调整的组成部分。数字技术是全新的挑战,当前存在的问题还很多,诸如尚未构建起具有一致认同性的底层环境,多为部分企业在生态上下游组建企业链,无法形成互联互信的共识;缺少硬件基础设施,以区块链为基础发展数字经济,基础建设门槛高,对资源投资要求高,投资额大,尽管搭建基础设施应用平台有助于产业形成规模,头部效应明显,但对民间小微企业来说有一定难度。因此东北地区国有企业需要充分发挥资源优势,对基础平台搭建给予投入和支撑,推进区块链与5G、大数据、物联网等融合应用,以数据为基础整合资源,建立信息透明、节约成本、提高效率的作业平台。

3. 重点引导资源型城市进行产业结构调整

资源型城市产业结构失衡是掣肘东北经济增长的重要因素,通过调整投资结构优化产业布局具有重要意义。党的十九大报告明确提出,要发挥投资优化供给结构的关键作用,国家对资源型城市改造的要义就是加强其产业的专业化,同时促进产业多面化发展,改变产业过于单一的状况,所以要从培育不同的产业集群角度出发,有针对性地引导产业资本流动,优化产业布局。对于工业行业内部的投资结构,针对石油化工、金属冶炼、化学原料、矿产开采等重工业行业引发的低水平重复性建设,政府要进行要素引导,在盘活资本存量的同时引导增量资金更多地流向先进制造、交通运输、电气设备、通信设备、仪表仪器等领域。延长城市的产业链,形成东北地区产业内循环,通过投资方向的调整逐渐扭转投资结构失衡的问题,当前要抓住工业领域数字化转型的契机,利用后发优势实现产业转型升级。

资源型城市制造业供给结构和需求结构不匹配,结构失衡直接导致制造业投资效率低下,投资效益不高。提高工业投资效率着力点应放在生产结构与需求结构的匹配上,以培育先进制造业产业集群为导向,引导工业企业调整投资结构。资源型城市工业企业具有刚性生产的特点，在国内外不确定因素增加及需求萎缩的冲击下，更应该改变原有的生产方式，以需求为导向，提高工业企业的市场敏感度，考量产品的全周期进行精益化生产。资源型城市的优势在于本身就是原材料的集散地，原材料供应具有比较优势，劣势在于包袱过重，积累薄弱，因此改变生产方式需要有政府的强力支持。政府要为工业企业引进具有高度柔性的数控机床等制造设备提供资金驰援，同时通过一定的产业政策倾斜，降低市场准入门槛，引导产业资本流动，形成新的要素结合方式。资源深加工和综合利用要以提高资源利用率、减少废弃物排放、提高资源产品附加值为基本目标，增加改进工艺流程的项目投资，投入更多资金研发先进工艺。针对吸纳就业的产业集群，政府要引导轻工业发展，支持劳动密集型产业壮大，因为保障民生才能有更多的政策腾挪空间。

7.2.2　投资视角下正确发挥政府作用以提升制度效益

1. 破除地区壁垒及行政壁垒，疏通价格传导机制

打破市场分割形成的地区壁垒，促进要素自由流动。政府因其制度供给者的地位可以通过行政垄断行为限制外部竞争，利用自身的公权力干扰市场竞争。分税制改革后，地方政府为了获得更多的经济租金，采取行政垄断的制度安排避免地区外的经济单位分享成果，这在一定程度上暂时保护了当地的财政收入，但从阻碍要素流动的长期影响来看，如果没有持续性的经济增长支撑，本身并不增加政府效用的地方保护行为、行政垄断以及市场分割并不会使就业和财政收入保持稳定。破除地区壁垒首先要以提升区域一体化水平为落脚点，加快要素流动，实现要素资源的优化配置，地方政府层面要保持政策的一致性，协同配置核心资源，搭建地区间及区域内有效资源流通平台，实现资源共享、数据共享，降低行政沟通成本，以开放的态度破除地方保护和市场分割。做好顶层设计工作，建立多级政府联动的政府协调机制，按照区域一体化的规划制定实施方案并落实到地区协同的具体工作中。

尊重经济规律，尊重市场，遵循市场机制，利用价格信号引导资

源配置。长期以来，产业链上游产品价格受到管制，企业缺乏自主定价权，产品价格无法真实反映市场的供需关系。长期经济增长对资源能源消耗巨大，政府管制价格直接影响上游企业的经济效益，中游产业同时受到上游价格制约和下游需求变化的影响。东北地区尤其是其资源型城市工业企业大部分属于上游和中游企业，价格未能完全市场化，通过价格信号引导资源流动的机制尚不健全，而且近年来能源价格市场化改革的推进事实上使部分能源管制价格失效。政策管制与市场化管制存在重叠，改革协调性和同步性不够，地方政府执行中央政府改革政策存在一定的偏差，疏通终端价格传导机制还存在最后一公里。当下政府要以金融机构为媒介与企业对接资源，探索政府与金融机构合作的模式，疏通价格传导机制不但需要政府减少对市场的干预，还需要金融机构这一重要市场主体发挥积极作用，沟通企业信息，打造金融供应链，提升金融服务企业的能力。在这个过程中，政府仍需做好顶层设计工作，参与市场时，既要做受益者也要做风险的共担者，合理退出市场时也要做好监管工作，完善监督机制及评价机制，给金融机构提升服务实体能力的空间，同时完善制度设计强化风险控制能力。

2. 政策持续发力推进资源型城市转型

从已有的经验研究中可以看到，资源型城市的兴衰与资本要素有千丝万缕的关系，从投资入手找到症结所在解决资源型城市转型的多重问题不失为一种可行的途径。从投资角度来看，其根本就是要转变固有的投资机制，正确认识并弥补沉淀的投资成本，进行存量改革和增量结构调整。这一切的实现都需要政府在遵循市场机制条件下正确发挥作用，引导产业资本流向，深化投融资体制改革，提高投资效率，夯实财力基础。显然这样的路径依靠市场机制的调节可以在某种程度上纠正偏差，却无法从根本上解决问题，所以要在发挥市场作用的基础上制定实现顶层设计的长效机制，稳定政策环境，避免政治周期影响政策的长期性和可持续性。资源型城市转型从根本上要依托产业资本投向的调整，而这一过程是用时间换空间的过程，资源型城市痼疾的根除需要长期推进，只有保证政策的持续性和稳定性，并根据转型任务的完成程度进行动态调整，才能找到资源型城市可持续发展的模式。

具体从政策实施角度来看，涉及政策包括提高土地、矿产资源的利用效率，企业资源税及所得税的减免，针对沉陷区的专项投资及社会保障措施，政策制定由侧重于向资源型城市输血渐次转为提升资源型城市造血功能。从具体实施情况看，早期政策缺乏针对性和长效保障机制，产业转型升级跟踪与评价机制不健全，政策效能缺乏持续性。2013 年国务院印发《全国资源型城市可持续发展规划》，强调根据不同资源型城市类型重点布置任务，依据指导原则下达约束性指标，推进资源型城市可持续发展立法并强调环境规制。可见对资源型城市转型问题的认识是在实践中形成的，有法可依、有章可循才能保障政策实施有力，政策有效衔接、持续发力才能调动各方积极性，从根本上解决问题。

3. 深化投融资体制改革，创新投融资机制

投资体制是制度安排的重要内容，是保障有效投资的制度要素安排，旨在协调投资主体的利益并约束投资主体行为，通过税收机制、投融资机制、杠杆手段等调整投资方向，控制投资规模，打通资本流动渠道。从战略高度看，东北地区战略投资的布局、资源型城市沉淀成本的补偿、投资调整供给结构作用的发挥均需引导社会资本补充财政资金，同时突出市场投资主体的作用，这就需要通过继续深化投融资体制改革来拓宽资金来源渠道，提高资本运行效率，其改革方向主要体现在以下三个方面。

第一，加强政府投资管理，规范政府投资行为，提高财政资金的投资效益。资本驰援在任何时候都是投资的根本性问题，解决东北地区资金来源问题应首先加大中央对东北地区的转移支付，增加投资专项基金，在使用上建立有效监督和审计机制，加强政府投资精准化管理，将中央预算内投资集中于经济转型的关键领域，建立动态评估体系，优化政府投资结构，协调好长期和短期资金的投放问题。产业转

型要立足长远，政府要合理安排资金滚动投放并灵活安排资金投放方式，发挥政府资金的放大效应和引导社会资本的功能。建立有约束力的科学预算机制，实施资本绩效管理，确保资本流入实体经济并高效运用。

第二，强调制度供给。继续优化投资项目资本金制度，扩大可通过发行权益型、股权类金融工具筹措资本金的项目范围，降低项目资本金比例。拓宽资本金筹措渠道，鼓励更多的社会资本参与项目建设，产业政策应该包含普惠金融政策，只有长期稳定、低成本的资金供给才能为产业发展提供不竭的动力。大力发展直接融资市场，拓宽直接融资渠道，发展多层次的资本市场。间接融资市场要深化利率改革，保证利率传导机制发挥有效配置资金的作用，提高货币市场资金配置效率，充分发挥金融机构服务实体经济的功能。以培育新业态为抓手，实施投资自由化、便利化政策，实行负面清单管理制度，放宽外资准入条件，在不发生系统性风险的底线上，调动各方面因素保证东北地区投资活力和资本来源。

第三，在有效防范风险的前提下创新投融资模式，建立金融机构与项目方在线投融资对接平台，提高资金运行效率，畅通融资渠道。积极推进政府与社会资本合作项目资产证券化，完善专项投资基金运作机制。面向相关产业设计有针对性的结构化金融产品，鼓励建立定向投资项目基金，合理分摊风险的同时保证工业资金来源。推进金融要素集聚平台建设，鼓励并规范发展金融新兴业态，调动私募基金、投资机构的积极性，化商业资本为产业资本。同时，由政府牵头引导社会经济主体成立风险投资基金，政府主导的投资项目一旦出现风险敞口，可以以风险基金覆盖其风险损失。

7.2.3 提高投资效率以提升投资效益

1. 工业产业园跨区合作提高工业投资效率

工业产业化运作的有效方式就是建设工业产业园，园区建设与跨区整合是促进工业投资效率提高的重要手段。目前工业产业园的功能性作用一般体现在地区的行政范围内，进一步跨省区乃至跨地区的产业园合作成为高效整合资源的必然趋势，在我国也有先例。实践证明工业产业园集约化经营更能发挥优势互补、资源整合的功能，同时可以在一定程度上规避区内的土地资源约束。因此要强化工业园区的跨区合作和异地合作，推广功能区高效集约经营，通过技术输出、人才输出、先进管理方法的输出实现跨地区、跨地域的经营合作及资源融合。与此同时，要规避产业园区开发和运营过程中容易出现的问题。工业产业园是一个具有独特吸引力的工业产业聚集载体，由于开发和运营过程中有政府的干预，易过度追求低成本及税收效应从而出现聚集效应差、土地利用率低、产区同质化、企业过度竞争、基础配套不平衡、产业带动作用不强等问题。

工业产业园建设过程中政府应发挥主观能动性，因势利导对工业产业园进行规划和布局，打造具有高效能的产业链、运营链、供应链和载体链的招商引资系统，确保产业链的核心环节、重点项目支撑产业园区高效运转。具体实施上，政府要通过提供公共服务、出台产业扶持政策、设计投融资模式等实施招商策略，强化软环境的打造；针对不同园区差别化的产业项目，完善配套的基础设施和物业载体，打造产业空间聚集的硬件基础环境，切实提升工业产业园区的核心竞争力。

2. 借鉴新生产模式提高工业投资效率

以柔性生产替代刚性生产。随着生产力的发展，生产方式多样化，生产水平获得空前提高，人们更多探讨的是如何满足日益增长的多样化产品需求，产品市场由工业发展初期的卖方市场转变为新时代工业生产模式下的买方市场。产品的生产周期更短、科技含量更高，市场更加多变，新技术不断涌现冲击着市场现有产品，以更加低廉的成本生产出科技含量更高的产品参与市场竞争考验着企业的技术创新水平。单兵作战在新时代背景下是难以为继的，世界逐渐成为一个大工厂，企业跨地域、跨行业、跨国界寻找价格更低廉的原材料供应地、产品元件是必然选择，多企业联合生产、集中组装已经成为主要的生产方式。短周期创新及产品成本控制是企业生存的土壤，欲以最快的方式实现产品供给、产品周期更迭以及技术迭代，柔性生产的生产模式是更加适应当代工业发展现实需要的。

目前东北地区制造业式微，早已不是工业发展初期时的区域生产龙头，探讨东北地区工业的再次腾飞，离不开生产模式的转型、新技术的应用、生产机制的创新。解放发展生产力，促进生产关系的改善，提高工业投资效率要学习国外柔性生产的先进理念。东北地区重工业生产领域存在的产能过剩其实质是生产结构与需求结构缺乏高匹配度，这与产能不足所造成的供需结构不匹配只是同一矛盾事物的不同方面而已，所以从投资的角度看，依然可以将其归结为投资结构问题。设备工器具购置是投资的重要组成部分，设备技术更新不足形成的落后产能直接影响企业投资效率，而缺乏内嵌高技术的设备投资恰是东北地区工业投资的薄弱之处。基于此，有效提高工业投资效率的手段之一就是采用新技术、新理念、新模式加速工业产能迭代，加快企业设备更新，将其更迭为适应柔性生产模式的以高度柔性计算机数控机床为主的制造设备，以需求为导向，采用多品种、小批量的生产方式满足多变的市场需求。

3. 工业投资省际协同提高全区投资效率

全面振兴东北使东北成为重要经济支撑带，既要有高屋建瓴的上层建筑，更要有切合实际的科学筹划、扎实的战术作为支撑；不但需要国家的驰援，更需要有破釜沉舟的勇气，立足于现有基础和生产要素，破旧立新，以深刻改革为手段对自己"动手术"；既要有长期战略指引，更要有阶段性指标的绩效考核，不能把蓝图变为畅想。在具体实施上，要合力而为，东北三省不能各自为战，这并不是坚壁清野的攻坚战，而是守城而谋，置之死地而后生的阵地战，东北地区各省要充分发挥各自的优势，整合资源。东北地区各省有共同的利益，作为一个完整的经济区，东北振兴要建立在整体布局上，发挥协同效应，而不能仅以省辖范畴为利益考量。

东北地区是完整的行政单元，基于无障碍的地理空间，各省有相同的文化属性和相似的发展路径，也具有可量化的经济发展差异和层次。针对东北各省的异质性，灵活运用有针对性的政策强化各省优势、补齐各省短板，具有协调区域经济增长、优化区域经济结构从而提高投资效率的作用。比如强化各省的优势产业，如吉林省的医药、汽车产业，辽宁省的数控机床和资源型产业，黑龙江省的能源、食品产业，以及辽宁和黑龙江两省的军工业。整体来看，东北地区的短板存在于东北地区与发达地区的比较上，所以要把东北地区作为一个完整的市场主体，通过补短板缩小其与发达地区的差距，比如提高电子及通信设备制造、电气器材制造、化学工业、轻纺业等相对薄弱领域的整体发展水平。目前东北地区投资领域还存在诸多问题，其根源在于缺乏合理论证，低水平重复投资问题较为严重，产业集聚程度较低，没有充分利用自身的科研优势，因此协同的另一个方向是要实现科技与生产高效对接，完成新型工业化、信息化、农业现代化的迭代。

至此，给全书做一个注脚。就某种角度而言，追溯东北地区经济的兴衰变迁就是追溯投资的兴衰历程，经济增长失速的背后是资本的进退维谷，东北地区近年来经济萎靡与工业投资下滑关系尤为密切。西方国家经过工业革命后，工业占经济发展的主体地位，这使西方国家在过去的百年间发展迅猛；进入后工业时代，创新技术、产业转型升级都是经济发展的手段，即使第三产业高速发展依然无法动摇工业发展的战略地位。东北地区工业发展远未达到高级阶段，一切要以发展为前提，工业投资未老先衰恰是这个阶段所要规避的。在经济新常态下探索振兴东北之路仍要坚持有效投资，在此过程中要兼顾各方面的利益，规避不同主体的利益冲突，平衡远期目标和即期目标，保持产业间的协调。兼顾东北各省产业政策差异，辨识不同产业的发展阶段，结合资源禀赋差异，在保护环境、节约资源的前提下，综合考量产业投资比重及投向。建立有效的项目评价机制，完善科学的项目评价指标，提高投资管理决策水平，识别并规避潜在风险，提高投资效率。纠正投资结构偏差，避免结构性产能过剩问题，生产要充分考虑需求端，只有从市场有效需求出发制订企业的投资生产计划，才能在外部环境出现问题的时候有效应对冲击。在缺少风险隔离机制的情况下，企业生存要以应对风险为经营底线，而不是被冲击得溃不成军后等待国家救援。东北长期以来的计划经济思维有其存在的土壤并有深刻的基础，从根本上解决体制机制问题，东北振兴征程才不会依然路漫漫。在上下求索的东北振兴征途上，集中智慧科学决策一定会探索出适合地区特点的振兴之路，完成地区经济嬗变，实现有质量的经济增长。

附　表

附表1　1978～2018年全国及东北地区三省投资率

单位：%

年份	全国	辽宁	吉林	黑龙江
1978	38.9	27.2	40.0	23.6
1979	37.3	23.7	29.3	24.2
1980	35.5	20.2	29.4	21.7
1981	33.5	18.6	25.2	25.1
1982	32.4	21.5	29.3	31.1
1983	32.4	23.9	25.7	33.8
1984	34.9	29.1	32.8	34.2
1985	39.5	33.6	40.5	38.4
1986	38.2	35.7	38.2	41.0
1987	37.8	35.7	37.6	40.0
1988	39.5	38.1	36.5	38.0
1989	37.5	35.5	37.9	37.3
1990	34.4	37.0	43.0	38.1
1991	35.7	37.7	41.7	34.1
1992	39.6	38.1	38.2	35.3
1993	44.0	44.8	40.0	36.0
1994	40.8	41.6	41.3	35.3
1995	39.6	37.5	41.6	36.4
1996	38.2	34.2	44.8	36.6
1997	36.2	32.0	37.6	34.4
1998	35.6	31.6	39.5	39.6
1999	34.9	30.8	40.2	33.5

年份	全国	辽宁	吉林	黑龙江
2000	34.3	31.5	37.7	31.5
2001	36.3	32.3	39.1	33.3
2002	36.9	33.6	39.9	36.4
2003	40.4	38.9	41.4	32.2
2004	42.7	47.9	44.7	35.0
2005	41.0	57.4	49.8	35.3
2006	40.6	59.8	57.9	37.4
2007	41.2	60.1	69.3	42.5
2008	43.2	63.1	79.6	46.0
2009	46.3	62.6	79.6	58.1
2010	47.9	63.2	78.8	53.9
2011	48.0	63.6	73.5	54.4
2012	47.2	63.3	72.0	59.1
2013	47.3	63.3	69.6	64.8
2014	46.8	62.1	70.6	62.4
2015	44.7	45.0	70.7	64.4
2016	44.1	44.2	68.7	60.8
2017	44.6	43.3	66.8	61.2
2018	44.8	44.3	64.4	59.3

附表 2   1985~2018 年东北地区铁路及公路里程

单位：公里

年份	铁路营业里程	公路里程	年份	铁路营业里程	公路里程
1985	11609	102764	1993	12394	118035
1986	11878	105646	1994	12408	120700
1987	11952	107912	1995	12211	123574
1988	12068	109632	1996	12343	124837
1989	12071	111019	1997	12385	126747
1990	12391	113780	1998	12269	128061
1991	12448	114493	1999	12400	129464
1992	12439	116622	2000	12397	131047

年份	铁路营业里程	公路里程	年份	铁路营业里程	公路里程
2001	12388	149329	2010	13538	343927
2002	12405	152192	2011	13707	351372
2003	12787	159225	2012	15002	356950
2004	12846	166491	2013	15003	364496
2005	12896	170906	2014	15151	373009
2006	12905	320970	2015	16325	379921
2007	12972	324455	2016	16337	386674
2008	13080	339089	2017	16534	391607
2009	13372	341017	2018	17812	394559

附表3 2003~2018年东北地区三省能源及基础设施资本产出弹性

年份	辽宁	吉林	黑龙江
2003	-0.2376	0.0522	0.1952
2004	-0.1860	-0.0664	0.4605
2005	0.1132	0.2955	0.5088
2006	0.1811	0.3089	0.5403
2007	0.1643	0.2229	0.5620
2008	0.1501	0.2736	0.5675
2009	0.1446	0.2433	0.5397
2010	0.2175	0.3231	0.5171
2011	0.0860	0.1567	0.3244
2012	0.0407	0.1949	0.2374
2013	0.1155	0.1819	0.1815
2014	0.2050	0.1821	0.2500
2015	0.2548	0.1910	0.2418
2016	0.3034	0.2007	0.2690
2017	0.4051	0.2660	0.2883
2018	0.3176	0.1746	0.1955

附表 4　2003～2018 年东北地区三省一般资本产出弹性

年份	辽宁	吉林	黑龙江
2003	0.9227	0.7056	0.5700
2004	0.8646	0.7929	0.3389
2005	0.5869	0.4627	0.2909
2006	0.5077	0.4218	0.2521
2007	0.5032	0.4635	0.2197
2008	0.4867	0.3892	0.1991
2009	0.4768	0.3895	0.2003
2010	0.3950	0.3013	0.2030
2011	0.4909	0.4276	0.3493
2012	0.5153	0.3796	0.4077
2013	0.4390	0.3813	0.4393
2014	0.3504	0.3706	0.3676
2015	0.2955	0.3540	0.3584
2016	0.2484	0.3371	0.3267
2017	0.1609	0.2729	0.3010
2018	0.2367	0.3455	0.3735

附表 5　2000～2018 年东北地区三次产业投资效果系数

年份	第一产业增加值（亿元）	第二产业增加值（亿元）	第三产业增加值（亿元）	第一产业固定资产投资额（亿元）	第二产业固定资产投资额（亿元）	第三产业固定资产投资额（亿元）	第一产业投资效果系数	第二产业投资效果系数	第三产业投资效果系数
2000	1285.23	4844.99	3641.69	62.96	863.21	1814.57	—	—	—
2001	1389.10	5066.41	4087.99	77.21	960.19	2042.91	1.35	0.23	0.22
2002	1510.57	5396.99	4536.48	120.35	1053.21	2326.29	1.01	0.31	0.19
2003	1608.75	6082.04	5031.29	198.63	1635.00	1664.06	0.49	0.42	0.30
2004	1960.39	6926.08	5722.24	218.54	2286.47	2218.58	1.61	0.37	0.31
2005	2192.61	8497.64	6595.91	292.56	3577.92	2907.24	0.79	0.44	0.30
2006	2362.30	9931.65	7616.42	351.35	4944.70	4134.81	0.48	0.29	0.25
2007	2813.98	11817.77	9046.27	439.57	6788.78	5412.72	1.03	0.28	0.26
2008	3265.26	14697.47	10576.21	718.64	9427.91	7108.56	0.63	0.31	0.22

年份	第一产业增加值（亿元）	第二产业增加值（亿元）	第三产业增加值（亿元）	第一产业固定资产投资额（亿元）	第二产业固定资产投资额（亿元）	第三产业固定资产投资额（亿元）	第一产业投资效果系数	第二产业投资效果系数	第三产业投资效果系数
2009	3481.20	15658.53	12081.24	817.74	11821.42	9145.74	0.26	0.08	0.16
2010	3879.55	19687.18	14071.69	975.06	15922.35	11839.71	0.41	0.25	0.17
2011	4742.24	23951.84	16836.85	1305.01	14691.40	12814.70	0.66	0.29	0.22
2012	5477.57	25880.02	19243.03	1527.04	18902.83	15781.32	0.48	0.10	0.15
2013	5914.26	26949.70	21974.89	1763.46	20631.85	18394.28	0.25	0.05	0.15
2014	6137.37	27482.23	23928.17	1857.51	20463.94	18224.01	0.12	0.03	0.11
2015	6283.48	25051.36	26458.34	1973.37	18297.23	15094.79	0.07	-0.13	0.17
2016	6010.18	20012.14	26036.67	2044.85	13334.00	10192.92	-0.13	-0.38	-0.04
2017	5962.96	20258.91	28034.66	2437.06	12693.61	10193.14	-0.02	0.02	0.20
2018	6195.05	20466.85	30089.72	1960.12	13060.40	10465.32	0.12	0.02	0.20

图书在版编目（CIP）数据

固定资产投资与东北地区经济增长 / 李宁男著. --
北京：社会科学文献出版社，2024.11
　ISBN 978 - 7 - 5228 - 2307 - 2

　Ⅰ. ①固…　Ⅱ. ①李…　Ⅲ. ①固定资产投资 - 投资效
应 - 影响 - 区域经济 - 经济增长 - 研究 - 东北地区　Ⅳ.
①F832. 48②F127. 3

中国国家版本馆 CIP 数据核字（2023）第 152475 号

固定资产投资与东北地区经济增长

著　　者 / 李宁男

出 版 人 / 冀祥德
责任编辑 / 李真巧
文稿编辑 / 赵亚汝
责任印制 / 王京美

出　　版 / 社会科学文献出版社·经济与管理分社（010）59367226
　　　　　　地址：北京市北三环中路甲 29 号院华龙大厦　邮编：100029
　　　　　　网址：www. ssap. com. cn
发　　行 / 社会科学文献出版社（010）59367028
印　　装 / 三河市龙林印务有限公司

规　　格 / 开　本：787mm × 1092mm　1/16
　　　　　　印　张：16.25　字　数：233 千字
版　　次 / 2024 年 11 月第 1 版　2024 年 11 月第 1 次印刷
书　　号 / ISBN 978 - 7 - 5228 - 2307 - 2
定　　价 / 99.00 元

读者服务电话：4008918866